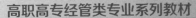
高职高专经管类专业系列教材
GAOZHI GAOZHUAN JINGGUAN LEI ZHUANYE XILIE JIAOCAI

CAIJING JICHU

财经基础

主　编　余　萍

副主编　谭　静　郎洪伟　姜　蕾

　　　　龙艳妮　任　林

内容提要

本书结合现代会计行业的创新与发展,系统地介绍了会计法律制度、结算基础知识、税收法律制度、财政法律基础知识、会计职业道德等内容。本书是在参考最新研究成果和实践经验的基础上,再结合现代会计行业发展方向编制而成。

本书既适合作为高职院校财经类专业的教材,也适合企业财经工作者使用,并且特别适合作为财会行业刚入职的新员工的培训和学习用书。

图书在版编目(CIP)数据

财经基础 / 余萍主编. -- 重庆:重庆大学出版社,
2022.9
高职高专经管类专业系列教材
ISBN 978-7-5689-3547-0

Ⅰ. ①财… Ⅱ. ①余… Ⅲ. ①财政学—高等职业教育
—教材 Ⅳ. ①F810

中国版本图书馆 CIP 数据核字(2022)第 169476 号

财经基础

主 编 余 萍
副主编 谭 静 郎洪伟 姜 蕾
龙艳妮 任 林
责任编辑:顾丽萍 版式设计:顾丽萍
责任校对:谢 芳 责任印制:张 策

*

重庆大学出版社出版发行
出版人:饶帮华
社址:重庆市沙坪坝区大学城西路 21 号
邮编:401331
电话:(023)88617190 88617185(中小学)
传真:(023)88617186 88617166
网址:http://www.cqup.com.cn
邮箱:fxk@ cqup.com.cn(营销中心)
全国新华书店经销
重庆新荟雅科技有限公司印刷

*

开本:787mm×1092mm 1/16 印张:15 字数:358 千
2022 年 9 月第 1 版 2022 年 9 月第 1 次印刷
ISBN 978-7-5689-3547-0 定价:41.00 元

☼ 前　言

　　本书围绕会计相关专业的培养目标,结合教学与实际操作的要求,根据最新的法律法规编写而成。本书将帮助学生了解财经基础知识,明确相关法律责任,提高会计职业道德修养,最终让学生成为德才兼备的专业人才。

　　本书具有以下特点。

　　1.内容优化易学

　　内容选取与时俱进,将思政元素融入课程之中,语言精简易懂,注重财经法规基本知识的传授、职业判断能力和职业素养的培养。

　　2.注重学练结合

　　本书通过每章的例题和课后训练,不断强化学生对教材内容的掌握和运用,以提高教学效果。

　　3.确保知识时效

　　本书所涉及的相关知识点均来源于最新政策,确保读者可以第一时间了解与掌握最新的知识。

　　本书由重庆安全技术职业学院余萍担任主编并负责总体组织策划;谭静、郎洪伟、姜蕾、龙艳妮、任林担任副主编,协助主编工作。具体分工如下:余萍编写第三章,谭静编写第一章,郎洪伟编写第二章,姜蕾编写第四章,龙艳妮编写第五章,任林负责全书的配套电子资源的制作。

　　由于编者水平有限,教材内容难免会有疏漏之处,恳请同行专家和读者批评指正,以便我们进一步修订及完善,不胜感激!

编　者

2022 年 7 月

✿ 目　录

第一章　会计法律制度

【思维导图】

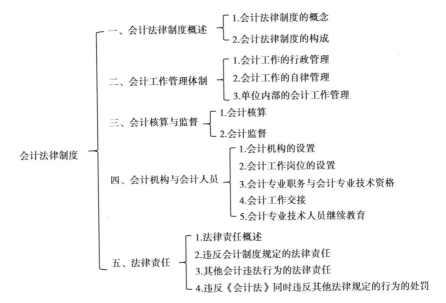

【学习目标】

1. 了解会计法规,认知法规体系。

2. 了解会计工作管理体制。

3. 了解会计机构的设置及人员的配置。

4. 熟悉会计核算和会计监督的内容。

5. 了解违反相关法律、法规的法律责任。

【案例导入】

南方有限责任公司是一家中外合资企业,2021年发生了以下事项。

(1)4月11日,公司会计科一名档案管理人员刘某脱产学习一个星期,公司董事长兼总经理杨某委托单位出纳员李某临时兼管会计档案,未办理会计工作交接手续。

(2)5月20日,公司从外地购买了一批原材料,收到发票后与实际支付款项进行核对时发现发票金额错误,经办人员在原始凭证上进行了更改并加盖了自己的印章,作为报销凭证。

(3)6月12日,公司会计科科长退休,公司决定任命自参加工作以来一直从事文秘工作的办公室副主任蒋某为会计科科长。

(4)7月30日,公司有一批保管期满的会计档案按规定需要进行销毁,公司档案管理部门编制了会计档案销毁清册,档案管理部门的负责人在会计档案销毁清册上签了字,并于当天销毁。

(5)12月21日,公司董事会研究决定,公司以后对外报送的财务会计报告由蒋科长签字、盖章后报出。

结合上述情况和会计法的有关规定,你认为以上行为都合法吗?并说明理由。

第一节　会计法律制度概述

一、会计法律制度的概念

会计法律制度是指由国家权力机关和行政机关制定的,用于调整会计关系的各种法律、法规、规章和规范性文件的总称。

主要包括会计法律、会计行政法规、会计部门规章和地方性会计法规等。

会计法律制度是我国财经法律法规的重要组成部分,是会计人员从事会计工作必须严格遵守的行为准则。

会计关系是指会计机构和会计人员在办理会计事务过程中,以及国家在管理会计工作过程中发生的经济关系。例如,供销关系、债权债务关系、信贷关系、分配关系、税款征纳关系、管理与被管理关系等。处理上述各种经济关系,就需要用会计法律制度来规范。

二、会计法律制度的构成

目前,我国的会计法律制度基本形成了以《中华人民共和国会计法》(以下简称《会计法》)为主体的会计法律体系,该体系主要包括会计法律、会计行政法规、会计部门规章和地方性会计法规这4个层次。

(一)会计法律

会计法律是指由全国人民代表大会及其常务委员会经过一定立法程序制定的有关会计工作的法律。我国目前有两部会计法律,分别是《会计法》和《中华人民共和国注册会计师法》(以下简称《注册会计师法》)。

1.《会计法》

《会计法》是调整国家机关、社会团体、公司、企业、事业单位和其他组织,在办理会计事务中产生的经济管理关系的法律规范的总称。它是会计法律制度中层次最高、法律效力最高的法律规范,是制定其他会计法规的依据,也是指导会计工作的最高准则。

《会计法》于1985年1月21日由第六届全国人民代表大会常务委员会第九次会议通过,是中华人民共和国成立后的第一部会计法律。目前施行的《会计法》是2017年11月4日修订后于2017年11月5日起施行的,共7章52条。《会计法》的立法宗旨是规范会计行为,保证会计资料真实、完整,加强经济管理和财务管理,提高经济效益,维护社会主义市场经济秩序。

我国国家机关、社会团体、公司、企业、事业单位和其他组织都必须依照《会计法》办理会计事务。

2.《注册会计师法》

《注册会计师法》是我国中介行业的第一部法律,对注册会计师行业管理体制、考试和注册、组织形式、业务范围等都进行了系统规范,为注册会计师行业的发展提供了有力的保障。

《注册会计师法》于1993年10月31日由第八届全国人民代表大会常务委员会第四次会议通过。其立法宗旨是:发挥注册会计师在社会经济活动中的鉴证和服务作用,加强对注册会计师的管理,维护社会公共利益和投资者的合法权益,促进社会主义市场经济的健康发展。

(二)会计行政法规

会计行政法规是指由国家最高行政机关——国务院制定并发布或者由国务院有关部门拟订并经国务院批准发布,调整经济生活中某些方面会计关系的法律规范。会计行政法规的权威性和法律效力仅次于会计法律。

例如,1990年12月31日国务院发布、2010年12月29日修订的《总会计师条例》,2000年6月21日国务院发布的《企业财务会计报告条例》等。

(三)会计部门规章

会计部门规章是指国家主管会计工作的行政部门即财政部以及其他相关部委根据法律和国务院的行政法规、决定、命令,在本部门的权限范围内制定的、调整会计工作某些方面内容的国家统一的会计准则和规范性文件。

例如,1996年6月17日以财政部第19号部长令签发的《会计基础工作规范》;2001年2月20日以财政部第10号部长令签发的《财政部门实施会计监督办法》;2006年2月15日以财政部第33号部长令签发的《企业会计准则——基本准则》,并于2014年7月23日以财政部第76号部长令予以修改;2012年12月5日以财政部第72号部长令发布的《事业单位会计准则》等。

(四)地方性会计法规

地方性会计法规是指由省、自治区、直辖市人民代表大会或常务委员会在同宪法、会计法律、行政法规和国家统一的会计准则制度不相抵触的前提下,根据本地区情况制定发布的关于会计核算、会计监督、会计机构和会计人员以及会计工作管理的规范性文件,如《四川省会计管理条例》等。

第二节　会计工作管理体制

　　会计工作是一项综合性、政策性很强的管理工作,它是企业经营管理的重要组成部分。会计工作管理体制是指国家划分会计管理工作权限的制度,包括会计工作管理组织形式、管理权限划分、管理机构设置等内容,在《会计法》《注册会计师法》中,对其进行了明确规定。

　　我国会计工作管理体制包括会计工作的行政管理、会计工作的自律管理和单位内部的会计工作管理 3 个方面的内容。

一、会计工作的行政管理

　　我国会计工作行政管理体制实行统一领导、分级管理的原则。国务院财政部门主管全国的会计工作,县级以上地方各级人民政府财政部门管理本行政区域内的会计工作。财政部门履行的会计行政管理职能主要有以下 4 项。

(一)制定国家统一的会计准则制度

　　国家统一的会计制度是由国务院财政部门根据《会计法》制定并发布的,在全国范围内实施的会计工作管理方面的规范性文件。《会计法》第八条规定,国家实行统一的会计制度。国家统一的会计制度由国务院财政部门根据本法制定并公布。国务院有关部门可以依照本法和国家统一的会计制度制定对会计核算和会计监督有特殊要求的行业实施国家统一的会计制度的具体办法或者补充规定,报国务院财政部门审核批准。这里明确规定了制定会计制度的权限。企事业会计准则及其应用指南、会计制度、内部控制规范和会计信息化标准等,其制定权都在财政部。

　　它主要包括以下 4 个方面的内容。

　　1. 会计核算制度

　　比如,《企业会计准则——基本准则》和各具体准则及其应用指南、《事业单位会计准则》、《企业会计制度》、《小企业会计制度》等。

　　2. 会计监督制度

　　比如,《会计基础工作规范》。

　　3. 会计机构和会计人员管理制度

　　比如,《总会计师条例》《会计专业技术资格考试暂行规定》等。

　　4. 会计工作管理制度

　　比如,《会计档案管理办法》《会计人员工作规则》等。

(二)会计市场管理

　　会计信息质量及会计师事务所执业质量直接影响市场秩序,关系国家经济秩序和社会公共利益。加强会计市场的管理是社会主义市场经济的必然要求。会计市场管理具体包括会计市场的准入管理、运行管理和退出管理 3 个方面。

1. 会计市场的准入管理

会计市场的准入管理是指财政部门对代理记账机构的设立、注册会计师资格的取得及会计师事务所的设立等进行的条件设定。除会计师事务所以外，代理记账机构应当经所在地的县级以上人民政府财政部门批准，并取得由财政部统一规定样式的代理记账许可证书。

2. 会计市场的运行管理

会计市场的运行管理是指财政部门对获准进入会计市场的机构和从业人员是否遵守各项法律法规，依据相关准则、制度和规范执行业务的过程及结果所进行的监督和检查。会计市场的运行管理是会计市场管理的重要组成部分。

3. 会计市场的退出管理

会计市场的退出管理是指财政部门对在执业过程中有违反《会计法》《注册会计师法》行为的机构和个人进行处罚，情节严重的，可吊销其执业资格，强制其退出会计市场。代理记账机构和人员获准进入会计市场以后，还应当持续符合相关的资格条件，并主动接受财政部门的监督检查，不符合相应条件时，原审批机关可以撤回行政许可。

【提示】

会计市场管理还包括对会计培训市场的管理，其重点主要是对会计培训的师资、场所、教材内容、要求及培训质量进行监督和检查，确保会计培训市场规范有序。

（三）会计专业人才评价

会计专业人才是我国经济建设中不可或缺的重要力量，也是我国人才队伍的重要组成部分。目前我国已经基本形成阶梯式的会计专业人才评价机制，包括初级、中级、高级会计人才评价机制以及行业领军人才培养评价体系等。对先进会计工作者的表彰奖励也属于会计专业人才评价的范畴。

目前，我国对初级、中级会计资格（又称"初级、中级会计师资格"）实行全国统一的考试制度。对高级会计资格（又称"高级会计师资格"）实行考试与评审相结合的制度。

（四）会计监督检查

会计监督是会计的基本职能之一，财政部门对会计市场的监督检查主要包括对会计信息质量的检查、会计师事务所执业质量的检查以及对会计行业自律组织的监督和指导等。

根据《会计法》、《中华人民共和国行政处罚法》（以下简称《行政处罚法》）、《企业财务会计报告条例》等相关法律、行政法规的规定，财政部制定了《财政部门实施会计监督办法》。

（1）财政部组织实施全国会计信息质量的检查工作，并依法对违法行为实施行政处罚，县级以上财政部门组织实施本行政区域内的会计信息质量检查工作，并依法对本行政区域单位或人员的违法行为实施行政处罚。

（2）根据有关规定，财政部组织实施全国会计师事务所的执业质量检查，并依法对违反《注册会计师法》的行为实施行政处罚。省、自治区、直辖市人民政府财政部门组织实施本行政区域内的会计师事务所执业质量检查，并依法对本行政区域内会计师事务所或注册会计师违反《注册会计师法》的行为实施行政处罚。

二、会计工作的自律管理

会计工作的自律管理制度是对行政管理制度的一种有益补充,有助于督促会计人员依法展开会计工作,树立良好的行业风气,促进行业的发展。

(一)中国注册会计师协会

中国注册会计师协会是由注册会计师组成的社会团体,是依据《注册会计师法》和《社会团体登记管理条例》的有关规定设立的社会团体法人,是中国注册会计师行业的自律管理组织,成立于1988年11月。全国会员代表大会是其最高权力机构,全国会员代表大会选举产生理事会,理事会选举产生会长、副会长和常务理事会,理事会设若干专门委员会和专业委员会。常务理事会在理事会闭会期间行使理事会职权。协会下设秘书处,为其常设执行机构。

注册会计师协会的职责主要包括以下12个方面。

(1)审批和管理本会会员,指导地方注册会计师协会办理注册会计师注册。

(2)拟订注册会计师执业准则、规则,监督、检查实施情况。

(3)组织对注册会计师的任职资格、注册会计师和会计师事务所的执业情况进行年度检查。

(4)制定行业自律管理规范,对违反行业自律管理规范的行为予以惩戒。

(5)组织实施注册会计师全国统一考试。

(6)组织和推动会员培训工作。

(7)组织业务交流,开展理论研究,提供技术支持。

(8)开展注册会计师行业宣传。

(9)协调行业内、外部关系,支持会员依法执业,维护会员的合法权益。

(10)代表中国注册会计师行业开展国际交往活动。

(11)指导地方注册会计师协会工作。

(12)办理法律、行政法规规定和国家机关委托或授权的其他有关工作。

【提示】

注册会计师应当加入注册会计师协会。

(二)中国会计学会

中国会计学会创建于1980年,是财政部所属,由全国会计领域各类专业组织以及会计理论界、实务界会计工作者自愿组成的学术性、专业性和非营利性社会组织,是联系政府机构、工商界和学术界的桥梁和纽带,是会计精英就财务会计改革与实践进行交流的高层次平台。

中国会计学会的业务范围包括以下7个方面。

(1)组织协调全国会计科研力量,开展会计理论研究和学术交流,促进科研成果的推广和运用。

(2)总结我国会计工作和会计教育经验,研究和推动会计专业的教育改革。

(3)编辑出版会计刊物、专著、资料。

（4）发挥学会的智力优势,开展多层次、多形式的智力服务工作,包括组织开展中高级会计人员培养、会计培训和会计咨询与服务等。

（5）开展会计领域国际学术交流与合作。

（6）发挥学会联系政府与会员的桥梁和纽带作用,接受政府和其他单位委托,组织开展有关工作。

（7）其他符合学会宗旨的业务活动。

（三）中国总会计师协会

中国总会计师协会成立于1990年5月,是经财政部审核同意、民政部正式批准,依法注册登记成立的跨地区、跨部门、跨行业、跨所有制的非营利性国家级社团组织,是总会计师行业的全国性自律组织,其主管单位以及业务指导单位为国务院财政部。

中国总会计师协会最高权力机构为全国会员代表大会,全国会员代表大会选举产生理事会,理事会选举产生会长、副会长、秘书长和常务理事,常务理事会在理事会闭会期间行使理事会职权,协会下设秘书处,为其常设执行机构。

总会计师协会业务范围包括以下10个方面。

（1）组织学习、宣传、贯彻、实施国家颁布的《会计法》《中华人民共和国总会计师条例》（以下简称《总会计师条例》）及其他相关法律、法规和政策。

（2）制定行业自律管理规范,开展诚信教育活动,树立良好的职业道德风尚。

（3）组织总会计师、各级财务负责人及高级财会人员的岗位培训和后续教育。

（4）组织开展总会计师任职资格认证和总会计师后备人员的职业资质培训认证工作,努力促进总会计师人才市场建设。

（5）反映总会计师和会员的相关诉求、意见和建议,维护会员和广大总会计师的合法权益。

（6）组织开展围绕总会计师工作和行业改革与发展相关的科研活动,进行专题调查研究;对国家有关政策、法规的制定与修订建言献策。

（7）组织开展有关现代企业制度建设、企业信息化建设以及财务监督管理与内部控制等方面的咨询服务。

（8）依法主办本会的刊物和网站,编辑出版本会业务范围内相关的书籍、资料,开展协会对外宣传活动。

（9）代表我国总会计师行业开展对外交流和国际交往活动。

（10）发挥协会的桥梁、纽带作用与协调服务功能,及时向政府有关部门反映情况,并接受政府和有关部门、单位的授权或委托,组织开展有关工作。

三、单位内部的会计工作管理

在我国,财政部门对会计工作的管理属于社会管理,是一种外部管理活动;单位独立进行的会计工作属于内部管理活动。其主要包括单位会计工作管理的责任主体、会计人员的管理制度、会计人员的任职资格以及单位内部会计管理制度几个方面。

（一）单位负责人的职责

单位会计工作管理的责任主体是单位负责人。单位负责人是指单位法定代表人或法律、行政法规规定代表单位行使职权的主要负责人。《会计法》规定，单位负责人对本单位的会计工作和会计资料的真实性、完整性负责；单位负责人应当保证会计机构和会计人员依法履行职责，不得授意、指使、强令会计机构和会计人员违法办理会计事项。《会计法》赋予了单位负责人在单位内部会计工作管理中的权利和责任。

单位负责人主要包括两类。

（1）依法代表法人单位行使职权的负责人。如公司制的董事长（执行董事或经理）、国有企业的厂长（经理）、国家机关的最高行政长官等。

（2）根据法律、行政法规的规定代表非法人单位行使职权的负责人，如代表合伙企业执行合伙企业事务的合伙人、个人独资企业的投资人等。

（二）会计机构的设置

会计机构是各单位办理会计事务的职能部门，会计人员是直接从事会计工作的人员。建立健全会计机构，配备与工作要求相适应、具有一定素质和数量的会计人员，是做好会计工作，充分发挥会计职能作用的重要保证。

（三）会计人员的选拔任用

财政部对从事会计工作人员的相关任职资格条件进行了统一规定。如从事具体会计工作应当具备从事会计工作所需要的专业能力；担任会计机构负责人（会计主管人员）应当具有会计师以上专业技术职务资格或者从事会计工作 3 年以上的经历；聘任会计职务应当通过相应级别的会计专业技术资格考试或考评；担任总会计师应当在取得会计师任职资格后主管一个单位或者单位内一个重要方面的财务会计工作不少于 3 年。单位要加强对本单位会计人员的管理，依法合理设置会计岗位，督促会计人员按照《企业会计准则》和国家统一的会计制度的规定进行会计核算和监督。

会计人员从事会计工作，应当符合下列要求。

（1）遵守《会计法》和国家统一的会计制度等法律法规。

（2）具备良好的职业道德。

（3）按照国家有关规定参加继续教育。

（4）具备从事会计工作所需要的专业能力。

单位任用（聘用）的会计机构负责人（会计主管人员）、总会计师，应当符合《会计法》《总会计师条例》等法律法规和《会计人员管理办法》有关规定。

【提示】

2017 年 11 月 4 日，第十二届全国人大常务委员会第十三次会议对《会计法》作出修改，取消了会计从业资格证书。

（四）会计人员回避制度

回避制度是指为了保证执法或执业的公正性，对可能影响其公正性的执法或执业的人员实行职务回避和业务回避的一种制度。

《会计基础工作规范》规定，国家机关、国有企业、事业单位任用会计人员应当实行回避

制度。单位领导人的直系亲属不得担任本单位的会计机构负责人、会计主管人员。会计机构负责人、会计主管人员的直系亲属不得在本单位会计机构中担任出纳工作。

会计人员回避制度,需要回避的主要有以下3种亲属关系。

(1)夫妻关系。夫妻关系是血亲关系和姻亲关系的基础和源泉,它是亲属关系中最核心、最重要的部分,当然需要回避。

(2)直系血亲关系。直系血亲关系是指具有直接血缘关系的亲属。法律上讲的有两种情况:第一种是出生于同一祖先,有自然联系的亲属,如祖父母、父母、子女等;第二种是指本来没有自然的或直接的血缘关系,但法律上确定其地位与血亲相等,如养父母和养子女之间的关系。直系血亲关系是亲属关系中最为紧密的关系之一,也应当列入回避范围。

(3)三代以内旁系血亲以及近姻亲关系。旁系血亲是指源于同一祖先的非直系的血亲。所谓三代,就是从自身往上或者往下数三代以内,除了直系血亲以外的血亲,就是三代以内旁系血亲,实际上也就是自己的兄弟姐妹及其子女与父母的兄弟姐妹及其子女。所谓近姻亲关系,主要是指配偶的父母、兄弟姐妹、儿女的配偶及儿女配偶的父母。因为三代以内旁系血亲以及近姻亲关系在亲属中也是比较亲密的关系,所以也需要回避。

第三节　会计核算与监督

一、会计核算

会计核算是会计工作的重要组成部分,是会计的基本职能之一。会计核算的法律规定是各单位进行会计核算应当遵循的基本规范。对会计核算的相关法律规定,一般包括如下几个方面。

(一)总体要求

1.会计核算依据

各单位应当按照《会计法》和国家统一的会计制度的规定建立会计账册、进行会计核算。各单位必须根据实际发生的经济业务事项进行会计核算、填制会计凭证、登记会计账簿、编制财务会计报告。任何单位不得以虚假的经济业务事项或者资料进行会计核算。

(1)以实际发生的经济业务事项为依据进行会计核算,是对会计核算最基本的要求,也是保证单位会计资料质量的关键。但并不是所有的经济活动都需要进行会计核算,比如和资金增减无关的经济活动,就不需要核算。

(2)以虚假的经济业务事项为核算对象,会导致所生成的会计资料与实际发生的经济业务事项不符,造成会计资料失真,侵害财务相关人的经济利益,扰乱社会经济秩序。

2.对会计资料的基本要求

(1)会计资料的生成和提供必须符合国家统一的会计准则制度的规定,保证会计资料的真实性和完整性。

会计资料是指在会计核算过程中形成的、用来记录和反映实际发生的经济业务事项的会计专业资料，主要包括会计凭证、会计账簿、财务会计报告和其他会计资料。

会计资料的真实性和完整性，是会计资料最基本的质量要求。会计资料的真实性是指会计资料所反映的内容和结果，应当同单位实际发生的经济业务的内容及其结果相一致。完整性是指构成会计资料的各项要素都必须齐全，使会计资料如实、全面地反映经济业务发生情况，便于会计资料使用者全面、准确地了解经济活动情况。

【提示】

使用电子计算机进行会计核算的，其软件及其生产的会计凭证、会计账簿、财务会计报告和其他会计资料，也必须符合国家统一的会计准则制度的规定。

（2）提供虚假的会计资料是违法行为。各单位不得伪造、变造会计资料，不得提供虚假的财务会计报告。

①伪造会计凭证、会计账簿及其他会计资料，是指以虚假的经济业务或者资金往来为前提，编造不真实的会计凭证、会计账簿和其他会计资料。其主要表现为以下3个方面。

a. 伪造根本不存在的经济事项的原始凭证，如制作假发货票、假收据、假工资表等假的原始凭证。

b. 以实际存在的会计事项为基础，用夸大、缩小或隐匿事实的手段伪造原始凭证。

c. 会计人员审核不严或者玩忽职守、丧失原则。以伪造的原始凭证为基础，填制记账凭证，如根据假发票填制记账凭证的行为等。

②变造会计凭证、会计账簿及其他会计资料，是指用涂改、挖补等手段来更改会计凭证、会计账簿和其他会计资料的真实内容，歪曲事实真相的行为。其主要表现为以下3个方面。

a. 涂改原始凭证的日期、数量、单价、金额等内容。

b. 利用现代化的工具，对原始凭证进行二次处理。

c. 会计人员审核不严或者玩忽职守、丧失原则，以变造的原始凭证为基础，填制记账凭证，如根据涂改后的发票填制记账凭证的行为等。

③提供虚假财务会计报告，是指通过编造虚假的会计凭证、会计账簿及其他会计资料或篡改财务会计报告上的真实数据，使财务会计报告不真实、不完整地反映财务状况和经营成果，用以误导和欺骗会计资料使用者的行为。

（二）会计核算的其他要求

1. 会计年度

《会计法》规定，会计年度自公历1月1日起至12月31日止。

【提示】

世界各国对会计分期的规定是有区别的。我国的会计年度采用公历制，这是为了与我国的财政、计划、统计和税务等年度保持一致，以便于国家宏观经济管理，因为各单位按年度提供的会计资料是国家宏观调控的重要依据。

2.记账本位币

《会计法》规定,会计核算以人民币为记账本位币。业务收支以人民币以外的货币为主的单位,可以选定其中一种货币作为记账本位币,但是编报的财务会计报告应当折算为人民币。

【提示】

《会计法》规定,我国境内各单位的会计核算以人民币为记账本位币,单位的一切经济业务事项通过人民币进行核算反映。另外,随着改革开放的不断深入,人民币以外的其他币种在一些单位的日常会计核算中占据了主导地位。对此,《会计法》规定,可以选用人民币以外的货币作为记账本位币。但是,在选择人民币以外的货币作为记账本位币时,必须遵守"业务收支以人民币以外的货币为主"的原则,而且记账本位币一经确定,不得随意变动。以人民币以外的货币为记账本位币的单位,在编制财务会计报告时,应当依据国家统一的会计制度的规定,按照一定的外汇汇率折算为人民币反映,以便于财务会计报告使用者阅读和使用,也便于税务、工商等部门通过财务会计报告计算应纳税额和工商年检。

3.会计记录文字

《会计法》规定,会计记录在使用中文的前提下,可以同时使用民族自治地区通用的一种民族文字;在我国境内的外国经济组织的会计记录,在使用中文的前提下,可以同时使用一种外国文字。

【提示】

我国境内所有的国家机关、社会团体、企业、事业单位和其他组织的会计记录文字都应当使用中文;为了方便使用不同文字的人阅读会计资料,我国民族自治地方和境内的外国企业或组织可以在使用中文的前提下,选用其他的一种文字——当地通用的民族文字或外国文字,作为会计记录文字。也就是说,使用中文是强制性的,使用其他文字是备选的,不能理解为既可以使用中文,也可以使用其他通用文字。

4.建立账册

各单位应当按照《会计法》和国家统一的会计制度的规定建立会计账册,进行会计核算,及时提供合法、真实、准确、完整的会计信息。各单位发生的各项经济业务事项应当在依法设置的会计账簿上统一登记、核算,不得违反《会计法》和国家统一的会计制度的规定私设会计账簿登记、核算。不具备建账条件的,要实行代理记账。

5.会计处理方法

会计处理方法是指在会计核算中所采用的具体方法,通常包括收入确认的方法、企业所得税的会计处理方法、存货计价方法、坏账损失的核算方法、固定资产的折旧方法、编制合并会计报表的方法、外币折算的会计处理方法等。采用不同的会计处理方法,都会影响会计资料的一致性和可比性,进而影响会计资料的使用。

因此,《会计法》和国家统一的会计制度规定各单位的会计核算应当按照规定的会计处理方法进行,保证会计指标的口径一致、相互可比和会计处理方法的前后各期一致,不得随意变更,确有必要变更的,应当按照国家统一的会计制度的规定变更,并将变更的原因、情况及影响在财务会计报告中说明,以便于会计资料使用者了解会计处理方法变更及其对会计资料影响的情况。

《会计法》规定：

（1）使用的会计核算软件必须符合国家统一的会计制度的规定。会计软件是会计电算化的重要手段和工具，会计软件是否符合国家统一的会计制度规定的核算要求和会计人员的习惯，是保证会计资料质量和会计工作正常进行的重要前提。因此，法律上要求实行会计电算化的单位，使用的会计软件必须符合国家统一的会计制度的规定，实践上必须通过我国财政部的审核批准。

（2）用电子计算机软件生成的会计资料必须符合国家统一的会计制度的要求。

（三）会计凭证

会计凭证是记录经济业务事项的发生和完成情况，明确经济责任，并作为记账依据的书面证明，是会计核算的重要会计资料。填制、审核会计凭证是会计核算工作的首要环节，是登记账簿的依据。每个企业都必须按一定的程序填制和审核会计凭证，并根据审核无误的会计凭证登记账簿。

会计凭证按照填制程序和用途的不同分为原始凭证和记账凭证。

1. 原始凭证

原始凭证是指在经济业务事项发生时由经办人员直接取得或填制、用于表明某项经济业务事项已经发生或完成情况、明确有关经济责任的一种原始凭据。它是会计核算的原始依据。

原始凭证按照来源不同，可分为外来原始凭证和自制原始凭证两种；按照格式是否一致，分为统一印制的具有固定格式的原始凭证（如发票）和各单位印制的无统一格式的内部凭证（如领料单和入库单等）。

（1）原始凭证的内容。按照《会计基础工作规范》的规定，原始凭证应包括以下内容。

①原始凭证的名称。

②填制原始凭证的日期和编号。

③填制原始凭证单位的名称或填制人员的姓名。

④接受原始凭证的单位名称。

⑤经济业务的内容。包括经济业务的内容摘要、数量、单价和金额等。

⑥经办人员的签名或签章。

（2）原始凭证的填制和取得。填制或取得原始凭证，是会计核算工作的起点和基础。

①从外单位取得的原始凭证，必须盖有填制单位的公章及有关人员的签章；从个人取得的原始凭证，必须有填制人员的签名或者盖章。

②自制原始凭证必须有经办单位领导人或者其指定的人员签名或者盖章。对外开出的原始凭证，必须加盖本单位公章。

【提示】

《会计法》第十四条规定，办理《会计法》第十条所列的经济业务事项，必须填制或者取得原始凭证并及时送交会计机构。

（3）原始凭证的审核。审核原始凭证，是确保会计资料质量的重要措施之一，也是会计机构、会计人员的重要职责。《会计法》对审核原始凭证问题作出了具体规定,主要包括 3 个方面。

①会计机构、会计人员必须按照法定职责审核原始凭证。

②会计机构、会计人员审核原始凭证应当按照国家统一的会计制度的规定进行。

③会计机构、会计人员对不真实、不合法的原始凭证,有权不予受理,并向单位负责人报告,请求查明原因,追究有关当事人的责任;对记载不准确、不完整的原始凭证予以退回,并要求经办人员按照国家统一会计制度的规定进行更正、补充。

对原始凭证的审核,具体还应符合以下要求。

①原始凭证的内容必须具备凭证的名称,填制凭证的日期,填制凭证单位名称或者填制人姓名,经办人员的签名或签章,接受凭证单位名称,经济业务内容、数量、单价和金额。

②从外单位取得的原始凭证,必须盖有填制单位的公章及有关人员的签章;从个人取得的原始凭证,必须有填制人员的签名或者盖章;自制原始凭证必须有经办单位领导人或者其指定人员的签名或者盖章;对外开出的原始凭证,必须加盖本单位公章。

③凡填有大写和小写金额的原始凭证,大写与小写金额必须相符。购买实物的原始凭证,必须有验收证明。支付款项的原始凭证,必须有收款单位和收款人的收款证明。

④一式几联的原始凭证,应当注明各联的用途,只能以一联作为报销凭证。一式几联的发票和收据,必须用双面复写纸(发票和收据本身具备复写纸功能的除外)套写,并连续编号。作废时应当加盖"作废"戳记,连同存根一起保存,不得撕毁。

⑤发生销货退回的,除了填制退货发票,还必须有退货验收证明;退款时,必须取得对方的收款收据或者汇款银行的凭证,不得以退货发票代替收据。

⑥职工公出借款凭据,必须附在记账凭证之后。收回借款时,应当另开收据或者退还借据副本,不得退还原借款收据。

⑦经上级有关部门批准的经济业务,应当将批准文件作为原始凭证附件;如果批准文件需要单独归档的,应当在凭证上注明批准机关名称、日期和文件字号。

(4)原始凭证错误的更正。

①原始凭证记载的各项内容均不得涂改。

②原始凭证有错误的,应当由出具单位重开或者更正,更正处应当加盖出具单位的印章。

③原始凭证金额有错误的,不得在原始凭证上更正,应当由出具单位重开。

④原始凭证开具单位应当依法开具准确无误的原始凭证,对于填制有误的原始凭证,负有更正和重新开具的法律义务,不得拒绝。

(5)原始凭证的保管。原始凭证作为重要的会计资料,应当按照有关会计档案保管的规定办法进行保管。

①原始凭证不得外借,其他单位如因特殊原因需要使用原始凭证时,经本单位会计机构负责人、会计主管人员批准,可以复制。向外单位提供的原始凭证复制件,应当在专设的登记簿上登记,并由提供人员和收取人员共同签名或者盖章。

②从外单位取得的原始凭证如有遗失,应当取得原开出单位盖有公章的证明,并注明原

来凭证的号码、金额和内容等,由经办单位会计机构负责人、会计主管人员和单位领导人批准后,才能代作原始凭证。如果确实无法取得证明的,如火车、轮船、飞机票等凭证,由当事人写出详细情况,由经办单位会计机构负责人、会计主管人员和单位领导人批准后,代作原始凭证。

③企业和其他组织的原始凭证保管期限一般为30年。

2.记账凭证

记账凭证是指对经济业务事项按其性质加以归类,并据以确定会计分录后所填制的会计凭证。

(1)记账凭证的内容。记账凭证按其反映经济内容不同分为收款凭证、付款凭证和转账凭证;按其填制的方式不同分为单式记账凭证和复式记账凭证。但无论哪一种记账凭证,都必须具备以下基本内容。

①记账凭证的名称。

②填制记账凭证的日期。

③记账凭证的编号。

④经济业务事项的内容和摘要。

⑤应记会计科目、方向和金额。

⑥记账标记。

⑦所附原始凭证张数。

⑧记账凭证的填制人员、稽核人员、记账人员、会计机构负责人、会计主管人员的签名或盖章。

(2)记账凭证的编制。

①记账凭证应当根据经过审核的原始凭证及相关资料进行填制。

②收款记账凭证和付款记账凭证还应当由出纳人员签名或者盖章。

③记账凭证应连续编号。一笔经济业务需要填制两张以上记账凭证的,可以采用分数编号法编写。

④记账凭证可以根据每一张原始凭证填制,或根据若干张同类原始凭证汇总填制,也可以根据原始凭证汇总表填制,但不得将不同内容和类别的原始凭证汇总填制在一张记账凭证上。

⑤除结账和更正错误的记账凭证可以不附原始凭证外,其他记账凭证必须附有原始凭证,并注明所附原始凭证的张数。

⑥一张原始凭证所列的支出需要由多个单位共同负担时,应当由保存该原始凭证的单位开具原始凭证分割单给其他应负担的单位。这种原始凭证分割单必须具有原始凭证的基本内容。

⑦记账凭证填制完经济业务事项后,如有空行,应当自最后一笔金额数字下的空行处至合计数上的空行处划线注销。

⑧填制会计凭证,字迹必须清晰、工整,并符合相关规定的要求。

(3)记账凭证的审核。记账凭证的审核内容主要包括:编制依据是否真实、填写项目是否齐全、科目是否正确、金额计算是否正确、书写是否清楚等。

实行会计电算化的单位对于机制记账凭证要认真审核，做到会计科目使用正确，数字准确无误。打印出的机制记账凭证要加盖制单人员、审核人员、记账人员及会计机构负责人、会计主管人员印章或者签名。

（4）记账凭证的保管。记账凭证应当连同所附的原始凭证或者原始凭证汇总表，按照编号顺序折叠整齐，按期装订成册，并加具封面，注明单位名称、年度、月份、起讫日期、凭证种类、起讫号、会计主管人员、装订人员等有关事项，会计主管人员和保管人员应在封面上签章。

（四）会计账簿

会计账簿是以会计凭证为依据，对全部经济业务进行全面、系统、连续、分类的记录和核算的簿记，是由一定格式、相互联系的账页所组成的。会计账簿是会计资料的主要载体之一，也是会计资料的重要组成部分。会计账簿的主要作用是对会计凭证提供的大量、分散的数据或资料进行分类归集整理，以全面、连续、系统地记录和反映经济活动情况。会计账簿按照用途可以分为总账、明细账、日记账和其他辅助账簿。

1. 账簿种类

（1）总账，也称总分类账，是根据会计科目（也称"总账科目"）开设的账簿，用于分类登记单位的全部经济业务事项，提供资产、负债、所有者权益、费用、收入和利润等总括核算的资料。总账一般使用订本账。

（2）明细账，也称明细分类账，是根据总账科目所属的明细科目设置的，用于分类登记某一类经济业务事项，提供有关明细核算资料。明细账一般采用活页账。

（3）日记账是一种特殊的序时明细账，它是按照经济业务事项发生的时间先后顺序，逐日逐笔地进行登记的账簿。现金日记账和银行存款日记账必须采用订本式账簿，并逐日结出余额。

（4）其他辅助账簿，也称备查账簿，是为备忘备查而设置的。在实际会计实务中，主要包括各种租借设备、物资的辅助登记或有关应收、应付款项的备查簿，担保、抵押备查簿等。

2. 依法建账的法律规定

依法建账是会计核算中的最基本要求之一。建账是会计工作中的重要一环，是如实记录和反映经济活动情况的重要前提。根据这些法律的规定，各单位在建账时应遵守以下3点。

（1）国家机关、社会团体、企业、事业单位和其他经济组织，要按照要求设置会计账簿，进行会计核算。不具备建账条件的，应实行代理记账。

（2）设置会计账簿的种类和具体要求，要符合《会计法》和国家统一的会计制度的规定。

（3）各单位发生的经济业务应当统一核算，不得违反规定私设会计账簿进行登记、核算。

3. 登记会计账簿的规则

（1）必须以经过审核无误的会计凭证作为登记会计账簿的依据。

（2）会计账簿应当按照连续编号的页码顺序进行登记。会计账簿记录发生错误或发生隔页、缺号、跳行的，应当按照规定的方法更正，并由记账人员在更正处签名或盖章，以明确责任。

(3)实行会计电算化的单位,其会计账簿的登记、更正,也应当符合国家统一的会计制度的规定。

(4)禁止账外设账(即禁止私设账簿)。

4.账目核对

账目核对又称对账,是指在结账前,将账簿记录与货币资金、往来结算、财产物资等进行相互核对,是保证会计账簿记录质量的重要程序。单位的对账工作每年至少进行一次,具体包括以下4个方面。

(1)各单位应当定期将会计账簿记录与实物、款项的实存数相互核对,以保证账实相符。

(2)各单位应当定期将会计账簿记录与会计凭证的相关内容相互核对,以保证账证相符。

(3)各单位应当定期将会计账簿之间的对应记录相互核对,以保证账账相符。

(4)各单位应当定期将会计账簿记录与会计报表的相关内容相互核对,以保证账表相符。

5.结账

各单位应当按照规定定期结账,不得提前或者延迟。年度结账日为公历年度的每年12月31日,半年度、季度和月度结账日分别为公历年度每半年、每季度、每月的最后一天。结账前,必须将本期内所发生的各项经济业务全部登记入账。结账时,应当结出每个账户的期末余额,需要结出当月发生额的,应当在摘要栏内注明"本月合计"字样,并在下面通栏划单红线。需要结出本年累计发生额的,应当在摘要栏内注明"本年累计"字样,并在下面通栏划单红线。12月月末的"本年累计"就是全年累计发生额,全年累计发生额下面应当通栏划双红线。年度终了结账时,所有总账账户都应当结出全年发生额和年末余额。年度终了,要把各账户的余额结转到下一会计年度,并在摘要栏注明"结转下年"字样,在下一会计年度新建有关会计账簿的第一行余额栏内填写上年结转的余额,并在摘要栏注明"上年结转"字样。

(五)财务会计报告

1.财务会计报告的组成

财务会计报告,是指单位对外提供的、反映单位某一特定日期财务状况和某一会计期间经营成果、现金流量等会计信息的文件。《企业财务会计报告条例》规定,财务会计报告包括会计报表、会计报表附注和财务情况说明书。《企业会计准则——基本准则》规定,财务会计报告包括会计报表及其附注和其他应当在财务会计报告中披露的相关信息和资料。《企业会计准则第30号——财务报表列报》规定,财务报表是对企业财务状况、经营成果和现金流量的结构性表述。财务报表至少应当包括资产负债表、利润表、现金流量表、所有者权益(或股东权益)变动表和附注。财务报表上述组成部分具有同等的重要程度。小企业编制的财务报表可以不包括现金流量表。

资产负债表是主要反映企业在某一特定日期财务状况的会计报表。利润表也称收益表、损益表,是反映企业在一定会计期间的经营成果的会计报表。现金流量表是反映在一定会计期间现金收入和现金支出的会计报表。附注是为了便于报表使用者理解会计报表的内

容而对会计报表的编制基础、编制依据、编制原则和方法及主要项目等所作的解释。

2.财务会计报告的编制依据

各单位的财务会计报告,必须根据经过审核的会计账簿记录和有关资料编制。依据经过审核的会计账簿记录和有关资料编制财务会计报告,是保证财务会计报告质量的重要环节。编制财务会计报告的主要目的是为投资者、债权人和其他财务会计报告使用者提供对决策有用的财务会计资料和信息,促进社会资源的合理配置,为国家和社会公众服务。

3.财务会计报表编制要求

(1)企业应当于年度终了编报年度财务会计报告。国家统一的会计制度规定企业应当编报半年度、季度和月度财务会计报告的,从其规定。

(2)企业编制财务会计报告,应当根据真实的交易、事项以及完整、准确的账簿记录等资料,并按照国家统一的会计制度规定的编制基础、编制依据、编制原则和方法。企业不得违反《企业财务会计报告条例》和国家统一的会计制度的规定,随意改变财务会计报告的编制基础、编制依据、编制原则和方法。任何组织或者个人不得授意、指使、强令企业违反本条例和国家统一的会计制度的规定,改变财务会计报告的编制基础、编制依据、编制原则和方法。

(3)企业应当依照《企业财务会计报告条例》和国家统一的会计制度的规定,对会计报表中各项会计要素进行合理的确认和计量,不得随意改变会计要素的确认和计量标准。

(4)企业应当依照有关法律、行政法规和《企业财务会计报告条例》规定的结账日进行结账,不得提前或者延迟。年度结账日为公历年度每年的 12 月 31 日,半年度、季度、月结账日分别为公历年度每半年、每季、每月的最后一天。

(5)企业在编制年度财务会计报告前,应当全面清查资产、核实债务。企业通过前款规定的清查、核实,查明财产物资的实存数量与账面数量是否一致、各项结算款项的实际拖欠情况及其原因、材料物资的实际储备情况、各项投资是否达到预期目的、固定资产的使用情况及其完好程度等。企业清查、核实后,应当将清查、核实的结果及其处理办法向企业的董事会或者相应机构报告,并根据国家统一的会计制度的规定进行相应的会计处理。企业应当在年度中间根据具体情况,对各项财产物资和结算款项进行重点抽查、轮流清查或者定期清查。

(6)企业在编制财务会计报告前,除了应当全面清查资产、核实债务,还应当核对各会计账簿记录与会计凭证的内容、金额等是否一致,记账方向是否相符;依照本条例规定的结账日进行结账,结出有关会计账簿的余额和发生额,并核对各会计账簿之间的余额;检查相关的会计核算是否按照国家统一的会计制度的规定进行;对于国家统一的会计制度没有规定统一核算方法的交易、事项,检查其是否按照会计核算的一般原则进行确认和计量以及相关账务处理是否合理;检查是否存在因会计差错、会计政策变更等原因需要调整前期或者本期相关项目。在前款规定工作中发现问题的,应当按照国家统一的会计制度的规定进行处理。

(7)企业编制年度和半年度财务会计报告时,对经查实后的资产、负债有变动的,应当按照资产、负债的确认和计量标准进行确认和计量,并按照国家统一的会计制度的规定进行相应的会计处理。

(8)企业应当按照国家统一的会计制度规定的会计报表格式和内容,根据登记完整、核对无误的会计账簿记录和其他有关资料编制会计报表,做到内容完整、数字真实、计算准确,不得漏报或者任意取舍。

(9)会计报表之间、会计报表各项目之间,凡有对应关系的数字,应当相互一致;会计报表中本期与上期的有关数字应当相互衔接。

(六)会计档案管理

1. 会计档案的内容

会计档案是指单位在进行会计核算等过程中接收或形成的,记录和反映经济业务事项的,具有保存价值的文字、图表等各种形式的会计资料,包括通过计算机等电子设备形成、传输和存储的电子会计档案。具体包括以下内容。

(1)会计凭证,包括原始凭证、记账凭证。

(2)会计账簿,包括总账、明细账、日记账、固定资产卡片及其他辅助性账簿。

(3)财务会计报告,包括月度、季度、半年度、年度财务会计报告。

(4)其他会计资料,包括银行存款余额调节表、银行对账单、纳税申报表、会计档案移交清册、会计档案保管清册、会计档案销毁清册、会计档案鉴定意见书及其他具有保存价值的会计资料。

各单位必须加强对会计档案的管理,确保会计档案资料的安全和完整,并充分加以利用。

2. 会计档案的管理部门

财政部和国家档案局主管全国会计档案工作,共同制定全国统一的会计档案工作制度,对全国会计档案工作实行监督和指导。县级以上地方人民政府财政部门和档案行政管理部门管理本行政区域内的会计档案工作,并对本行政区域内会计档案工作实行监督和指导。

3. 会计档案的归档

(1)各单位每年形成的会计档案,应由单位会计部门按照归档要求负责整理立卷或装订。

(2)采用电子计算机进行会计核算的单位应当保存打印出的纸质会计档案。满足2016年1月1日起施行的新《会计档案管理办法》第八条规定条件的,也可仅以电子形式保存,形成电子会计档案。

(3)单位的会计机构或会计人员所属机构,负责会计资料整理、归档、立卷、编制会计档案保管清册。

4. 会计档案的移交

(1)单位内部会计档案移交。当年形成的会计档案,在会计年度终了后可由单位会计管理机构临时保管1年,再移交单位档案管理机构保管。因工作需要确需推迟移交的,应当经单位档案管理机构同意。单位会计管理机构临时保管会计档案最长不超过3年。临时保管期间,会计档案的保管应当符合国家档案管理的有关规定,且出纳人员不得兼管会计档案。

单位会计管理机构在办理会计档案移交时,应当编制会计档案移交清册,并按照国家档案管理的有关规定办理移交手续。纸质会计档案移交时应当保持原卷的封装。

(2)单位之间会计档案移交。单位之间交接会计档案时,交接双方应当办理会计档案交接手续。移交会计档案的单位,应当编制会计档案移交清册,列明应当移交的会计档案名称、卷号、册数、起止年度、档案编号、应保管期限和已保管期限等内容。

交接会计档案时,交接双方应当按照会计档案移交清册所列内容逐项交接,并由交接双方的单位有关负责人负责监督。交接完毕后交接双方经办人和监督人应当在会计档案移交清册上签名或盖章。

【提示】

电子会计档案移交时应当将电子会计档案及其元数据一并移交,特殊格式的电子会计档案应当与其读取平台一并移交。档案接收单位应当对保存电子会计档案的载体及技术环境进行检验,确保所接收电子会计档案准确、完整、可用和安全。

5.会计档案的查阅、复制和借出

单位应当严格按照相关制度利用会计档案,在进行会计档案查阅、复制、借出时履行登记手续,严禁篡改和损坏。

单位保存的会计档案一般不得对外借出,确因工作需要且根据国家有关规定必须借出的,应该严格按照规定办理相关手续。

会计档案借用单位应当妥善保管和利用借入的会计档案,确保借入会计档案的安全完整,并在规定时间内归还。

单位保存的会计档案及其复制件需要携带、寄运或传输至境外的,应当按照国家有关规定执行。

6.会计档案保管的期限

根据《会计档案管理办法》的规定,会计档案保管期限分为永久和定期两类。永久是指会计档案需永久保存;定期是指会计档案保存应达到法定的时间。会计档案定期保管期限分为10年和30年。会计档案保管期限从会计年度终了后第一天算起,详见表1-1。

表1-1 企业和其他组织会计档案保管期限

序号	档案名称	保管期限	备注
一	会计凭证		
1	原始凭证	30 年	
2	记账凭证	30 年	
二	会计账簿		
3	总账	30 年	
4	明细账	30 年	
5	日记账	30 年	
6	固定资产卡片		固定资产报废清理后保管 5 年
7	其他辅助性账簿	30 年	
三	财务会计报告		
8	月度、季度、半年度财务会计报告	10 年	

续表

序号	档案名称	保管期限	备注
9	年度财务会计报告	永久	
四	其他会计资料		
10	银行存款余额调节表	10 年	
11	银行对账单	10 年	
12	纳税申报表	10 年	
13	会计档案移交清册	30 年	
14	会计档案保管清册	永久	
15	会计档案销毁清册	永久	
16	会计档案鉴定意见书	永久	

7. 会计档案销毁的程序

根据《会计档案管理办法》的规定,保管期满的会计档案,除特殊规定外,可以按照规定的程序予以销毁。

(1) 会计档案的鉴定。单位应当定期对已到保管期限的会计档案进行鉴定,并形成会计档案鉴定意见书。经鉴定,仍需继续保存的会计档案应当重新划定保管期限;对保管期满,确无保存价值的会计档案,可以销毁。会计档案鉴定工作应当由单位档案管理机构牵头,组织单位会计、审计、纪检监察等机构或人员共同进行。

(2) 会计档案的销毁。经鉴定可以销毁的会计档案,销毁的基本程序和要求如下。

① 单位档案管理机构编制会计档案销毁清册,列明拟销毁会计档案的名称、卷号、册数、起止年度、档案编号、应保管期限、已保管期限和销毁时间等内容。

② 单位负责人、档案管理机构负责人、会计管理机构负责人、档案管理机构经办人、会计管理机构经办人在会计档案销毁清册上签署意见。

③ 单位档案管理机构负责组织会计档案销毁工作,并与会计管理机构共同派人监销。监销人在会计档案销毁前应当按照会计档案销毁清册所列内容进行清点核对,在会计档案销毁后,应当在会计档案销毁清册上签名或盖章。电子会计档案的销毁还应当符合国家有关电子档案的规定,并由单位档案管理机构、会计管理机构和信息系统管理机构共同派员监销。

(3) 不得销毁的会计档案。保管期满但未结清的债权债务会计凭证和涉及其他未了事项的会计凭证不得销毁,纸质会计档案应当单独抽出立卷,电子会计档案单独转存,保管到未了事项完结时为止。

单独抽出立卷或转存的会计档案,应当在会计档案鉴定意见书、会计档案销毁清册和会计档案保管清册中列明。

二、会计监督

会计监督是指依照国家有关法律、法规、规章对会计工作进行控制,并利用正确的会计信息对经济活动进行全面、综合的协调、监督和督促,以达到提高会计信息质量和经济效益的目的。我国会计监督有狭义和广义之分。狭义的会计监督是会计的基本职能之一,是会计人员根据国家的财经政策、会计法规,利用会计所提供的信息,对会计主体经济活动进行的全面监督和控制,使其达到预期目标的功能;广义的会计监督还包括对单位内部会计监督的再监督,即外部监督,主要有社会监督和政府监督。我国已形成了三位一体的会计监督体系,包括单位内部会计监督、以政府财政部门为主体的政府监督和以注册会计师为主体的社会监督。

(一)单位内部会计监督

1.单位内部会计监督的概念和对象

单位内部会计监督是指会计机构、会计人员依照法律的规定,通过会计手段对经济活动的合法性、合理性和有效性进行的一种监督。各单位应建立健全本单位内部的会计监督制度。

《会计基础工作规范》规定,各单位的会计机构、会计人员对本单位的经济活动进行会计监督。这一规定明确了单位内部会计监督的主体是各单位的会计机构和会计人员,单位内部会计监督的对象是单位的经济活动。

会计机构、会计人员发现会计账簿记录与实物、款项及有关资料不相符的,按照国家统一的会计制度的规定有权自行处理的,应当及时处理;无权自行处理的,应当立即向单位负责人报告,请求查明原因,作出处理。

2.单位内部会计监督的依据

单位内部会计监督的依据包括以下4个方面。

(1)财经法律、法规、规章。

(2)会计法律、法规和国家统一会计制度。

(3)各省、自治区、直辖市财政厅(局)和国务院业务主管部门根据《会计法》和国家统一会计制度规定的具体实施办法或者补充规定。

(4)各单位内部的预算、财务计划、经济计划、业务计划等。

3.单位内部会计监督制度的基本要求

单位内部会计监督的内容十分广泛,涉及人、财、物等方面,各单位应当根据实际情况建立、健全本单位内部会计监督制度。根据《会计法》的规定,单位内部会计监督制度应当符合以下要求。

(1)记账人员与经济业务事项和会计事项的审批人员、经办人员、财物保管人员的职责权限应当明确,并相互分离、相互制约。

(2)重大对外投资、资产处置、资金调度和其他重要经济业务事项的决策和执行的相互监督、相互制约的程序应当明确。

(3)财产清查的范围、期限和组织程序应当明确。

（4）对会计资料定期进行内部审计的办法和程序应当明确。

4. 单位内部会计监督的内容

（1）对原始凭证进行审核和监督。会计机构、会计人员应当对原始凭证进行审核和监督。对不真实、不合法的原始凭证，不予受理。对弄虚作假、严重违法的原始凭证，在不予受理的同时，应当予以扣留，并及时向单位领导人报告，请求查明原因，追究当事人的责任。对记载不明确、不完整的原始凭证，予以退回，要求经办人员更正、补充。

（2）对会计账簿和财务报表的监督。会计机构、会计人员对伪造、变造、故意销毁会计账簿或者账外设账行为，应当制止和纠正；制止和纠正无效的，应当向上级主管单位报告，请求作出处理。会计机构、会计人员对指使、强令编造、篡改财务报告的行为，应当制止和纠正；制止和纠正无效的，应当向上级主管单位报告，请求处理。

（3）对财产物资的监督。会计机构、会计人员应当对实物、款项进行监督，督促建立并严格执行财产清查制度。发现账簿记录与实物、款项不符时，应当按照国家有关规定进行处理。超出会计机构、会计人员职权范围的，应当立即向本单位领导报告，请求查明原因，作出处理。

（4）对单位会计活动及财务收支的监督。会计机构、会计人员应当对财务收支进行监督。对审批手续不全的财务收支，应当退回，要求补充、更正。对违反规定不纳入单位统一会计核算的财务收支，应当制止和纠正。对违反国家统一的财政、财务、会计制度规定的财务收支，不予办理。

会计机构、会计人员应当对单位制定的预算、财务计划、经济计划、业务执行情况进行监督。

5. 会计机构和会计人员在单位内部会计监督中的职责

（1）依法开展会计核算和会计监督。对违反《会计法》和国家统一的会计制度规定的会计事项，有权拒绝办理或者按照职权予以纠正，由会计机构、会计人员在处理会计业务过程中严格把关。对会计业务实行监督，可以有效地防范违法会计行为的发生。这也是单位负责人的会计责任得以具体落实的重要描述。

（2）对单位内部的会计资料、财产物资实施监督。发现会计账簿记录与实物、款项及有关资料不相符的，依照国家统一的会计制度的规定有权自行处理的，应当及时处理；无权处理的，应当立即向单位负责人报告，请求查明原因，作出处理，保证单位内部的账实、账证、账账与账表相符。这是法律、单位内部负责人对会计工作的基本要求，也是加强物资管理的重要措施。

6. 内部控制

（1）内部控制的概念与目标。

①企业内部控制是指由企业董事会、监事会、经理层和全体员工实施的、旨在实现控制目标的过程。

内部控制的目标是合理保证企业经营管理合法合规、资产安全、财务报告及相关信息真实完整，提高经营效率和效果，促进企业实现发展战略。

②行政事业单位内部控制的概念与目标。单位内部控制，是指单位为实现控制目标，通

过制定制度、实施措施和执行程序,对经济活动的风险进行防范和管控。

单位内部控制的目标主要包括:合理保证单位经济活动合法合规、资产安全和使用有效、财务信息真实完整,有效防范舞弊、预防腐败,提高公共服务的效率和效果。

(2)内部控制的责任人。对企业而言,董事会负责内部控制的建立健全和有效实施。监事会对董事会建立与实施内部控制进行监督。经理层负责组织企业内部控制的日常运行。企业应当成立专门机构或者指定适当的机构具体负责组织协调内部控制的建立实施及日常工作。

对行政事业单位而言,单位负责人对本单位内部控制的建立健全和有效实施负责。单位应当建立适合本单位实际情况的内部控制体系,并组织实施。

(3)内部控制的原则。

①企业内部控制的原则。

a.全面性原则。内部控制应当贯穿、执行和监督全过程。覆盖企业及其所属单位的各种业务和事项。

b.重要性原则。内部控制应当在全面控制的基础上,关注重要业务事项和高风险领域。

c.制衡性原则。内部控制应当在治理结构、机构设置及权责分配、业务流程等方面相互制约、相互监督,同时兼顾运营效率。

d.适应性原则。内部控制应当与企业经营规模、业务范围、竞争状况和风险水平等相适应,并随着情况的变化及时加以调整。

e.成本效益原则。内部控制应当权衡实施成本与预期效益,以适当的成本实现有效控制。

②行政事业单位内部控制的原则。

a.全面性原则。内部控制应当贯穿单位经济活动的决策、执行和监督全过程,实现对经济活动的全面控制。

b.重要性原则。在全面控制的基础上,内部控制应当关注单位重要经济活动和经济活动的重大风险。

c.制衡性原则。内部控制应当在单位内部的部门管理、职责分工、业务流程等方面形成相互制约和相互监督。

d.适应性原则。内部控制应当符合国家有关规定和单位的实际情况,并随着外部环境的变化、单位经济活动的调整和管理要求的提高,不断修订和完善。

(4)内部控制的内容。企业建立与实施有效的内部控制,应当包括下列要素。

①内部环境。内部环境是指企业实施内部控制的基础,一般包括治理结构、机构设置及权责分配、内部审计机制、人力资源政策、企业文化等。

②风险评估。风险评估是指企业及时识别、系统分析经营活动中与实现内部控制目标相关的风险,合理确定风险应对策略。

③控制活动。控制活动是指企业根据风险评估结果,采用相应的控制措施,将风险控制在可承受度之内。

④信息与沟通。信息与沟通是指企业及时、准确地收集、传递与内部控制相关的信息,

确保信息在企业内部、企业与外部之间进行有效沟通。

⑤内部监督。内部监督是指企业对内部控制建立与实施情况进行监督检查,评价内部控制的有效性,发现内部控制缺陷,并及时加以改进。

行政事业单位建立与实施内部控制的具体工作包括:梳理单位各类经济活动的业务流程,明确业务环节,系统分析经济活动风险,确定风险点,选择风险应对策略。在此基础上,根据国家有关规定建立健全单位各项内部管理制度并督促相关工作人员认真执行。

(5)企业内部控制的措施。

①不相容职务分离控制。要求企业全面系统地分析、梳理业务流程中所涉及的不相容职务,实施相应的分离措施,形成各司其职、各负其责、相互制约的工作机制。不相容职务是指那些如果由一个人担任,既可能发生错误舞弊行为,又可能掩盖其错误和舞弊行为的职务。不相容职务主要包括授权批准与业务经办、业务经办与会计记录、会计记录与财产保管、业务经办与稽核检查、授权批准与监督检查等。

②授权审批控制。要求企业根据常规授权和特别授权的规定,明确各岗位办理业务和事项的权限范围、审批程序和相应责任。

③会计系统控制。要求企业严格执行国家统一的会计准则制度,加强会计基础工作,明确会计凭证、会计账簿和财务会计报告的处理程序,保证会计资料真实完整。

④财产保护控制。要求企业建立财产日常管理和定期清查制度,采取财产记录、实物保管、定期盘点、账实核对等措施,确保财产安全。

⑤预算控制。要求企业实施全面预算管理制度,明确各责任单位在预算管理中的职责权限,规范预算的编制、审定、下达和执行程序,强化预算约束。

⑥运营分析控制。要求企业建立运营情况分析制度,经理层应当综合运用生产、购销、投资、筹资、财务等方面的信息,通过因素分析、对比分析、趋势分析等方法,定期开展运营情况分析,发现存在的问题,及时查明原因并加以改进。

⑦绩效考评控制。要求企业建立和实施绩效考评制度,科学设置考核指标体系,对企业内部各责任单位和全体员工的业绩进行定期考核和客观评价,将考核结果作为确定员工薪酬以及职务晋升、评优、降级、调岗、辞退等的依据。

(6)行政事业单位内部控制方法。行政事业单位内部控制方法一般包括以下8种。

①不相容岗位相互分离。合理设置内部控制关键岗位,明确划分职责权限,实施相应的分离措施,形成相互制约、相互监督的工作机制。

②内部授权审批控制。明确各岗位办理业务和事项的权限范围、审批程序和相应责任,建立重大事项集体决策和会签制度。相关工作人员应当在授权范围内行使职权、办理业务。

③归口管理。根据本单位实际情况,按照权责对等的原则,采取成立联合工作小组并确定牵头部门或牵头人员等方式,对有关经济活动实行统一管理。

④预算控制。强化对经济活动的预算约束,使预算管理贯穿于单位经济活动的全过程。

⑤财产保护控制。建立资产日常管理制度和定期清查机制,采取资产记录、实物保管、定期盘点、账实核对等措施,确保资产安全完整。

⑥会计控制。建立健全本单位财会管理制度,加强会计机构建设,提高会计人员业务水

平,强化会计人员岗位责任制,规范会计基础工作,加强会计档案管理,明确会计凭证、会计账簿和财务会计报告处理程序。

⑦单据控制。要求单位根据国家有关规定和单位的经济活动业务流程,在内部管理制度中明确界定各项经济活动所涉及的表单和票据,要求相关工作人员按照规定填制、审校、归档、保管单据。

⑧信息内部公开。建立健全经济活动相关信息内部公开制度,根据国家有关规定和单位的实际情况,确定信息内部公开的内容、范围、方式和程序。

7.内部审计

(1)内部审计的概念。内部审计是指单位内部的一种独立客观的监督和评价活动,它通过单位内部独立的审计机构和审计人员审查和评价本部门、本单位财务收支和其他经营活动以及内部控制的适当性、合法性和有效性来促进单位目标的实现。

(2)内部审计的内容及特点。内部审计的内容是一个不断发展变化的范畴,主要包括财务审计、经营审计、经济责任审计、管理审计和风险管理等。内部审计的审计机构和审计人员都设在本单位内部,审计的内容更侧重于经营过程是否有效、各项制度是否得到遵守与执行。但是,内部审计结果的客观性和公正性较低,以建设性意见为主。

(3)内部审计的作用。内部审计在单位内部会计监督制度中的重要作用主要体现在以下3个方面。

①预防保护作用。内部审计通过对企业经济活动及其经营管理制度的监督检查,对照国家的法律、法规和企业的规章制度,按照审计工作规范,预防企业的违法乱纪行为,维护企业的经济秩序。同时,内部审计的经常性监督、检查,可以有效及时地发现问题,指出管理中的漏洞,并提出意见和建议,以促进或提醒有关部门加强管理,保护财产物资的安全完整并实现其保值、增值。

②服务促进作用。内部审计通过对经济活动全过程的审查,对有关经济指标的对比分析,揭示差异,分析差异形成的因素,评价经营业绩,总结经济活动的规律,从中揭示未被充分利用的人、财、物的内部潜力,并提出改进措施,可以极大地促进经济效益的提高。

③评价鉴证作用。内部审计通过查明各责任者是否完成了应负经济责任的各项指标,这些指标是否真实可靠,有无不利于国家经济建设和企业发展的长远利益的短期行为等,既可以对责任者的工作进行正确评价,也可以揭示责任人与整个部门、单位的正当权益,有利于维护有关各方的合法经济权益。

(二)会计工作的政府监督

1.会计工作的政府监督的概念

会计工作的政府监督主要是指财政部门代表国家对单位和单位中相关人员的会计行为实施的监督检查,以及对发现的违法会计行为实施的行政处罚,是一种外部监督。

根据《会计法》的规定,县级以上地方各级人民政府财政部门是会计工作的政府监督主体,对本行政区域内各单位的会计工作行使监督权,并依法对违法会计行为实施行政处罚。

此外,《会计法》还规定,除财政部门外,审计、税务、中国人民银行、证券监管、保险监管等部门应当依照有关法律、行政法规规定的职责和权限,也可以对有关单位的会计资料实施监督检查。

审计、税务、中国人民银行、证券监管、保险监管等部门虽然也履行一定的会计监督检查职责,但与财政部门相比,在监督检查的目的、范围等方面都有明显不同。财政部门有权对所有单位的会计行为、会计资料进行监督,而且对违反《会计法》行为的单位和相关人员,有权作出相应的行政处理,但是其他部门只能在其法定职权范围内对有关单位的会计资料进行监督检查。

财政部门实施会计监督,可以在被检查单位的业务场所进行,必要时,经财政部门负责人批准,也可以将被检查单位以前会计年度的会计凭证、会计账簿、财务会计报告和其他资料调回财政部门检查,但须由组织检查的财政部门向被检查单位开具调用会计资料清单,并在 3 个月内完整退还。

2. 财政部门会计监督检查的主要内容

根据《会计法》的规定,财政部门可以依法对各单位的下列情况实施监督。

(1)对单位依法设置会计账簿的检查。财政部门可以依法对各单位设置会计账簿的下列情况实施监督。

①按照法律、行政法规和国家统一的会计制度的规定,应当设置会计账簿的单位是否设置账簿。

②是否存在伪造、变造会计账簿的行为。

③设置会计账簿的单位,其设置的账簿是否符合法律、行政法规和国家统一的会计制度的要求。

④单位是否存在账外私设账簿等违法行为。

(2)对单位会计资料真实性、完整性的检查。财政部门对单位会计资料真实性、完整性的检查,具体包括以下 5 个方面。

①应当依法办理会计手续、进行会计核算的经济业务事项是否如实在会计凭证、会计账簿、财务会计报告和其他会计资料上反映。

②填制的会计凭证、登记的会计账簿、编制的财务会计报告与实际发生的经济业务事项是否相符。

③财务会计报告的内容是否符合相关法律、行政法规、国家统一的会计制度的规定。

④其他会计资料是否真实完整。

⑤使用的会计电算化软件及其生成的会计资料是否符合法律、行政法规和国家统一的会计制度的规定等。

(3)对单位会计核算情况的检查。财政部门对单位会计核算情况的检查是指检查会计核算是否符合《会计法》和国家统一的会计制度的规定。具体包括以下内容。

①采用的会计年度、使用的记账本位币和会计记录的文字是否符合有关规定。

②填制或取得的原始凭证、编制的记账凭证、登记的会计账簿是否符合有关规定。

③财务会计报告的编制程序、报送对象和报送期限是否符合有关规定。

④会计处理方法的采用和变更是否符合有关规定。

⑤是否按照相关规定建立并实施内部会计监督制度。

⑥会计档案的建立、保管、销毁是否符合有关规定。

⑦会计核算是否有其他违法会计行为等。

⑧使用的会计软件及其生成的会计资料是否符合有关规定。

（4）对单位会计人员专业能力、遵守职业道德和任职资格的检查。具体包括以下内容。

①从事会计工作的人员是否具备专业能力、遵守职业道德。

②担任单位会计机构负责人（会计主管人员）的任职资格。

（5）对会计师事务所出具的审计报告的程序和内容的检查。具体包括：国务院财政部门和省、自治区、直辖市人民政府财政部门，依法对注册会计师、会计师事务所和注册会计师协会进行监督、指导；财政部门对会计师事务所出具审计报告的程序和内容进行监督。

3.财政部门会计监督检查的形式

①对单位遵守《会计法》、会计行政法规和国家统一的会计制度情况进行全面检查。

②对单位会计基础工作、会计人员从业情况进行专项检查或者抽查。

③对有检举线索或者在财政管理工作中发现有违法嫌疑的单位进行重点检查。

④对经注册会计师审计的财务会计报告进行定期抽查。

⑤对会计师事务所出具的审计报告进行抽查。

⑥依法实施其他形式的会计监督检查。

（三）会计工作的社会监督

1.会计工作的社会监督的概念

会计工作的社会监督主要是指由注册会计师及其所在的会计师事务所依法对委托单位的经济活动进行审计、鉴证的一种监督制度。

《会计法》第三十一条规定，有关法律、行政法规规定，须经注册会计师进行审计的单位，应当向受委托的会计师事务所如实提供会计凭证、会计账簿、财务会计报告和其他会计资料以及有关情况。任何单位或者个人不得以任何方式要求或者示意注册会计师及其所在的会计师事务所出具不实或者不当的审计报告。财政部门有权对会计师事务所出具审计报告的程序和内容进行监督。

2.注册会计师及其所在的会计师事务所的业务范围

注册会计师是指依法取得注册会计师证书并接受委托从事审计和会计咨询、会计服务业务的执业人员。会计师事务所是依法设立并承办注册会计师业务的机构。注册会计师执行业务，应当加入会计师事务所。会计师事务所可以由注册会计师合伙设立。注册会计师和会计师事务所执行业务，必须遵守国家有关法律、行政法规的规定。注册会计师承办业务，由其所在的会计师事务所统一受理，并与委托人签订委托合同。会计师事务所对本所注册会计师承办的业务，承担民事责任。

根据《注册会计师法》的规定，注册会计师依法承办以下两方面的业务。

（1）依据《注册会计师法》承办的审计业务，具体包括以下内容。

①审查企业财务会计报表，出具审计报告。

②验证企业资本，出具验资报告。

③办理企业合并、分立、清算事宜中的审计业务，出具有关报告。

④法律、行政法规规定的其他审计业务。

（2）会计咨询、会计服务业务，具体包括以下内容。

①设计会计制度，担任会计顾问，提供会计、管理咨询。

②代理纳税申报，提供税务咨询。

③代理、申请工商登记，拟订合同、章程和其他业务文件。

④办理投资评价、资产评估和项目可行性研究中的有关业务。

⑤培训会计、审计和财务管理人员。

⑥其他会计咨询、服务。

3. 对会计师事务所和注册会计师的监督检查

（1）会计师事务所和注册会计师必须按照执业准则、规则的要求，在实施必要的审计程序后，以经过核实的审计证据为依据，形成审计意见，出具审计报告。其不得有下列行为。

①在未履行必要的审计程序，未获取充分适当的审计证据的情况下出具审计报告。

②对同一委托单位的同一事项，依据相同的审计证据出具不同结论的审计报告。

③隐瞒审计中发现的问题，发表不恰当的审计意见。

④未实施严格的逐级复核制度，未按规定编制和保存审计工作底稿。

⑤其他违反执业准则、规则的行为。

（2）会计师事务所和注册会计师遇到下列情形之一的，应当拒绝出具有关报告。

①委托人示意其作不实或者不当证明的。

②委托人故意不提供有关会计资料和文件的。

③因委托人有其他不合理要求，致使其出具的报告不能对财务会计的重要事项作出正确表述的。

（3）注册会计师不得有下列行为。

①在执行审计业务期间，在法律、行政法规规定不得买卖被审计单位的股票、债券或者不得购买被审计单位或者个人的其他财产的期限内，买卖被审计单位的股票、债券或者购买被审计单位或者个人所拥有的其他财产。

②索取、收受委托合同约定以外的酬金或者其他财物，或者利用执行业务之便，谋取其他不正当利益。

③接受委托催收债款。

④允许他人以本人名义执行业务。

⑤同时在两个或者两个以上的会计师事务所执行业务。

⑥对其能力进行广告宣传以招揽业务。

⑦违反法律、行政法规规定的其他行为。

（4）会计师事务所不得有下列行为。

①分支机构未取得执业许可，对分所未实施实质性统一管理。

②向省级以上财政部门提供虚假材料或者不及时报送相关材料。

③雇用正在其他会计师事务所执业的注册会计师，或者明知本所的注册会计师在其他会计师事务所执业而不予制止。

④允许注册会计师只在本所挂名而不在本所执行业务,或者明知本所注册会计师在其他单位从事获取工资性收入的工作而不予制止。

⑤允许其他单位或者个人以本所名义承办业务。借用、冒用其他单位名义承办业务。

⑥采取强迫、欺诈等不正当方式招揽业务。

⑦承办与自身规模、执业能力、承担风险能力不匹配的业务。

⑧违反法律、行政法规规定的其他行为。

4.注册会计师审计与内部审计的关系

内部审计是由各部门、各单位内部设置的专门机构或人员实施的审计,是由被审计单位内部机构或人员对其内部控制的有效性、财务信息的真实性和完整性以及经营活动的效率和效果等开展的一种评价活动。

注册会计师审计是指注册会计师接受委托对被审计单位的会计报表及相关资料进行独立审查,并出具审计意见的行为,其实质是确立或解除被审计单位的受托经济责任,从而帮助组织实现其目标。

注册会计师审计与内部审计之间既有联系又有区别,其联系包括以下3个方面。

(1)两者都是我国现代审计体系的重要组成部分。

(2)两者都关注内部控制的健全性和有效性。

(3)注册会计师审计可能涉及对内部审计成果的利用等。

注册会计师审计与内部审计之间的区别,主要体现在以下5个方面。

(1)审计独立性不同。注册会计师审计为第三方提供服务,不受被审计单位管理层的领导和制约,独立性较强,内部审计为组织内部服务,接受总经理或董事会的领导,独立性较弱。

(2)审计方式不同。注册会计师审计是受被审计单位委托审计,注册会计师遵循的是注册会计师审计准则;内部审计由本单位组织审计,内部审计人员遵循的是内部审计准则,具有较大灵活性。

(3)审计的职责和作用不同。注册会计师审计需要对投资者、债权人及其他利益相关者负责,对外出具的审计报告具有鉴证作用。因此,注册会计师审计侧重会计信息的质量和合规性,目标是对财务报表的合法性、公允性作出评价。内部审计侧重有效性、经济性、合规性,目标是评价和改善风险管理、控制和改善治理流程的有效性,帮助企业实现其目标。内部审计的结果只对本部门、本单位负责,只作为本部门、本单位改进经营管理的参考,不对外公开。

(4)接受审计的自愿程度不同。注册会计师审计是以独立的第三方对被审计单位进行的审计,委托人可自由选择会计师事务所;内部审计是代表总经理或董事会实施的组织内部监督,是内部控制的重要组成部分,单位内部的组织必须接受内部审计人员的监督。

(5)两者审计时间不同。内部审计通常对单位内部组织采用定期或不定期审计,时间安排比较灵活;而注册会计师审计通常是定期审计,每年对被审计单位的财务报表审计一次。

5.财政部门对社会监督的再监督

国务院财政部门和省、自治区、直辖市人民政府财政部门除了对企业依法实施监督,还

依法对注册会计师、会计师事务所和注册会计师协会进行监督、指导,这是对社会监督的一种再监督。

(1)财政部门再监督的范围。根据《会计师事务所执业许可和监督管理办法》第四十五条的规定,省级以上财政部门依法对下列事项实施监督检查。

①会计师事务所及其分所持续符合执业许可条件的情况。

②会计师事务所备案事项的报备情况。

③会计师事务所和注册会计师的执业情况。

④会计师事务所的风险管理和执业质量控制制度的建立与执行情况。

⑤会计师事务所对分所实施实质性统一管理的情况。

⑥法律、行政法规规定的其他监督检查事项。

(2)财政部门再监督的重点内容。根据《会计师事务所执业许可和监督管理办法》第五十条的规定,省级以上财政部门应当将发生以下情形的会计师事务所列为重点检查对象,实施严格监管。

①审计收费明显低于成本的。

②会计师事务所对分所实施实质性统一管理薄弱的。

③以向委托人或者被审计单位有关人员、中间人支付回扣、协作费、劳务费、信息费、咨询费等不正当方式承揽业务的。

④有不良执业记录的。

⑤被实名投诉或者举报的。

⑥业务报告数量明显超出服务能力的。

⑦被非注册会计师实际控制的。

⑧需要实施严格监管的其他情形。

(四)单位内部会计监督与政府监督、社会监督的关系

1.单位内部会计监督与政府监督、社会监督的联系

单位内部会计监督与政府监督、社会监督的联系主要体现在以下3个方面。

(1)单位内部会计监督是政府监督、社会监督有效进行的基础。

(2)政府监督、社会监督是对单位内部会计监督的一种再监督。

(3)政府监督是社会监督有效进行的重要保证。

2.单位内部会计监督与政府监督、社会监督的区别

(1)监督的主体不同。单位内部会计监督的主体是单位的会计机构、会计人员以及内部审计人员等;政府监督的主体主要是财政部门、审计部门、税务部门、中国人民银行、证券监管部门、保险监管部门和国家规定的其他有关部门;社会监督的主体是社会审计组织和广大社会公众。

(2)监督的性质不同。单位内部会计监督是企业内部的一种自我约束机制,主要通过会计机构和会计人员的日常工作和内部审计来实现;政府监督则是政府有关部门依照有关法律法规对会计主体的会计行为进行的管理与监督,具有强制性和权威性;社会监督主要通过社会审计组织的鉴证职能来实施,旨在提高财务会计报告的公信力。

（3）监督的时间不同。单位内部会计监督可以是事前监督，也可以是事中和事后监督；而政府监督和社会监督则主要是事后监督。

（4）监督的内容不同。单位内部会计监督不仅包括对不合法的收支予以制止、纠正和检举等内容，而且还包括为加强经济管理、提高经济效益服务的内容；政府监督的内容主要是监督会计主体的行为是否合法；社会监督主要是指会计师事务所对被监督单位财务会计报告的真实性发表意见，以提高被监督单位财务会计报告的公信力。

第四节　会计机构与会计人员

一、会计机构的设置

（一）办理会计事务的组织方式

《会计法》第三十六条规定，各单位应当根据会计业务的需要，设置会计机构，或者在有关机构中设置会计人员并指定会计主管人员；不具备设置条件的，应当委托经批准设立从事会计代理记账业务的中介机构代理记账。由此可见，各单位应当根据本单位经营管理的实际要求和会计业务的繁简情况决定是否设置会计机构。

1. 单独设置会计机构

单独设置会计机构是指单位依法设置独立负责会计事务的内部机构，负责会计核算工作，实行会计监督，拟订本单位办理会计事务的具体办法。参与拟订经济计划、业务计划、考核、分析预算、财务计划的实行情况，办理其他会计事务等。会计机构内部应当建立稽核制度。一般而言，一个单位是否需要设置会计机构，一般取决于以下 3 个方面的因素。

（1）单位规模的大小。从有效发挥会计职能作用的角度看，大、中型企业应当设置会计机构；业务较多的行政单位、社会团体和其他组织也应设置会计机构；而那些规模很小的企业，业务和人员都不多的行政单位等，可以不单独设置会计机构，将会计业务并入其他职能部门，或者委托代理记账。

（2）经济业务和财务收支的繁简。大、中型单位的经济业务复杂多样，在会计机构和会计人员的设置上应考虑全面、合理、有效的原则，但是也不能忽视单位经济业务的性质和财务收支的繁简问题。有些单位的规模相对较小，但其经济业务复杂多样，财务收支频繁，也要设置相应的会计机构和会计人员。

（3）经营管理的要求。单位设置会计机构和会计人员的目的，就是适应单位在经营管理上的需要。随着科学技术的进步，数据的及时性、准确性以及全面性比任何其他时候对会计机构和会计人员的要求都高，因此，如何设置会计机构和会计人员是单位会计设置中的重要课题。

2. 有关机构中配置专职会计人员

不设置会计机构的应设置会计人员并指定会计主管人员,会计主管人员是负责组织管理会计事务、行使会计机构负责人职权的负责人。《会计法》规定,应在会计人员中指定会计主管人员,目的是强化责任制度,防止出现会计工作无人负责的局面。

3. 实行代理记账

《会计法》规定,对于不具备设置会计机构和会计人员条件的单位,应当委托经批准设立从事会计代理记账业务的中介机构代理记账。此项规定的目的,是适应不具备设置会计机构、配备会计人员的小型经济组织解决记账、算账、报账问题的要求。

(二)会计机构负责人(会计主管人员)的任职资格

会计机构负责人(会计主管人员)是在一个单位内部具体负责会计工作的中层领导人员。在一个单位内部,对于单独设置会计机构的单位,该负责人就是会计机构负责人;不设置会计机构的应设置会计人员并指定会计主管人员,会计主管人员就是该负责人。负责组织管理会计事务、行使会计机构负责人职权的负责人就是会计机构负责人。它不同于通常所说的"会计主管""主管会计"和"主办会计"。会计机构负责人(会计主管人员)在单位负责人的领导下,负责组织、管理本单位所有会计工作。其任职资格除了要求具备一般会计人员应具备的条件,还应具备专业技术资格、工作经历等条件。

《会计法》第三十八条第二款规定,担任单位会计机构负责人(会计主管人员)的,除取得会计从业资格证书外,还应当具备会计师以上专业技术职务资格或者从事会计工作三年以上经历。这是对单位会计机构负责人(会计主管人员)任职资格作出的特别规定。

(三)代理记账

代理记账是指从事代理记账业务的社会中介机构接受委托人的委托办理会计业务。委托人是指委托代理记账机构办理会计业务的单位。代理记账机构是指从事代理记账业务的中介机构。财政部于 2016 年 2 月 16 日发布了《代理记账管理办法》,自 2016 年 5 月 1 日起施行,对代理记账机构设置的条件、代理记账的业务范围、代理记账机构与委托人的关系、代理记账人员应遵循的规则等作了具体的规定。2019 年中华人民共和国财政部令第 98 号对《代理记账管理办法》作出修改。

1. 代理记账机构的设立条件

申请设立除会计师事务所以外的代理记账机构,应当经所在地的县级以上人民政府财政部门(以下简称"审批机关")批准,并领取由财政部统一规定样式的代理记账许可证书。申请人应当自取得代理记账许可证书之日起 20 日内通过企业信用信息公示系统向社会公示。代理记账机构设立分支机构的,分支机构应当及时向其所在地的审批机关办理备案登记。具体审批机关由省、自治区、直辖市、计划单列市人民政府财政部门确定。

设立代理记账机构,除国家法律、行政法规另有规定外,应当符合下列条件。

(1)为依法设立的企业。

(2)专职从业人员不少于 3 名。

(3)主管代理记账业务的负责人具有会计师以上专业技术职务资格或者从事会计工作不少于 3 年,且为专职从业人员。

（4）有健全的代理记账业务内部规范。

会计师事务所及其分所可以依法从事代理记账业务。

2.代理记账机构的业务范围

代理记账机构可以根据委托人的委托,办理下列业务。

（1）根据委托人提供的原始凭证和其他资料,按照国家统一会计制度的规定进行会计核算,包括审核原始凭证、填制记账凭证、登记会计账簿和编制财务会计报告等。

（2）对外提供财务会计报告。代理记账机构为委托人编制的财务会计报告,经代理记账机构负责人和委托人签名并盖章后,按照有关法律、行政法规和国家统一的会计制度的规定对外提供。

（3）向税务机关提供税务资料。

（4）委托人委托的其他会计业务。

3.委托代理记账的委托人的义务

（1）对本单位发生的经济业务事项,应当填制或者取得符合国家统一的会计制度规定的原始凭证。

（2）应当配备专人负责日常货币收支和保管。

（3）及时向代理记账机构提供真实、完整的原始凭证和其他相关资料。

（4）对于代理记账机构退回的,要求按照国家统一的会计制度的规定进行更正补充的原始凭证,应当及时予以更正、补充。

4.代理记账机构及其从业人员的义务

（1）遵守有关法律、法规和国家统一的会计制度的规定,按照委托合同办理代理记账业务。

（2）对在执行业务中知悉的商业秘密予以保密。

（3）对委托人要求其作出不当的会计处理,提供不实的会计资料,以及其他不符合法律、法规和国家统一的会计制度行为的,予以拒绝。

（4）对委托人提出的有关会计处理相关问题予以解释。

二、会计工作岗位的设置

（一）会计工作岗位的概念

会计工作岗位是指一个单位会计机构内部根据业务分工而设置的从事会计工作、办理会计事项的具体职位。在会计机构内部设置会计工作岗位,是建立岗位责任制的前提,是提高会计工作效率和质量的重要保证。

（二）会计工作岗位设置的要求

1.按需设岗

会计工作岗位的设置,应当与本单位业务活动的规模、特点和管理要求相适应。应当根据本单位会计业务的需要,可以一人一岗、一人多岗或者一岗多人。

2.符合内部牵制制度的要求

会计机构内部牵制制度在国际上也称为会计责任分离,实质上是我国传统的"钱账分管"制度。内部牵制制度,是指凡是涉及款项和财务收付、结算及登记的任何一项工作,必须由两人或两人以上分工办理,以起到相互制约作用的一种工作制度。其核心是不相容职务的分离与牵制。

不相容职务是指不能同时由一个人兼任的职务,内容包括以下方面。

①授权进行某项经济业务的职务与执行该项业务的职务要分离。

②执行某项经济业务的职务与批准该项业务的职务要分离。

③执行某项经济业务的职务与记录该项业务的职务要分离。

④保管某项财产的职务与记录该项财产的职务要分离。

⑤保管与记录某项资产的职务与账实核对的职务要分离。

⑥记录明细账和记录总账的职务要分离。

⑦登记日记账和登记总账的职务要分离。

比如,出纳人员不得兼任稽核、会计档案保管和收入、支出、费用、债权债务账目的登记工作,出纳以外的人员不得经营现金、有价证券和票据。出纳人员是各单位专门从事货币资金收付业务的会计人员,根据复式记账的原则,每发生一笔货币资金收付业务,都要登记收入、费用或者债权债务等有关账簿,如果这些账簿登记工作都由出纳人员一人承担,将会给贪污舞弊行为以可乘之机。同样,为防止利用抽换单据、涂改记录等手段进行舞弊,稽核、会计档案保管工作也不能由出纳人员担任。

3. 建立岗位责任制

会计岗位责任制是指明确各项具体会计工作的职责范围、具体内容和要求,并落实到每个会计工作岗位或会计人员的一种会计工作责任制度。会计岗位责任制可以有效地保证单位会计人员履行会计岗位职责,提高工作效率。

4. 建立轮岗制度

会计人员轮岗,不仅是会计工作本身的需要,也是加强会计人员队伍建设的需要。定期、不定期地轮换会计人员的工作岗位,有利于增强会计人员之间的团结合作意识,进一步完善单位内部控制制度。

（三）主要会计工作岗位

根据《会计基础工作规范》和有关制度的规定,会计工作岗位一般分为:总会计师（或行使总会计师职权）岗位;会计机构负责人（会计主管人员）岗位;出纳岗位;稽核岗位;资本、基金核算岗位;收入、支出、债权债务核算岗位;职工薪酬、成本费用、财务成果核算岗位;财产物资的收发、增减核算岗位;总账岗位;对外财务会计报告编制岗位;会计机构档案管理;其他会计工作岗位。

会计档案管理岗位,在会计档案正式移交之前,属于会计岗位,正式移交档案管理部门之后,不再属于会计岗位。档案管理部门的人员管理会计档案,不属于会计岗位。医院门诊收费员、住院处收费员、药房收费员、药品库房记账员、商场收款（银）员所从事的工作岗位,均不属于会计岗位。单位内部审计、社会审计、政府审计工作岗位也不属于会计岗位。

（四）总会计师

总会计师是指组织领导本单位的财务管理、成本管理、预算管理、会计核算和会计监督等方面的工作,参与本单位重要经济问题分析和决策的单位行政领导人员。总会计师协助单位主要行政领导人员工作,直接对单位主要行政领导人负责。所以,总会计师不是一种专业技术职务,也不是会计机构的负责人或会计主管人员,而是一种行政职务。

1. 总会计师的设置

《会计法》第三十六条第二款规定,国有的和国有资产占控股地位或者主导地位的大、中型企业必须设置总会计师。但是并没有限制其他单位设置总会计师,其他单位可根据业务需要,视情况自行决定是否设置总会计师。为保障总会计师的职权,根据《总会计师条例》的规定,凡设置总会计师的单位,在单位行政领导成员中,不设与总会计师职权重叠的副职。

2. 总会计师的任职资格

根据《总会计师条例》的规定,总会计师必须具备下列条件。

(1)坚持社会主义方向,积极为社会主义建设和改革开放服务。

(2)坚持原则,廉洁奉公。

(3)取得会计师任职资格后,主管一个单位或者单位内一个重要方面的财务会计工作时间不少于3年。

(4)有较高的理论政策水平,熟悉国家财经法律、法规、方针、政策和制度,掌握现代化管理的有关知识。

(5)具备本行业的基本业务知识,熟悉行业情况,有较强的组织领导能力。

(6)身体健康,能胜任本职工作。

3. 总会计师的职权

(1)对违反国家财经法律、法规、方针、政策、制度和有可能在经济上造成损失、浪费的行为,有权制止或者纠正;制止或者纠正无效时,提请单位主要行政领导人处理。

(2)有权组织本单位各职能部门、直属基层组织的经济核算、财务会计和成本管理方面的工作。

(3)主管审批财务收支工作。除一般的财务收支可以由总会计师授权的会计机构负责人或者其他指定人员审批外,重大的财务收支,须经总会计师审批或者由总会计师报单位主要行政领导人批准。

(4)预算、财务收支计划、成本和费用计划、信贷计划、财务专题报告、会计决算报表,须经总会计师签署。

(5)会计人员的任用、晋升、调动、奖惩,应当事先征求总会计师的意见。会计机构负责人或者会计主管人员的人选,应当由总会计师进行业务考核,依照有关规定审批。

三、会计专业职务与会计专业技术资格

(一)会计专业职务

会计专业职务是区分会计人员从事业务工作的技术等级。根据人社部2019年《关于深化会计人员职称制度改革的指导意见》,初级职称只设助理级。高级职称分设副高级和正高级。初级、中级、副高级和正高级职称名称依次为助理会计师、会计师、高级会计师和正高级会计师。

（二）会计专业技术资格

会计专业技术资格分为初级资格、中级资格和高级资格3个级别。初级、中级会计资格的取得实行全国统一考试制度;高级会计师资格实行考试与评审相结合的制度。

1. 会计专业技术资格考试报名条件

（1）基本条件。报名参加会计专业技术资格考试的人员,应具备下列基本条件。

①坚持原则,具备良好的职业道德品质。

②认真执行《会计法》和国家统一的会计制度,以及有关财经法律、法规、规章制度,无严重违反财经纪律的行为。

③履行岗位职责,热爱本职工作。

（2）其他条件。报名参加会计专业技术初级资格考试的人员,除具备基本条件外,还必须具备教育部门认可的高中毕业以上学历。报名参加会计专业技术中级资格考试的人员,除具备基本条件外,还必须具备下列条件之一。

①取得大学专科学历,从事会计工作满5年。

②取得大学本科学历,从事会计工作满4年。

③取得双学士学位或研究生班毕业,从事会计工作满2年。

④取得硕士学位,从事会计工作满1年。

⑤取得博士学位。

2. 考试科目

会计专业技术资格考试工作,由财政部、人力资源和社会保障部共同负责。财政部负责拟订考试科目、考试大纲、考试命题,编写考试用书,组织实施考试,统一规划考前培训等有关工作。人力资源和社会保障部负责审定考试科目、考试大纲和试题,会同财政部对考试工作进行检查、监督、指导和确定合格标准。各地考试工作,由当地财政部门、人力资源和社会保障部门共同负责。

（1）初级会计专业技术资格考试科目为:初级会计实务、经济法基础两个科目。

（2）中级会计专业技术资格考试科目为:中级会计实务、财务管理、经济法3个科目。

（3）高级会计师考试科目为高级会计实务。

3. 会计专业技术资格证书的管理

通过会计专业技术资格考试合格者,省级人事部门颁发由人事部统一印制,人事部、财政部用印的会计专业技术资格证书,该证书在全国范围内有效。对伪造学历、资历证明,或者在考试期间有违纪行为的,由会计专业技术资格管理机构吊销会计专业技术资格,由发证机关收回会计专业技术资格证书,2年内不得再参加会计专业技术资格考试。

四、会计工作交接

会计人员工作交接是会计工作中的一项重要内容。由于会计工作的特殊性,会计人员调动工作或离职时,需要与接管人员办理交接手续,这是会计人员应尽的职责,也是做好会计工作的要求。

（一）交接的范围和责任

（1）会计人员工作调动或者因故离职，必须将本人所经管的会计工作全部移交给接替人员。移交人员对所移交的会计凭证、会计账簿、会计报表和其他有关资料的合法性、真实性承担法律责任。接替人员应当认真接管移交工作，并继续办理移交的未了事项。没有办清交接手续的，不得调动或者离职。如事后发现仍应由原移交人员承担法律责任，原移交人员不应以会计资料已移交而推脱责任。

（2）会计人员临时离职或者因病不能工作且需要接替或者代理的，会计机构负责人（会计主管人员）或者单位领导人必须指定有关人员接替或者代理，并办理交接手续。

（3）临时离职或者因病不能工作的会计人员恢复工作的，应当与接替或者代理人员办理交接手续。

（4）移交人员因病或者其他特殊原因不能亲自办理移交的，经单位领导人批准，可由移交人员委托他人代办移交，但委托人应当承担对所移交的会计凭证、会计账簿、会计报表和其他有关资料的合法性、真实性的法律责任。

（5）单位撤销时，必须留有必要的会计人员，会同有关人员办理清理工作、编制决算。未移交前，不得离职。接收单位和移交日期由主管部门确定。单位合并、分立的，其会计工作交接手续比照上述有关规定办理。

（二）交接程序

1. 提出交接申请

会计人员在向单位或者有关机关提出调动工作或者离职的申请时，应当同时向会计机构提出会计交接申请，以便会计机构早作安排，安排其他会计人员接替。

2. 交接前的准备工作

会计人员在办理会计工作交接前，必须及时做好以下准备工作。

（1）已经受理的经济业务尚未填制会计凭证的应当填制完毕。

（2）尚未登记的账目应当登记完毕，结出余额，并在最后一笔余额后加盖经办人印章。

（3）整理好应该移交的各项资料，对未了事项和遗留问题要写出书面说明材料。

五、会计专业技术人员继续教育

（一）继续教育参加人员

根据《会计专业技术人员继续教育规定》，国家机关、企业、事业单位以及社会团体等组织（以下统称"单位"）具有会计专业技术资格的人员，或不具有会计专业技术资格但从事会计工作的人员（以下简称"会计专业技术人员"），享有参加继续教育的权利和接受继续教育的义务。

（二）继续教育科目

继续教育内容包括公需科目和专业科目。

（1）公需科目包括专业技术人员应当普遍掌握的法律法规、理论政策、职业道德、技术信息等基本知识。

（2）专业科目包括会计专业技术人员从事会计工作应当掌握的财务会计、管理会计、财务管理、内部控制与风险管理、会计信息化、会计职业道德、财税金融、会计法律法规等相关专业知识。

（三）继续教育的登记管理

对会计专业技术人员参加继续教育情况实行登记管理。

用人单位应当对会计专业技术人员参加继续教育的种类、内容、时间和考试考核结果等情况进行记录，并在培训结束后及时按照要求将有关情况报送所在地县级以上地方人民政府财政部门、新疆生产建设兵团财政局或中央主管单位。

省级财政部门、新疆生产建设兵团财政局或中央主管单位应当建立会计专业技术人员继续教育信息管理系统，对会计专业技术人员参加继续教育取得的学分进行登记，如实记载会计专业技术人员接受继续教育情况。

继续教育登记可以采用以下方式。

（1）会计专业技术人员参加继续教育管理部和会计相关考试，县级以上地方人民政府财政部门、新疆生产建设兵团财政局或中央主管单位应当直接为会计专业技术人员办理继续教育事项登记。

（2）会计专业技术人员参加会计继续教育机构或用人单位组织的继续教育，县级以上地方人民政府财政部门、新疆生产建设兵团财政局或中央主管单位应当根据会计继续教育机构或用人单位报送的会计专业技术人员继续教育信息，为会计专业技术人员办理继续教育事项登记。

（3）会计专业技术人员参加继续教育采取上述（1）（2）以外其他形式的，应当在年度内登陆所属县级以上地方人民政府财政部门、新疆生产建设兵团财政局或中央主管单位指定网站，按要求上传相关证明材料，申请办理继续教育事项登记；也可持相关证明材料向所属继续教育管理部门申请办理继续教育事项登记。

（四）学分要求

会计专业技术人员参加继续教育实行学分制管理，每年参加继续教育取得的学分不少于90学分。其中，专业科目一般不少于总学分的2/3。

（五）单位责任

（1）用人单位应当保障专业技术人员参加继续教育的权利。

（2）用人单位应当建立本单位会计专业技术人员继续教育与使用、晋升相衔接的激励机制，将参加继续教育情况作为会计专业技术人员考核评价、岗位聘用的重要依据。

第五节　法律责任

一、法律责任概述

法律责任是指违反法律规定的行为应当承担的法律后果，也就是对违法者的制裁。

　　法律责任通常包括民事责任、行政责任和刑事责任。为了保证《会计法》的有效实施,惩治会计违法行为,《会计法》规定了两种法律责任:一种是行政责任;另一种是刑事责任。

　　(一)行政责任

　　行政责任是指行政法律关系主体在国家行政管理活动中因违反了行政法律规范,不履行行政上的义务而应承担的法律责任。行政责任主要有行政处罚和行政处分两种方式。

　　1.行政处罚

　　行政处罚是指特定的行政主体基于一般行政管理职权,对其认为违反行政法上的强制性义务、违反行政管理程序的行政管理相对人所实施的一种行政制裁措施。《行政处罚法》对行政处罚的种类和实施作出了如下规定。

　　(1)行政处罚主要包括:警告、通报批评;罚款、没收违法所得、没收非法财物;暂扣许可证件、降低资质等级、吊销许可证件;限制开展生产经营活动、责令停产停业、责令关闭、限制从业;行政拘留;法律、行政法规规定的其他行政处罚。

　　(2)行政处罚由违法行为发生地的县级以上地方人民政府具有行政处罚权的行政机关管辖。法律、行政法规另有规定的除外。

　　(3)对当事人的同一个违法行为,不得给予两次以上罚款的行政处罚。

　　(4)行政机关在作出处罚决定之前,应当告知当事人拟作出处罚决定的事实、理由、依据及当事人依法享有的有关权利,当事人有权陈述和申辩。行政机关必须充分听取当事人的意见。

　　(5)行政处罚决定依法作出后,当事人应当在行政处罚决定的期限内,予以履行。

　　2.行政处分

　　行政处分是对国家工作人员故意或者过失侵犯行政相对人的合法权益所实施的法律制裁。行政处分的对象仅限于直接负责的国家工作人员。行政处分的形式主要有:①警告;②记过;③记大过;④降级;⑤撤职;⑥开除。

　　(二)刑事责任

　　刑事责任是指犯罪人因实施犯事行为应当承担的法律责任。包括刑罚处理方法和非刑罚处理方法。

　　1.刑罚处理方法

　　(1)主刑。主刑是对犯罪分子适用的主要刑罚方法,只能独立适用,不能附加适用,对犯罪分子只能判处一种主刑。主刑分为管制、拘役、有期徒刑、无期徒刑和死刑。

　　(2)附加刑。附加刑是既可独立适用又可以附加适用的刑罚方法。也就是说,对同一犯罪行为既可以在主刑之后判处一个或两个以上的附加刑,也可以独立判处一个或两个以上的附加刑。附加刑分为罚金、剥夺政治权利和没收财产。对犯罪的外国人,也可以独立适用或附加适用驱逐出境。

　　2.非刑罚处理方法

　　根据《中华人民共和国刑法》(以下简称《刑法》)的规定,对犯罪分子还可以采用非刑罚的处理方法,即对犯罪分子判处刑罚以外的其他方法,主要包括:由于犯罪行为而使被害人遭受经济损失的,对犯罪分子除刑事处罚外,判处赔偿经济损失;对于犯罪情节轻微不需要判处刑罚的,可以免予刑事处罚,但是可以根据情况予以训诫或者责令其悔过,赔礼道歉、赔偿损失,或由主管部门给予行政处罚或行政处分。

二、违反会计制度规定的法律责任

(一)违反会计制度规定应承担法律责任的行为

(1)不依法设置会计账簿的。这是指违反《会计法》和国家统一的会计制度的规定,应当设置会计账簿的单位不设置会计账簿或者未按规定的种类、形式及要求设置会计账簿的行为。

(2)私设会计账簿的。这是指不在依法设置的会计账簿上对经济业务事项进行统一会计核算,而另外私自设置会计账簿进行会计核算的行为,即所谓的"账外账"。

(3)未按照规定填制、取得原始凭证或者填制、取得的原始凭证不符合规定的。

(4)以未经审核的会计凭证为依据登记会计账簿或者登记会计账簿不符合规定的。

(5)随意变更会计处理方法的行为。会计处理方法的变更会直接影响会计资料的质量和可比性,按照相关法律的规定,不得随意变更会计处理方法。

(6)向不同的会计资料使用者提供的财务会计报告编制依据不一致的行为。财务会计报告应当根据登记完整、核对无误的会计账簿记录和其他有关会计资料编制,使用的计量方法、确认原则、统计标准应当一致,做到数字真实、计算准确、内容完整、说明清楚。不得向不同的会计资料使用者提供编制依据不一致的财务会计报告。

(7)未按照规定使用会计记录文字或者记账本位币的行为。

(8)未按照规定保管会计资料,致使会计资料毁损、灭失的行为。

(9)未按照规定建立并实施单位内部会计监督制度,或者拒绝依法实施的监督,或者不如实提供有关会计资料及有关情况的行为。

(10)任用会计人员不符合本法规定的行为。

(二)违反会计制度规定行为应承担的法律责任

根据《会计法》的规定,上述各种违法行为应承担以下法律责任。

(1)责令限期改正。所谓责令限期改正,是指要求违法行为人在一定期限内停止违法行为,恢复到合法状态。县级以上人民政府财政部门有权责令违法行为人限期改正,停止违法行为。

(2)罚款。县级以上人民政府财政部根据违法行为人的违法性质、情节及危害程度,在责令限期改正的同时,有权对单位并处3 000元以上5万元以下的罚款,对其直接负责的主管人员和其他直接责任人员,处2 000元以上2万元以下的罚款。

(3)给予行政处分。对上述违法行为直接负责的主管人员和其他直接责任人员中的国家工作人员,视情节轻重,由其所在单位或者其上级单位或者行政监察部门给予警告、记过、记大过、降级、降职、撤职、留用察看和开除等行政处分。

(4)构成犯罪的依法追究刑事责任。

(5)会计人员有上述行为之一,情节严重的,5年内不得从事会计工作。

三、其他会计违法行为的法律责任

(一)伪造、变造会计凭证、会计账簿,编制虚假财务会计报告的法律责任

1. 伪造、变造会计凭证、会计账簿,编制虚假财务会计报告的行为特征

伪造会计凭证的行为,是指以虚假的经济业务或者资金往来为前提,编造虚假的会计凭证的行为。变造会计凭证的行为,是指采取涂改、挖补以及其他方法改变会计凭证真实内容的行为。伪造会计账簿的行为,是指违反《会计法》和国家统一的会计制度的规定,根据伪造或者变造的虚假会计凭证填制会计账簿,或者不按要求登记账簿,或者对内对外采用不同的确认标准、计量方法等手段编造虚假的会计账簿的行为。变造会计账簿的行为,是指采取涂改、挖补或者其他手段改变会计账簿的真实内容的行为。编制虚假财务会计报告的行为,是指违反《会计法》和国家统一的会计制度的规定,根据虚假的会计账簿记录编制财务会计报告,或者凭空捏造虚假的财务会计报告以及对财务会计报告擅自进行没有依据的修改的行为。

2. 伪造、变造会计凭证、会计账簿,编制虚假财务会计报告的刑事责任

《刑法》并未明确将伪造、变造会计凭证、会计账簿或者编制虚假财务会计报告的行为,作为单独犯罪加以规定,而只是在其已经造成严重后果后,按照犯罪情节、手段,分别以偷税罪、公司提供虚假会计报告罪、中介组织人员提供虚假证明文件罪及其他犯罪追究刑事责任。

对于伪造、变造会计凭证、会计账簿,编制虚假财务会计报告的行为,《刑法》明确为犯罪的,主要有以下 3 种情况。

(1)根据《刑法》第二百零一条的规定,纳税人采取欺骗、隐瞒手段进行虚假纳税申报或者不申报,逃避缴纳税款数额较大并且占应纳税额百分之十以上的,处三年以下有期徒刑或者拘役,并处罚金;数额巨大并且占应纳税额百分之三十以上的,处三年以上七年以下有期徒刑,并处罚金。扣缴义务人采取前款所列手段,不缴或者少缴已扣、已收税款,数额较大的,依照前款的规定处罚。对多次实施前两款行为,未经处理的,按照累计数额计算。有第一款行为,经税务机关依法下达追缴通知后,补缴应纳税款,缴纳滞纳金,已受行政处罚的,不予追究刑事责任;但是,五年内因逃避缴纳税款受过刑事处罚或者被税务机关给予二次以上行政处罚的除外。

(2)根据《刑法》第一百六十一条的规定,依法负有信息披露义务的公司、企业向股东和社会公众提供虚假的或者隐瞒重要事实的财务会计报告,或者对依法应当披露的其他重要信息不按照规定披露,严重损害股东或者其他人利益,或者有其他严重情节的,对其直接负责的主管人员和其他直接责任人员,处五年以下有期徒刑或者拘役,并处或者单处罚金;情节特别严重的,处五年以上十年以下有期徒刑,并处罚金。

(3)根据《刑法》第二百二十九条的规定,承担资产评估、验资、验证、会计、审计、法律服务、保荐、安全评价、环境影响评价、环境监测等职责的中介组织的人员故意提供虚假证明文件,情节严重的,处五年以下有期徒刑或者拘役,并处罚金;有下列情形之一的,处五年以上十年以下有期徒刑,并处罚金:提供与证券发行相关的虚假的资产评估、会计、审计、法律服

务、保荐等证明文件,情节特别严重的;提供与重大资产交易相关的虚假的资产评估、会计、审计等证明文件,情节特别严重的;在涉及公共安全的重大工程、项目中提供虚假的安全评价、环境影响评价等证明文件,致使公共财产、国家和人民利益遭受特别重大损失的。有前款行为,同时索取他人财物或者非法收受他人财物构成犯罪的,依照处罚较重的规定定罪处罚。第一款规定的人员,严重不负责任,出具的证明文件有重大失实,造成严重后果的,处三年以下有期徒刑或者拘役,并处或者单处罚金。

【提示】

如果行为人有虚报注册资本、虚假出资、抽逃出资、贪污、挪用公款、侵占企业财产、私分国有资产、私分罚没财物,实施伪造、变造会计凭证、会计账簿或者编制虚假财务会计报告的行为,应当按照《刑法》的有关规定分别定罪、处罚。

3.伪造、变造会计凭证、会计账簿或者编制虚假财务会计报告的行政责任

伪造、变造会计凭证、会计账簿或者编制虚假财务会计报告,情节较轻,社会危害不大,根据《刑法》的有关规定,尚不构成犯罪的,应当按照《会计法》的规定予以处罚。具体包括以下内容。

(1)通报。由县级以上人民政府财政部门采取通报的方式对违法行为人予以批评、公告。通报决定由县级以上人民政府财政部门送达被通报人,并通过一定的媒介在一定的范围内公布。

(2)罚款。县级以上人民政府财政部门对违法行为视情节轻重,在予以通报的同时,可以对单位并处5 000元以上10万元以下的罚款,对其直接负责的主管人员和其他直接责任人员,可以处3 000元以上5万元以下的罚款。

(3)行政处分。对上述所列违法行为直接负责的主管人员和其他直接责任人员中的国家工作人员,应当由其所在单位或者其上级单位或者行政监察部门给予撤职、留用察看直至开除的行政处分。其中的会计人员,5年内不得从事会计工作。

(二)隐匿或者故意销毁依法应当保存的会计凭证、会计账簿、财务会计报告的法律责任

隐匿,是指故意转移、隐藏应当保存的会计凭证、会计账簿、财务会计报告的行为。销毁,是指故意将依法应当保存的会计凭证、会计账簿、财务会计报告予以毁灭的行为。

1.隐匿或者故意销毁依法应当保存的会计凭证、会计账簿、财务会计报告的刑事责任

《刑法》第一百六十二条规定,隐匿或者故意销毁依法应当保存的会计凭证、会计账簿、财务会计报告,情节严重的,处五年以下有期徒刑或者拘役,并处或者单处二万元以上二十万元以下罚金。

《刑法》第二百零一条规定,纳税人采取欺骗、隐瞒手段进行虚假纳税申报或者不申报,逃避缴纳税款数额较大并且占应纳税额百分之十以上的,处三年以下有期徒刑或者拘役,并处罚金;数额巨大并且占应纳税额百分之三十以上的,处三年以上七年以下有期徒刑,并处罚金。

扣缴义务人采取前款所列手段,不缴或者少缴已扣、已收税款,数额较大的,依照前款的规定处罚。

对多次实施前两款行为,未经处理的,按照累计数额计算。

有第一款行为,经税务机关依法下达追缴通知后,补缴应纳税款,缴纳滞纳金,已受行政处罚的,不予追究刑事责任;但是,五年内因逃避缴纳税款受过刑事处罚或者被税务机关给予二次以上行政处罚的除外。

2.隐匿或者故意销毁依法应当保存的会计凭证、会计账簿、财务会计报告的行政责任

隐匿或者故意销毁依法应当保存的会计凭证、会计账簿、财务会计报告,不构成犯罪的,由县级以上人民政府财政部门予以通报,可以对单位并处5 000元以上10万元以下的罚款;对其直接负责的主管人员和其他直接责任人员,可以处3 000元以上5万元以下的罚款;属于国家工作人员的,还应由其所在单位或者有关单位依法给予撤职直至开除的行政处分。

(三)授意、指使、强令他人伪造、变造或者隐匿、故意销毁会计资料行为应当承担的法律责任

授意,是指暗示他人按其意思行事。指使,是指通过明示方式指示他人按其意思行事。强令,是指明知其命令是违反法律的,而强迫他人执行其命令的行为。

1.授意、指使、强令他人伪造、变造或者隐匿、故意销毁会计资料行为应当承担的刑事责任

根据《刑法》的有关规定,授意、指使、强令会计机构、会计人员及其他人员伪造、变造会计凭证、会计账簿,编制虚假财务会计报告或者隐匿、故意销毁依法应当保存的会计凭证、会计账簿、财务会计报告的,应当作为伪造、变造会计凭证、会计账簿、编制虚假财务会计报告或者隐匿、故意销毁依法应当保存的会计凭证、会计账簿、财务会计报告的共同犯罪,定罪处罚。

【提示】

共同犯罪是指二人以上共同故意犯罪。二人以上共同过失犯罪,不以共同犯罪论处;应当负刑事责任的,按照其所犯的罪分别处罚。组织、领导犯罪集团进行犯罪活动的或者在共同犯罪中起主要作用的,是主犯。三人以上为共同实施犯罪而组成的较为固定的犯罪组织,是犯罪集团。对组织、领导犯罪集团的首要分子,按照集团所犯的全部罪行处罚。对于上述规定以外的主犯,应当按照其所参与的或者组织、指挥的全部犯罪处罚。在共同犯罪中起次要或者辅助作用的,是从犯。对于从犯,应当从轻、减轻处罚或者免除处罚。对于被胁迫参与犯罪的,应当按照其犯罪情节减轻处罚或者免除处罚。教唆他人犯罪的,应当按照其在共同犯罪中所起的作用处罚。教唆不满18周岁的人犯罪的,应当从重处罚。

如果被教唆的人没有犯被教唆的罪,对于教唆犯,可以从轻或者减轻处罚。

2.授意、指使、强令他人伪造、变造或者隐匿、故意销毁会计资料行为应当承担的行政责任

对有上述违法行为,情节较轻,社会危害不大,不构成犯罪的,应当按照《会计法》的规定予以处罚。

(1)罚款。县级以上人民政府财政部门可以视违法行为的情节轻重,对违法行为人处以5 000元以上5万元以下的罚款。

(2)行政处分。对授意、指使、强令会计机构、会计人员及其他人员伪造、变造会计凭证、会计账簿,编制虚假财务会计报告或者隐匿、故意销毁依法应当保存的会计凭证、会计账簿、

财务会计报告的国家工作人员,还应当由其所在单位或者其上级单位或者行政监察部门给予降级、撤职或者开除的行政处分。

（四）单位负责人对依法履行职责、抵制违反《会计法》规定行为的会计人员实行打击报复的法律责任以及对受打击报复的会计人员的补救措施

我国《会计法》规定,单位负责人对依法履行职责、抵制违反本法规定行为的会计人员以降级、撤职、调离工作岗位、解聘或者开除等方式实行打击报复,构成犯罪的,依法追究刑事责任;尚不构成犯罪的,由其所在单位或者有关单位依法给予行政处分。对受打击报复的会计人员,应当恢复其名誉和原有职务、级别。

1.单位负责人打击报复会计人员的刑事责任

《刑法》第二百五十五条规定,公司、企业、事业单位、机关、团体的领导人,对依法履行职责、抵制违反会计法、统计法行为的会计、统计人员实行打击报复,情节恶劣的,处三年以下有期徒刑或者拘役。

2.单位负责人打击报复会计人员的行政责任

单位负责人对依法履行职责、抵制违反《会计法》规定行为的会计人员实行打击报复,情节轻微,危害性不大,不构成犯罪的,由其所在单位或者有关单位依法给予行政处分。

3.对受打击报复的会计人员的补救措施

（1）恢复其名誉。受打击报复的会计人员的名誉受到损害的,其所在单位或者其上级单位及有关部门应当要求打击报复者向遭受打击报复的会计人员赔礼道歉,并澄清事实,消除影响,恢复名誉。

（2）恢复原有职位、级别。会计人员受到打击报复,被调离工作岗位、解聘或者开除的,应当在征得会计人员同意的前提下,恢复其工作;被撤职的,应当恢复其原有职务;被降级的,应当恢复其原有级别。

（五）财政部门及有关行政部门的工作人员滥用职权、玩忽职守、徇私舞弊或者泄露国家秘密、商业秘密的法律责任

1.财政部门及有关行政部门的工作人员滥用职权、玩忽职守、徇私舞弊以及泄露国家秘密、商业秘密的刑事责任

（1）滥用职权罪和玩忽职守罪。《刑法》第三百九十七条规定,国家机关工作人员滥用职权或者玩忽职守,致使公共财产、国家和人民利益遭受重大损失的,处三年以下有期徒刑或者拘役;情节特别严重的,处三年以上七年以下有期徒刑。本法另有规定的,依照规定。国家机关工作人员徇私舞弊,犯前款罪的,处五年以下有期徒刑或者拘役;情节特别严重的,处五年以上十年以下有期徒刑。本法另有规定的,依照规定。

（2）泄露国家秘密罪。《刑法》第三百九十八条规定,国家机关工作人员违反保守国家秘密法的规定,故意或者过失泄露国家秘密,情节严重的,处三年以下有期徒刑或者拘役;情节特别严重的,处三年以上七年以下有期徒刑。非国家机关工作人员犯前款罪的,依照前款的规定酌情处罚。

2.财政部门及有关行政部门的工作人员滥用职权、玩忽职守、徇私舞弊以及泄露国家秘密、商业秘密行为的行政责任

财政部门及有关行政部门的工作人员虽有滥用职权、玩忽职守、徇私舞弊以及泄露国家秘密、商业秘密的行为，但是情节显著轻微，危害性不大，按照《刑法》的有关规定，不构成犯罪的，应当依照《会计法》的规定及有关法律、法规的规定，给予行政处分。对有上述违法行为的财政部门及有关行政部门的工作人员，可以由其所在单位或者其上级单位或者行政监察部门视情节轻重，给予相应的行政处分。

四、违反《会计法》同时违反其他法律规定的行为的处罚

除了《会计法》，其他法律对相关单位的会计工作也作出了相应的规范，并赋予税务、审计、中国人民银行、银行监管、证券监管、保险监管等部门对有关会计工作实施监督管理并对相关会计违法行为进行处罚的职权。《会计法》规定，违反本法规定，同时违反其他法律规定的，由有关部门在各自职权范围内依法进行处罚。

（一）有关法律对违法会计行为及其处罚的规定

（1）根据《中华人民共和国审计法》的有关规定，审计机关发现被审计单位转移、隐匿、篡改、毁弃会计凭证、会计账簿、会计报表以及其他与财政收支或者财务收支有关的资料的，有权予以制止。被审计单位有前款所列行为的，审计机关认为对负有直接责任的主管人员和其他直接责任人员依法应当给予行政处分的，有权提出给予行政处分的建议，被审计单位或者其上级机关、监察机关应当依法及时作出决定；构成犯罪的，由司法机关依法追究刑事责任。

（2）根据《中华人民共和国商业银行法》的有关规定，商业银行应当依照相关法律和国家统一的会计制度，建立、健全本行的财务会计制度，保存财务会计报表、业务合同以及其他资料。

商业银行应当按照国家有关规定，真实记录并全面反映其业务活动和财务状况，编制年度财务会计报告，及时向国务院银行业监督管理机构、中国人民银行和国务院财政部门报送。商业银行提供虚假的或者隐匿重要事实的财务会计报表，国务院银行业监督管理机构有权责令其改正，并处以20万元以上50万元以下罚款；情节特别严重或者逾期不改正的，中国人民银行可以建议国务院银行业监督管理机构责令停业整顿或者吊销其经营许可证；构成犯罪的，依法追究刑事责任。

（3）根据《中华人民共和国证券法》的有关规定，股票、公司债券依法上市交易的公司，应当按照规定，向证券监督管理机构报送年度报告、中期报告、临时报告。国务院证券监督管理机构有权查阅、复制当事人和与被调查事件有关的单位和个人的证券交易记录、登记过户记录、财务会计资料及其他相关文件和资料；对可能被转移或者隐匿的文件和资料，可以予以封存，查询当事人和被调整事件有关的单位和个人的资金账户、证券账户，对有证据证明有转移或者隐匿违法资金、证券迹象的，可以申请司法机关予以冻结。对于经核准上市交易的证券，其发行人未按照有关规定披露信息，或者披露的信息有虚假记载、误导性陈述或者有重大遗漏的，由证券监督管理机构责令改正，对发行人处以30万元以上60万元以下的罚款。对直接负责的主管人员和其他直接责任人员给予警告，并处以3万元以上30万元以下的罚款。构成犯罪的，依法追究刑事责任。

（4）根据《中华人民共和国保险法》的有关规定,保险监督管理部门有权检查保险公司的业务状况、财务状况及资金运用状况,有权要求保险公司在规定的期限内提供有关书面报告和资料。保险公司未按照规定报送有关报告、报表、文件和资料的,由保险监督管理部门责令改正;逾期不改正的,处1万元以上10万元以下的罚款。保险公司向保险监督管理部门提供虚假的报告、报表、文件和资料的,由保险监督管理部门责令改正,处以10万元以上50万元以下的罚款。

（5）根据《中华人民共和国税收征收管理法》(以下简称《税收征收管理法》)的有关规定,纳税人必须在法律、行政法规规定或者税务机关依照法律、行政法规的规定确定的申报期限内办理纳税申报,报送纳税申报表、财务会计报表以及税务机关根据实际需要要求纳税人报送的其他纳税资料。纳税人未按照规定设置、保管账簿或者保管记账凭证和有关资料,以及未按照规定将财务、会计制度或者财务、会计处理办法报送税务机关备查的,由税务机关责令限期改正;逾期不改正的,可以处以2 000元以下的罚款;情节严重的,处以2 000元以上1万元以下的罚款。纳税人采取伪造、变造、隐匿、擅自销毁账簿、记账凭证,在账簿上多列支出或者不列、少列收入,或者采取虚假的纳税申报的手段,不缴或者少缴应纳税款,构成犯罪的,依法追究刑事责任。

（二）违反《会计法》同时违反其他法律规定的行为的处罚

对违反《会计法》同时违反其他法律规定的行为,除构成犯罪的,由司法机关依法追究刑事责任外,由依法享有行政处罚权的机关在各自职权范围内按照法定职权作出相应处罚。但是,对同一违法当事人的同一违法行为,不得给予二次以上罚款的行政处罚。

【**职业能力判断与选择**】

一、单项选择题

1. 下列各项中,属于会计行政法规的是(　　)。
　A.《会计法》　　　　　　　　B.《企业财务会计报告条例》
　C.《财政部门实施会计监督办法》　D.《企业会计制度》

2. 会计专业技术人员参加继续教育,每年参加继续教育学分不少于(　　)学分。
　A. 60　　　　　B. 10　　　　　C. 30　　　　　D. 90

3. 我国主管全国会计工作的机构是(　　)。
　A. 国务院　　　　　　　　　B. 全国人民代表大会常务委员会
　C. 财政部　　　　　　　　　D. 审计署

4. 根据《会计法》的规定,单位内部的会计工作管理,应由(　　)负责。
　A. 总会计师　　　　　　　　B. 单位会计机构负责人
　C. 单位分管会计工作的领导　　D. 单位负责人

5. 我国从事代理记账的机构,应至少有(　　)名会计专职从业人员。
　A. 5　　　　　B. 3　　　　　C. 8　　　　　D. 10

6. 不依法设置账簿或私设会计账簿,对其直接负责的主管人员和其他直接责任人,可处以( )罚款。

    A.3 000 元以上 50 000 元以下   B.2 000 元以上 20 000 元以下

    C.2 000 元以上 50 000 元以下   D.3 000 元以上 50 000 元以下

7. 企业将融资租入固定资产视同自有固定资产核算,所体现的会计核算的一般原则是

( )。

    A. 客观性原则   B. 一致性原则

    C. 可比性原则   D. 实质重于形式原则

8.《会计法》行使行政处罚的行政机关是( )。

    A. 县级以上人民政府财政部门   B. 省级人民政府财政部门

    C. 县级以上工商行政管理部门   D. 省级工商行政管理部门

9. 某单位由出纳人员兼管稽核工作,该做法违反了( )。

    A. 会计机构内部稽核制度的规定   B. 会计机构内部牵制制度的规定

    C. 会计岗位责任制的规定   D. 会计监督制度的规定

10. 会计行政法规是指( )。

    A.《会计法》   B.《总会计师条例》

    C.《会计基础工作规范》   D.《企业会计制度》

11.《会计法》规定了会计工作由( )管理的体制。

    A. 各级财政部门   B. 各级税务部门

    C. 各级审计部门   D. 各级证券监管部门

12. ( )不属于会计专业职务等级。

    A. 注册会计师   B. 高级会计师

    C. 会计师   D. 会计员

13. 下列各项中,属于会计部门规章的是( )。

    A.《会计法》   B.《企业财务会计报告条例》

    C.《总会计师条例》   D.《企业会计制度》

14. 根据《会计法》的规定,行使会计工作管理职能的政府部门是( )。

    A. 税务部门   B. 财政部门

    C. 审计部门   D. 证券监管部门

15. 财政部门管理会计工作最基本的职能是( )。

    A. 制定国家统一的会计准则制度 B. 会计市场管理

    C. 会计专业人才评价   D. 会计监督检查

16. 下列有关会计核算内容的说法中,不正确的是( )。

    A. 我国是以公历年度为会计年度

    B. 业务收支以人民币以外的货币为主的单位,可以选定其中一种货币为记账本位币,用于记账和编制财务会计报告

    C. 对外开出的原始凭证,必须加盖本单位公章

    D. 各单位的对账工作每年至少进行一次

17. 单位在审核原始凭证时,发现外来原始凭证的金额有错误,应由(　　　　)。

　　A. 接受凭证单位更正并加盖公章

　　B. 原出具凭证单位更正并加盖公章

　　C. 原出具凭证单位重开

　　D. 经办人员更正并报领导审批

18. 在我国,单位内部会计监督的主体一般是指(　　　　)。

　　A. 财政、税务、审计机关

　　B. 注册会计师及其事务所

　　C. 本单位的会计机构和会计人员

　　D. 本单位的内部审计机构及其人员

19. 对记载不准确、不完整的原始凭证,会计人员应当(　　　　)。

　　A. 拒绝接受,并报告领导,要求查明原因

　　B. 应予以销毁,并报告领导,要求查明原因

　　C. 予以退回,并要求经办人员按规定进行更正、补充

　　D. 拒绝接受,且不能让经办人员进行更正、补充

20. 根据《会计法》的规定,对故意销毁依法应当保存的会计凭证、会计账簿、财务会计报告,尚不构成犯罪的,县级以上财政部门除按规定对直接负责的主管人员和其他直接责任人员进行处罚外,对单位予以通报,可以并处罚款。对单位所处的罚款金额最低(　　　　)元。

　　A. 1 000　　　　　B. 2 000　　　　　C. 3 000　　　　　D. 5 000

21. (　　　　)是指财政部门代表国家对单位和单位中的相关人员的会计行为实施的监督检查,及对发现违法会计行为实施行政处罚,是一种外部监督。

　　A. 群众监督　　　　　　　　B. 社会监督

　　C. 单位内部监督　　　　　　D. 政府监督

22. 会计机构负责人必须具备的条件之一是(　　　　)。

　　A. 取得助理会计师专业技术职务资格

　　B. 从事会计工作 3 年以上

　　C. 具有经济师专业技术职务资格

　　D. 具有高级会计师专业技术职务资格

23. 会计档案的保管期限从(　　　　)算起。

　　A. 会计档案形成时　　　　　B. 会计档案装订时

　　C. 会计年度终了后的第一天　　D. 会计档案经审计后

24. 会计核算必须以(　　　　)的经济业务事项为依据。

　　A 领导批准　　　　　　　　B. 计划执行

　　C. 合同确认　　　　　　　　D. 实际发生

25. 在某事业单位中,根据回避制度的规定,会计主管人员张某的直系亲属不得担任本单位的(　　　　)。

　　A. 会计机构负责人　　　　　B. 库管

　　C. 出纳　　　　　　　　　　　　D. 稽核

26. 某企业会计人员在审核一张购买材料的原始凭证时,发现凭证上的单价和金额数字有涂改痕迹,且材料单价也明显高于市场价格,该凭证应当属于(　　)。

　　A. 不真实的原始凭证　　　　　　B. 不合法的原始凭证

　　C. 不准确的原始凭证　　　　　　D. 不完整的原始凭证

27. 单位对外提供财务会计报告的责任主体是(　　)。

　　A. 会计人员　　　　　　　　　　B. 会计机构负责人

　　C. 主管会计　　　　　　　　　　D. 单位负责人

28. 下列各项中,属于中级会计专业职务的是(　　)。

　　A. 助理会计师　　　　　　　　　B. 会计师

　　C. 注册会计师　　　　　　　　　D. 总会计师

29. 财政部门对有线索的违法行为进行检查,通常采用的形式是(　　)。

　　A. 定期检查　　　　　　　　　　B. 重点检查

　　C. 全面检查　　　　　　　　　　D. 专项检查

30. 关于单位内部会计监督制度说法正确的是(　　)。

　　A. 会计事项的经办人员和审批人员可以由同一人兼任

　　B. 记账人员和经济业务的审批人员可以由同一人兼任

　　C. 记账人员和财物保管人员的职责权限应明确并相互分离

　　D. 记账人员和经济业务的经办人员可以由同一人兼任

31. 对于注册会计师的工作,财政部门无权(　　)。

　　A 管理　　　　　　　　　　　　B. 监督

　　C. 指导　　　　　　　　　　　　D. 直接参与注册会计师出具审计报告

32. 一般会计人员办理会计工作交接手续时负责监交的人员一般是(　　)。

　　A. 其他会计人员　　　　　　　　B. 会计机构负责人

　　C. 单位负责人　　　　　　　　　D. 主管单位有关人员

33. 下列不属于会计档案的是(　　)。

　　A. 会计档案移交清册　　　　　　B. 会计档案保管清册

　　C. 财务会计报告　　　　　　　　D. 年度工作计划

二、多项选择题

1. 下列事项中,(　　)属于财政部门对各单位实施监督的事项。

　　A. 是否依法设立会计机构

　　B. 会计凭证、会计账簿、财务会计报告和其他会计资料是否真实、完整

　　C. 会计核算是否符合《会计法》和国家统一的会计制度的规定

　　D. 是否具备专业能力遵守职业道德

2. 按照《会计法》的规定,(　　)应当办理会计手续,进行会计核算。

　　A. 向银行借入 3 个月的短期借款

B. 收到某单位投入的一项无形资产

C. 签订了一笔 100 万元货款的销售合同

D. 向工人发放工资

3. 关于会计机构和会计人员,( )说法不正确。

　A. 各单位应当根据需要尽可能设置会计机构

　B. 会计机构内部应当建立稽核制度

　C. 单位负责人的直系亲属不得在本单位会计机构中担任出纳工作

　D. 一般会计人员办理交接手续,由单位负责人负责监交

4. 下列属于内部会计监督制度的基本要求的有( )。

　A. 重大经济事项的决策和执行程序应当明确

　B. 建立会计档案管理制度

　C. 对会计资料定期进行内部审计的办法和程序应当明确

　D. 会计事项相关人员的职责权限应当明确

5. 根据《代理记账管理办法》的规定,( )属于代理记账机构业务范围。

　A. 审核原始凭证,填制记账凭证　　B. 出具审计报告

　C. 申报纳税　　　　　　　　　　　D. 对外提供会计报告

6. 一个单位是否设置会计机构,主要取决于( )等因素。

　A. 是否有合格的人员担任会计机构负责人

　B. 单位规模的大小

　C. 经济业务和财务收支的繁简

　D. 经营管理的要求

7. 下列说法中,不符合《会计法》规定的有( )。

　A. 原始凭证和记账凭证都必须由会计人员填制

　B. 记账凭证应当根据经过审核的原始凭证及有关资料编制

　C. 对不真实、不合法的原始凭证,会计人员应予以退回,并要求相关人员作出补充或者更正

　D. 所有记账凭证都必须附有原始凭证并注明原始凭证的张数

8. 会计专业技术资格分为( )。

　A. 初级资格　　　　　　　　　　　B. 中级资格

　C. 高级资格　　　　　　　　　　　D. 正高级资格

9. 在下列各项中,属于会计专业技术资格报名基本条件的有( )。

　A. 遵守会计和其他财经法律、法规　B. 具有良好的道德品质

　C. 年龄在 60 岁以下　　　　　　　D. 履行岗位职责,热爱本职工作

10. 会计档案一般分为( )。

　A. 会计凭证类　　　　　　　　　　B. 会计账簿类

　C. 财务会计报告类　　　　　　　　D. 其他会计资料类

三、不定项选择题

1.(　　)属于会计核算内容。

　　A.款项和有价证券的收付　　　　B.资本、基金的增减

　　C.财务成果的计算和处理　　　　D.会计人员的任用

2.根据我国《会计法》的规定,对外报送的会计报表必须由单位有关负责人签名并盖章,以明确责任。下列各项中,(　　)属于应当在会计报表上签名并盖章的有关责任人。

　　A.单位领导人　　　　　　　　　B.单位内部审计负责人

　　C.总会计师　　　　　　　　　　D.会计主管人员

3.某一外商投资企业业务收支以美元为主,也有少量的人民币收支业务。根据《会计法》的规定,为方便会计核算,该单位可以采用(　　)作为记账本位币。

　　A.人民币　　　　　　　　　　　B.人民币和美元

　　C.欧元　　　　　　　　　　　　D.美元

4.根据我国《会计法》的规定,下列各项中,应当追究当事人法律责任的行为有(　　)。

　　A.故意销毁依法应当保存的会计档案

　　B.提供虚假财务会计报告

　　C.隐匿依法应当保存的会计凭证

　　D.在法定会计账簿之外私设会计账簿

5.下列各项中,(　　)不属于会计岗位。

　　A.医院门诊收费员　　　　　　　B.单位内部审计

　　C.社会审计　　　　　　　　　　D.商场收银员

6.下列各项中,(　　)不属于财政部门对有关单位实施会计监督检查内容。

　　A.是否存在私设账簿、账外设账的情况

　　B.是否按照《会计法》和国家统一会计制度的要求进行会计核算

　　C.国有企业年度财务会计报告是否经财政部门审查批复

　　D.是否建立健全内部会计控制制度并有效实施

7.下列各项,(　　)属于《会计法》规定的"单位负责人"。

　　A.有限责任公司的执行董事　　　B.国有企业的厂长

　　C.个人独资企业的投资人　　　　D.代表合伙企业执行合伙事务的合伙人

8.根据《会计档案管理办法》,下列(　　)会计档案即使保管期已满也不得销毁。

　　A.未结清的债权债务会计凭证　　B.年度现金流量表

　　C.外来原始凭证　　　　　　　　D.还在建设期间的建设单位的会计档案

9.我国对原始凭证的错误,规定的处理方法有(　　)。

　　A.金额错误的,只能由出具单位重开

　　B.更正处应加盖出具单位的印章

　　C.不得直接作为填制记账凭证的依据

　　D.非金额错误的,由出具单位重开或更正

四、判断题

1.单位负责人的直系亲属不得担任本单位的会计机构负责人、会计主管人员,会计机构负责人、会计主管人员的直系亲属不得在本单位会计机构中担任出纳工作。　　　(　　)

2.一张原始凭证所列的支出需要由两个以上的单位共同负担时,应当由保存该原始凭证的单位将复制件提供给其他负担单位。　　　(　　)

3.会计工作的政府监督的对象是国有企、事业单位的会计行为。　　　(　　)

4.由于会计业务的重要性,各单位必须设置单独的会计机构。　　　(　　)

5.除临时离职或因正当原因暂时不能工作的以外,会计人员在离职时都应办理交接手续。
　　　(　　)

6.大学毕业并担任助理会计师职务3年的,有资格担任会计师。　　　(　　)

7.高级会计师也需要参加会计人员的继续教育。　　　(　　)

8.《会计法》适用的行政处罚有警告、罚款、拘役和吊销会计专业资格证书。　　　(　　)

9.有权对单位违法行为人处以行政处分的部门是:所在单位、上级单位、行政监察部门和会计师事务所。　　　(　　)

10.《总会计师条例》《基础会计工作规范》《企业会计准则》都属于会计行政法规。
　　　(　　)

11.账账相符是总账与明细账之间对应记录核对相符的简称。　　　(　　)

12.会计人员的任用、晋升、调动、奖惩,应当事先征求总会计师的意见。　　　(　　)

13.会计人员对于不准确的原始凭证,有权不予受理,并向单位负责人报告,请求查明原因,追究有关当事人的责任。　　　(　　)

14.《会计法》所指的对本单位会计资料的真实性负责的单位负责人,是指该单位财务部门的负责人。　　　(　　)

15.单位保存的会计档案一般不得对外借出,确因工作需要且根据国家有关规定必须借出的,应当严格按照规定办理相关手续。　　　(　　)

16.会计内部监督仅指对原始凭证和财产物资的监督。　　　(　　)

第二章　结算基础知识

【思维导图】

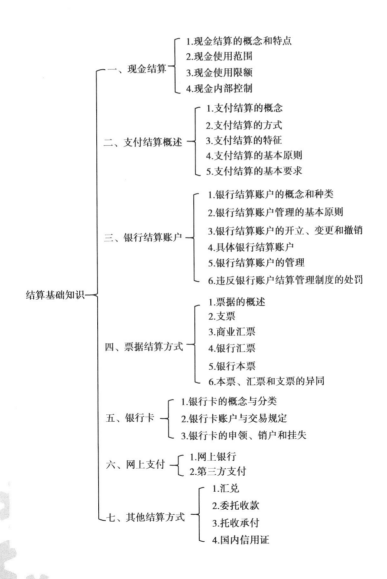

结算基础知识
- 一、现金结算
  - 1.现金结算的概念和特点
  - 2.现金使用范围
  - 3.现金使用限额
  - 4.现金内部控制
- 二、支付结算概述
  - 1.支付结算的概念
  - 2.支付结算的方式
  - 3.支付结算的特征
  - 4.支付结算的基本原则
  - 5.支付结算的基本要求
- 三、银行结算账户
  - 1.银行结算账户的概念和种类
  - 2.银行结算账户管理的基本原则
  - 3.银行结算账户的开立、变更和撤销
  - 4.具体银行结算账户
  - 5.银行结算账户的管理
  - 6.违反银行账户结算管理制度的处罚
- 四、票据结算方式
  - 1.票据的概述
  - 2.支票
  - 3.商业汇票
  - 4.银行汇票
  - 5.银行本票
  - 6.本票、汇票和支票的异同
- 五、银行卡
  - 1.银行卡的概念与分类
  - 2.银行卡账户与交易规定
  - 3.银行卡的申领、销户和挂失
- 六、网上支付
  - 1.网上银行
  - 2.第三方支付
- 七、其他结算方式
  - 1.汇兑
  - 2.委托收款
  - 3.托收承付
  - 4.国内信用证

【学习目标】

1. 了解支付结算的概念、原则。

2. 掌握办理支付结算的基本要求。

3. 掌握现金的使用范围和现金管理的基本要求。

4. 掌握银行结算账户的种类、概念、使用范围和开户要求。

5. 熟悉银行结算账户的开立、变更和撤销。

6. 了解违反银行账户管理法律制度的法律责任。

7. 掌握票据的概念、种类、当事人、票据行为、票据权利、票据的记载事项、票据签章和挂失止付与补救措施的有关内容。

8. 掌握支票、本票、汇票、银行卡、汇兑、委托收款、网上支付和托收承付、国内信用证等结算方式的规定。

9. 了解银行卡的分类、计息、收费、申领、注销和挂失。

10. 熟悉银行卡账户与交易、资金来源。

11. 了解网上银行的概念、分类与功能。

【案例导入】

甲公司主营日用品生产销售。2021年5月初刚成立时,受法定代表人刘某的授权,财务人员丁某携带相关开户证明文件前往A银行办理基本存款账户开户手续,并于当月开立了基本存款账户。2021年6月2日,甲公司因贷款需要又在B银行开立了一个一般存款账户。6月10日,该公司财务人员签发了一张现金支票,并向B银行提示付款,要求提取现金30万元。B银行工作人员对支票审查后,拒绝为该公司办理现金取款。2021年7月,甲公司会计人员在其开户行A银行开立了一个单位人民币借记卡账户,并从基本账户转入款项100万元。2021年8月3日,异地C企业业务人员随身携带现金4万元与甲公司洽谈生意。洽谈结束后,C企业按照洽谈意见,需要预付货款5万元。C企业业务人员交付携带的4万元现金后,C企业授意其将剩余的1万元从企业的异地账户直接汇入甲公司银行卡账户。2021年8月10日,甲公司银行卡中收到C企业的1万元预付货款,同日公司会计人员到开户行A银行将银行卡账户中的2万元转入本公司总经理在D银行开立的个人银行卡账户。甲公司的解释账户有哪些?甲公司的账户使用管理是否符合规定?

第一节 现金结算

一、现金结算的概念和特点

（一）现金的概念

现金，是指具备现实购买力或者法定清偿力的通货。我国的现金是指人民币（包括纸币和金属辅币）。所谓现金结算是指收款人和付款人之间使用现实的货币，即现钞来进行的货币收付行为。现金结算主要有两种渠道：一种是付款人直接将现金支付给收款人，不通过银行等中介机构；另一种是付款人委托银行和非银行金融机构或非金融机构如邮局将现金支付给收款人。企业为保证生产经营活动的正常进行，必须拥有一定数额的现金。各级人民银行应当严格履行金融主管机关的职责，负责对开户银行的现金管理进行监督和稽核。开户银行依照本条例和中国人民银行的规定，负责现金管理的具体实施，对开户单位现金收支、使用现金进行监督管理。

（二）现金结算的特点

现金结算具有直接和便利、不安全性、不易宏观控制和管理、费用较高等特点。

（1）直接和便利。在现金结算方式下，买卖双方一手交钱，一手交货，当面钱货两清，无须通过中介，因而对买卖双方来说是最为直接和便利的。同样在劳务供应、信贷存放和资金调拨方面，现金结算也是最为直接和便利的，因此广泛地被社会大众所接受。

（2）不安全性。由于现金使用极为广泛和便利，因此便成为不法分子觊觎的最主要目标，很容易被偷盗、挪用。在现实经济生活中，绝大多数的经济犯罪活动都和现金有关。此外，现金还容易因火灾、虫蛀、鼠咬等发生损失。

（3）不易宏观控制和管理。由于现金结算大部分不通过银行进行，因此国家很难对其进行控制。过多的现金结算会使流通中的现钞过多，从而容易造成通货膨胀，增大对物价的压力。

（4）费用较高。使用现金结算各单位虽然可以减少银行的手续费用，但其清点、运送、保管的费用很大。对于整个国家来说，过多的现金结算会增大整个国家印制、保管、运送现金和回收废旧现钞等工作的费用和损失，浪费人力、物力和财力，因此国家实行现金管理，限制现金结算的范围。

二、现金使用范围

根据《现金管理暂行条例》，开户单位可以在下列范围内使用现金。

（1）职工工资、津贴。这里所说的职工工资是指企业、事业单位和机关、团体、部队支付给职工的工资和工资性津贴。

（2）个人劳务报酬。个人劳务报酬是指由于个人向企业、事业单位和机关、团体、部队等提供劳务而由企业、事业单位和机关、团体、部队等向个人支付的劳务报酬，包括新闻出版单位支付给作者的稿费，各种学校、培训机构给外聘教师的讲课费、设计费、装潢费、安装费、制图费、咨询费、技术服务费等费用。

（3）根据国家制度、条例的规定，颁发给个人的科学技术、文化艺术、体育等方面的各种奖金。

（4）各种劳保、福利费用以及国家规定的对个人的其他支出，如退休金、抚恤金、职工困难生活补助等。

（5）收购单位向个人收购农副产品和其他物资的款项，如收购废旧物资的款项。

（6）出差人员必须随身携带的差旅费。

（7）结算起点以下的零星支出。

（8）中国人民银行确定需要支付现金的其他支出。如采购地点不确定、交通不便、抢险救灾以及其他特殊情况，办理转账结算不够方便，必须使用现金的支出。对于这类支出，现金支付单位应向开户银行提出书面申请，由本单位财会部门负责人签字、盖章，开户银行审查批准后予以支付现金。

上述款项结算起点为 1 000 元。结算起点的调整，由中国人民银行确定，报国务院备案。除上述第（5）（6）项外，开户单位支付给个人的款项，超过使用现金限额的部分，应当以支票或者银行本票支付；确需全额支付现金的，经开户银行审核后，予以支付现金。

三、现金使用限额

现金使用的限额，是指为了保证开户单位日常零星开支的需要，允许单位留存的最高数额。这一限额由开户银行根据单位的实际需要核定，一般按照单位 3~5 天的日常零星开支所需确定。边远地区和交通不便地区的开户单位的库存现金限额，可按多于 5 天，但不超过 15 天的日常零星开支的需要确定。经核定的库存现金限额，开户单位必须严格遵守。

需要增加或者减少库存现金限额的，应当向开户银行提出申请，由开户银行核定。

对没有在银行单独开立账户的附属单位也要实行现金管理，必须保留的现金，也要核定限额，其限额包括在开户单位的库存限额之内。

商业和服务行业的找零备用现金也要根据营业额核定定额，但不包括在开户单位的库存现金限额之内。

四、现金内部控制

（一）现金收支基本要求

开户单位现金收支应当依照下列规定办理。

（1）开户单位收入现金应于当日送存开户银行，当日送存确有困难的，由开户银行确定送存时间。

（2）开户单位支付现金，可以从本单位现金库存中支付或者从开户银行提取，不得从本单位的现金收入中直接支付(即坐支);因特殊情况需要坐支现金的,应当事先报经开户银行审查批准,由开户银行核定坐支范围和限额。坐支单位应当定期向开户银行报送坐支金额和使用情况。

(3)开户单位在规定的现金使用范围内从开户银行提取现金,应当如实写明用途,由本单位财会部门负责人签字盖章,经开户银行审查批准后,予以支付现金。

(4)因采购地点不确定,交通不便,生产或者市场急需,抢险救灾以及其他特殊情况,必须使用现金的,开户单位应当向开户银行提出申请,由本单位财会部门负责人签字盖章,经开户银行审查批准后,予以支付现金。

(5)现金管理"八不准"。开户单位不准用不符合国家统一的会计制度的凭证顶替库存现金,即不得"白条顶库";不准谎报用途套取现金;不准利用银行账户代其他单位和个人存入或支取现金;不准将单位收入的现金以个人名义存入储蓄账户;不准保留账外公款,即不得"公款私存";不准设置"小金库";不准发行变相货币;不准以任何票券代替人民币在市场上流通。

(二)建立健全内部控制制度

货币资金是单位流动性最强的资产,各单位必须加强对货币资金的管理,建立良好的货币资金内部控制。单位负责人对本单位货币资金内部控制的建立健全和有效实施以及货币资金的安全完整性负责。

1. 加强货币资金岗位分工

(1)单位应当建立货币资金业务的岗位责任制,明确相关部门和岗位的职责权限,确保办理货币资金业务的不相容岗位相互分离、制约和监督。

(2)出纳人员不得兼任稽核、会计档案保管和收入、支出、费用、债权债务账目的登记工作。

(3)单位不得由一人办理货币资金业务的全过程。

2. 严格货币资金的授权批准

(1)单位应当对货币资金业务建立严格的授权批准制度,明确审批人对货币资金业务的授权批准方式、权限、程序、责任和相关控制措施,规定经办人办理货币资金业务的职责范围和工作要求。

(2)审批人应当根据货币资金授权批准制度的规定,在授权范围内进行审批,不得超越审批权限。

(3)经办人应当在职责范围内,按照审批人的批准意见办理货币资金业务。对于审批人超越授权范围审批的货币资金业务,经办人员有权拒绝办理,并及时向审批人的上级授权部门报告。

(4)严禁未经授权的机构或人员办理货币资金业务或直接接触货币资金。

(5)单位对于重要货币资金支付业务,应当实行集体决策和审批,并建立责任追究制度,防范贪污、侵占、挪用货币资金等行为。

3. 按照规定程序办理货币资金支付业务

(1)支付申请。单位有关部门或个人用款时,应当提前向审批人提交货币资金支付申请,注明款项的用途、金额、预算、支付方式等内容,并附有效经济合同或相关证明。

(2)支付审批。审批人根据其职责、权限和相应程序对支付申请进行审批。对不符合规定的货币资金支付申请,审批人应当拒绝批准。

(3)支付复核。复核人应当对批准后的货币资金支付申请进行复核,复核货币资金支付申请的批准范围、权限、程序是否正确,手续及相关单证是否齐备,金额计算是否准确,支付方式、支付单是否妥当等。复核无误后,交由出纳人员办理支付手续。

(4)办理支付。出纳人员应当根据复核无误的支付申请,按规定办理货币资金支付手续,及时登记现金和银行存款日记账。

第二节 支付结算概述

一、支付结算的概念

支付结算是指单位或个人在社会经济活动中使用票据、银行卡和汇兑、托收承付、委托收款、网上支付等结算方式进行货币给付及其资金清算的行为。

支付结算是社会经济活动的重要组成部分,支付结算方式包括票据、托收承付、委托收款、信用卡和网上支付等结算行为。其中票据包括支票、银行本票、银行汇票和商业汇票等。作为社会经济金融活动的重要组成部分,支付结算的主要功能是完成资金从一方当事人向另一方当事人的转移。随着社会经济金融的快速发展,单位、个人之间的经济往来日益频繁,对资金到账的及时性提出了更高的要求;与此同时,安全、快捷、高效的支付结算又促进了社会经济金融的发展。

银行和非银行的金融机构以及单位(含个体工商户)和个人是办理支付结算的主体。其中,银行是支付结算和资金清算的中介机构。未经中国人民银行批准的非银行金融机构和其他单位不得作为中介机构办理支付结算业务。

二、支付结算的方式

单位和个人在日常的活动中的结算可分为现金和非现金结算两类。我国目前使用的人民币非现金结算工具主要包括"三票一卡"和其他结算方式。"三票一卡"指支票、本票、汇票和银行卡;结算方式有汇兑、委托收款、托收承付等。其中,支票、本票、汇票属于票据结算方式,而其他的为非票据结算方式。

党的十一届三中全会以来,随着我国经济、金融体制的不断改革,票据的应用得到了较大的发展。1988年,我国银行结算制度实行全面改革,建立了以汇票、本票和支票为主体的新结算制度,确立了银行结算票据化的发展方向,票据开始在全国范围推广使用。1996年1月1日起开始实施的《中华人民共和国票据法》(以下简称《票据法》)对规范票据行为,保障票据当事人合法权益,维护社会经济秩序,促进我国社会主义市场经济的健康发展起到了重要作用。

三、支付结算的特征

(一)支付结算必须通过中国人民银行批准的金融机构进行

《支付结算办法》第六条规定,银行是支付结算和资金清算的中介机构。未经中国人民银行批准的非银行金融机构和其他单位不得作为中介机构经营支付结算业务,但法律、法规另有规定的除外。这说明支付结算不同于一般的货币支付及资金清算行为。支付结算包括票据、信用卡、汇兑、托收承付、委托收款、电子支付等结算行为,而该结算行为必须在通过中国人民银行批准的金融机构和其他机构才能进行。

【提示】

支付结算与单位一般的资金清算及货币给付行为不同。

(二)支付结算是一种要式行为

所谓要式行为是指法律法规规定必须依照一定形式进行的行为。如果该行为不符合法律规定的形式要件,即为无效。票据和结算凭证是办理支付结算的工具。单位、个人和银行办理支付结算,必须使用按中国人民银行统一规定印制的票据凭证和统一规定的结算凭证,未使用中国人民银行统一规定印制的票据,票据无效;未使用中国人民银行统一规定格式的结算凭证,银行不予受理。

(三)支付结算的发生取决于当事人的意志

银行在支付结算中充当中介机构的角色,因此,银行只要以善意且符合规定的正常操作程序进行审查,对伪造、变造的票据和结算凭证上的签章以及需要校验的个人有效身份证件未发现异常而支付金额的,对出票人或付款人不再承担受委托付款的责任,对持票人或收款人不再承担付款的责任。除国家法律另有规定外,银行不得代任何单位或个人冻结、扣款,不得停止单位、个人存款的正常支付。

(四)实行统一和分级管理相结合的管理体制

支付结算是一项政策性强、与当事人利益息息相关的活动,因此,必须对其实行统一管理。《支付结算办法》规定,中国人民银行总行负责制定统一的支付结算制度,组织、协调、管理、监督全国的支付结算工作,调解、处理银行之间的支付结算纠纷。

中国人民银行省、自治区、直辖市各分、支行根据统一的支付结算制度制定实施细则,报总行备案,根据需要可以制定单项支付结算办法,报经中国人民银行总行批准后执行。中国人民银行分、支行负责组织、协调、管理和监督本辖区的支付结算工作,调节与处理本辖区银行之间的支付结算纠纷。

政策性银行、商业银行总行可以根据统一的支付结算制度,结合本行情况,制定具体管理实施办法,报经中国人民银行总行批准后执行。政策性银行、商业银行负责组织、协调、管理和监督本辖区的支付结算工作,调节与处理本辖区银行之间的支付结算纠纷,负责组织、协调、管理本行内的支付结算工作,调解与处理本行内分支机构之间的支付结算纠纷。

（五）支付结算必须依法进行

凡是与支付结算工作有关的法律、行政法规以及部门规章和地方性法规都是支付结算的法律依据。

支付结算方面的法律、法规和制度主要包括《票据法》《票据管理实施办法》《支付结算办法》《现金管理暂行条例》《银行卡业务管理办法》《人民币银行结算账户管理办法》《异地托收承付结算办法》《电子支付指引（第一号）》等。

《支付结算办法》规定，银行、城市信用合作社、农村信用合作社以及单位和个人（含个体工商户），办理支付结算必须遵守国家法律、行政法规和本办法的各项规定，不得损害社会公共利益。因此，支付结算的当事人必须严格依法进行支付结算活动。

四、支付结算的基本原则

支付结算的基本原则是单位、个人和银行在进行支付结算活动时所必须遵守的行为准则，具体包括以下内容。

（一）恪守信用、履约付款原则

在市场经济条件下，交易主体之间存在多种交易形式，相应地存在着各种形式的商业信用。收付双方在经济往来过程中，在相互信任的基础上，根据双方的诚信情况自行协商约定付款。一旦交易双方达成了协议，那么交易的一方就应当根据事先的约定行事，及时提供货物或劳务，而另一方则应按约定时间、方式支付款项。这一原则是民法通则中"诚实信用"原则在支付结算里的具体体现，是保障当事人经济利益、维护社会经济秩序的重要保证。

【提示】

本原则是诚信原则在支付结算中的具体体现。

（二）谁的钱进谁的账，由谁支配原则

在银行办理结算时，必须按照存款人的委托，将款项支付给收款人。对存款人的资金，除法律另有规定外，必须由其自主支配，银行无权在未经存款人授权或委托的情况下，擅自动用存款人在银行账户的资金。这一原则既保护了存款人的合法权益，又增加了银行办理结算的责任。

（三）银行不垫款原则

银行是金融企业，作为办理支付结算的中介机构，负责根据结算当事人的要求办理结算资金业务，不承担垫付任何款项的责任。该原则划清了银行资金与存款人资金的界限，保护银行资金的所有权和经营权，促使开户单位和个人直接对自己的债权债务负责。

五、支付结算的基本要求

根据《支付结算办法》的规定，办理支付结算时应符合下列基本要求。

（一）按规定开立、使用账户

单位、个人和银行应当按照《人民币银行结算账户管理办法》的规定开立、使用账户。

单位和个人通过银行存款账户办理支付结算，账户内必须有足够的资金保证支付，信用卡透支和财政经费限额支出以及特定账户另有规定的除外。同时，银行应依法为单位、个人

在银行开立的存款账户保密,维护其资金自主支配权。除国家法律、行政法规另有规定外,银行不得为任何单位或者个人查询、冻结、扣划款项,不得停止单位、个人存款的正常支付。

(二)必须使用规定的票据凭证和结算凭证

票据和结算凭证是办理支付结算的工具。单位、个人和银行办理支付结算必须使用中国人民银行统一规定的票据和结算凭证。未使用中国人民银行统一规定的票据,票据无效;未使用中国人民银行统一规定的结算凭证,银行不予受理业务。

(三)填写票据和结算凭证应全面规范

(1)填写票据和结算凭证应当全面规范,做到数字正确,要素齐全,不错不漏,字迹清楚,防止涂改。票据和结算凭证金额以中文大写和阿拉伯数字同时记载,两者必须一致,否则,银行不予受理。

①票据的出票日期必须使用中文大写。月为壹、贰和壹拾的,日为壹至玖和壹拾、贰拾和叁拾的,应在其前加"零";日为拾壹至拾玖的,应在其前加"壹"。大写日期未按要求规范填写的,银行可予受理;但由此造成损失的,由出票人自行承担。

②中文大写金额数字应用正楷或行书填写,不得自造简化字。如果金额数字书写中使用繁体字,也应受理。

③中文大写金额数字前应标明"人民币"字样,大写金额数字应紧接"人民币"字样填写,不得留有空白。

④中文大写金额数字到"元"为止的,在"元"之后应写"整"(或"正")字;到"角"为止的,在"角"之后可以不写"整"(或"正")字。大写金额数字有"分"的,"分"后面不写"整"(或"正")字。

⑤阿拉伯小写金额数字前面,均应填写人民币符号"¥"。

⑥阿拉伯小写金额数字中有"0"的,中文大写应按照汉语语言规律、金额数字构成和防止涂改的要求进行书写。

如 77 000.53 元可以写为"人民币柒万柒仟元零伍角叁分",280.13 元可以写为"人民币贰佰捌拾元零壹角叁分",也可以不加零,写为"人民币贰佰捌拾元壹角叁分"。但角位若是零,而分位不是零时,中文大写金额"元"后面应写"零"字。如 125.04 元,大写金额应写为"人民币壹佰贰拾伍元零肆分"。

(2)票据和结算凭证上的签章和记载事项必须真实,不得伪造、变造。

①签章的规定。票据和结算凭证上的签章,为签名、盖章或者签名加盖章。单位、银行在票据上的签章和单位在结算凭证上的签章,为该单位、银行的公章(或财务专用章)加其法定代表人或者其授权的代理人的签名或盖章(即"双章"——单位章及个人签名或盖章)。个人在票据和结算凭证上的签章,为个人本人的签名或盖章(即"单章"——个人签名或盖章)。

②票据和结算凭证的伪造、变造。"伪造"是指无权限人假冒他人或虚构他人名义签章的行为,即伪造"签章"。"变造"是指无权更改票据内容的人,对票据签章以外的记载事项加以改变的行为,即"签章以外"的事项改变。

票据上有伪造、变造签章的,不影响票据上其他当事人真实签章的效力,即其他真实签章人仍应承担票据责任。

（3）不得更改的事项。票据和结算凭证的金额、出票或者签发日期、收款人名称不得更改，更改的票据无效；更改的结算凭证，银行不予受理。

对票据和结算凭证上的用途等其他记载事项，原记载人可以更改，更改时应当由原记载人在更改处签章证明。

【提示】

票据和结算凭证的金额以中文大写和阿拉伯数字同时记载，两者一致的票据才有效，两者不一致的票据，银行不受理。

第三节　银行结算账户

一、银行结算账户的概念和种类

（一）银行结算账户的概念

银行结算账户是指银行为存款人开立的办理资金收付结算的活期存款账户。其中，"银行"是指在中国境内经中国人民银行批准经营支付结算业务的政策性银行、商业银行（含外资独资银行、中外合资银行、外国银行分行）等金融机构。"存款人"是指在中国境内开立银行结算账户的机关、团体、部队、企业、事业单位、其他组织（以下统称"单位"）、个体工商户和自然人。

银行结算账户是社会资金运动的起点和终点，是支付结算工作开展的基础。对于社会公众来说，办理日常支付活动离不开银行结算账户，银行结算账户直接反映和影响着广大企事业单位和居民个人的日常经济活动；对于银行机构来说，银行结算账户服务是最重要、最基础的服务，也是银行机构开展其他业务的前提和基础。

（二）银行结算账户的种类

（1）银行结算账户按存款人不同，分单位银行结算账户和个人银行结算账户。

①单位银行结算账户是指存款人以单位名称开立的银行结算账户。个体工商户凭营业执照以字号或经营者姓名开立的银行结算账户纳入单位银行结算账户管理。

②个人银行结算账户是指存款人凭个人身份证件以自然人名称开立的银行结算账户。个人因使用借记卡、信用卡在银行或邮政储蓄机构开立的银行结算账户，纳入个人银行结算账户管理。

（2）银行结算账户按照用途不同，分为基本存款账户、一般存款账户、专用存款账户、临时存款账户。

（3）银行结算账户根据开户地的不同分为本地银行结算账户和异地银行结算账户。本地银行结算账户是指存款人在注册地或住所地开立的银行结算账户。异地银行结算账户是指存款人根据规定的条件在异地(跨省、市、县)开立的银行结算账户。根据《人民币银行结算账户管理办法实施细则》的有关解释,这里所指的"注册地"是指存款人的营业执照等开户证明文件上记载的住所地。

二、银行结算账户管理的基本原则

(一)一个基本账户原则

单位结算账户的存款人只能在银行开立一个基本存款账户,不能多头开立基本存款账户。

(二)自主选择原则

单位结算账户的存款人可以自主选择银行开立结算账户,除国家法律、行政法规和国务院另有规定外,任何单位和个人不得强令存款人在指定银行开立银行结算账户。

(三)守法合规原则

银行结算账户的开立和使用应当遵守法律、行政法规的规定,不得利用银行结算账户进行偷逃税款、套取现金等各种违法犯罪活动。

(四)存款信息保密原则

银行应当依法为存款人的银行结算账户信息保密,对单位或个人银行结算账户的存款有关资料,除国家法律、行政法规另有规定外,银行有权拒绝任何单位或个人查询。

三、银行结算账户的开立、变更和撤销

(一)银行结算账户的开立

(1)存款人应在注册地或住所地开立账户,开立账户时应填制并提交开立银行结算账户申请书进行办理。

(2)存款人开立基本存款账户、临时存款账户(除注册验资和增资验资开立的账户外),预算单位开立专用存款账户,外国人在中国境内开立证券投资专用账户实行核准制度,银行应当将存款人的开户申请书、相关证明材料和银行审核意见等开户资料报送中国人民银行当地分支行核准,中国人民银行应当在2个工作日内作出是否颁发开户登记证书决定。

(3)银行结算账户,自正式开立之日起3个工作日后,方可使用该账户办理付款业务,但注册验资的临时存款账户转为基本存款账户和因借款转存开立的一般存款账户除外。

(4)开立银行结算账户建立存款人预留签章卡片,并将签章式样和有关证明文件的原件或复印件留存归档。

存款人为单位的,其预留签章为单位的公章或财务专用章、法定代表人(单位负责人)或其授权代理人的签名或者盖章。

存款人为个人的,其预留签章为该个人的签名或者盖章。

(二)银行结算账户的变更

1.银行结算账户变更的概念

银行结算账户变更是指存款人账户信息资料发生变化或改变,主要包括存款人账户名称、单位法定代表人或主要负责人、地址、邮编、电话等其他开户资料的改变。

2.银行结算账户的变更手续

银行结算账户发生变更的,应当办理相关的变更手续。根据《人民币银行结算账户管理办法》的有关规定,银行结算账户的存款人名称发生变更,但不改变开户银行及账户的,应于5个工作日内书面通知开户银行并提供有关证明。开户行应及时办理变更手续,并于2个工作日内向中国人民银行报告。

(三)银行结算账户的撤销

银行结算账户的撤销是指存款人因开户资格或其他原因终止银行结算账户使用的行为。根据《人民币银行结算账户管理办法》的规定,存款人有下列情形之一的,应向开户银行提出撤销银行结算账户的申请。

(1)被撤并、解散、宣告破产或关闭的。

(2)注销、被吊销营业执照的。

(3)因迁址需要变更开户银行的。

(4)其他原因需要撤销银行结算账户的。

存款人有以上第(1)项、第(2)项情形的,应于5个工作日内向开户银行提出撤销银行结算账户的申请。撤销银行结算账户时,应先撤销一般存款账户、专用存款账户、临时存款账户,将账户资金转入基本存款账户后,方可办理基本存款账户的撤销。银行得知存款人有第(1)项、第(2)项情形的,存款人超过规定期限未主动办理撤销银行结算账户手续的,银行有权停止其银行结算账户的对外支付。存款人因以上第(3)项、第(4)项情形撤销基本存款账户后,需要重新开立基本存款账户的,应在撤销其原基本存款账户后10日内申请重新开立基本存款账户。

存款人尚未清偿其开户银行债务的,不得申请撤销该银行结算账户。对于按照账户管理规定应撤销而未办理销户手续的单位银行结算账户,银行通知该单位银行结算账户的存款人自发出通知之日起30日内办理销户手续,逾期视同自愿销户,未划转款项列入久悬未取专户管理。存款人撤销核准类银行结算账户时,应交回开户许可证。

(四)办理银行结算账户撤销手续应当注意的事项

(1)未获得工商部门核准登记的单位,申请撤销注册验资账户的,其账户资金退还给原汇款人。注册验资资金以现金方式存入,出资人需提取现金的,应出具缴存现金时的现金缴款单原件及有效身份证件。

(2)存款人尚未清偿开户银行债务的,不得申请撤销该账户。

(3)存款人撤销存款账户,必须与开户银行核对银行结算账户存款余额,并交回各种重要空白票据及结算凭证和开户登记证,银行核对无误后办理销户手续。存款人未按规定交回各种重要空白票据及结算凭证的应出具有关证明,造成损失的,由其自行承担。

(4)开户行撤销账户后,应在其基本存款账户开户登记证上注明销户日期并签章,同时于撤销账户之日起2日内向中国人民银行报告。

(5)开户银行对已开户的但一年内未发生任何业务的账户,应通知存款人自发出通知30日内到开户银行办理销户手续,逾期视同自愿销户,未划转款项列入久悬未取专户管理。

四、具体银行结算账户

(一)基本存款账户

基本存款账户是存款人因办理日常转账结算和现金收付需要开立的银行结算账户。

1. 基本存款账户的开户要求

下列存款人可以申请开立基本存款账户:企业法人;非企业法人;机关、事业单位;团级(含)以上军队、武警部队及分散执勤的支(分)队;社会团体;民办非企业组织(如不以营利为目的的民办学校、福利院、医院);异地常设机构;外国驻华机构;个体工商户;居民社区委员会;单位设立的独立核算的附属机构(食堂、招待所、幼儿园);其他组织等。可见,具有民事权利能力和民事行为能力,并依法独立享有民事权利和承担民事义务的法人和其他组织,均可以开立基本存款账户。

有些单位虽然不是法人组织,但具有独立核算资格,有自主办理资金结算的需要,例如个体工商户、单位设立的独立核算的附属机构等,也可以开立基本存款账户。

2. 开立基本存款账户所需的证明文件

(1)法人企业,应出具企业法人营业执照正本。

(2)非法人企业,应出具当地工商行政管理机关核发的"企业法人执照"或"营业执照"正本。

(3)机关和实行预算管理的事业单位,应出具政府人事部门或编制委员会的批文登记证书和财政部门同意其开户的证明;非预算管理的事业单位应出具政府人事部门或编制委员会的批文或者登记证书。

(4)团级(含)以上军队、武警部队以及分散执勤的支(分)队应出具军队军级以上单位财务部门、武警总队财务部门的开户证明。

(5)社会团体,应出具社会团体登记证书,宗教组织还应出具宗教事务管理部门的批文或证明。

(6)民办非企业组织,应出具民办非企业登记证书。

(7)外地常设机构,应出具其驻地政府主管部门的批文。

(8)外国驻华机构,应出具国家有关主管部门的批文或证明;外资企业驻华代表处、办事处,应出具国家登记机关颁发的登记证。

(9)个体工商户,应出具个体工商户营业执照正本。

(10)居民委员会、村民委员会、社区委员会,应出具其主管部门的批文或证明。

(11)独立核算的附属机构,应出具其主管部门的基本存款账户开户登记证和批文。

(12)其他组织,应出具政府主管部门的批文或证明。

如果上述存款人为从事生产、经营活动纳税人的,还应出具税务部门颁发的税务登记证书。

3. 基本存款账户使用范围

基本存款账户是存款人的主办账户,能满足基本业务办理。存款人只能在银行开立一个基本存款账户。存款人日常经营活动的资金收付及其工资、奖金和现金的支取,应通过该账户办理。

4.开立基本存款账户的程序

开立基本存款账户需要中国人民银行核准。存款人申请开立基本存款账户的,应填制开户申请书,提供规定的证明文件,送交盖有存款人印章的印鉴卡片,经开户行审核同意,将存款人的开户申请书、相关的证明文件和银行审核意见等开户资料报送中国人民银行当地分支行,经其核准后办理开户手续。

中国人民银行应于2个工作日内对银行报送的基本存款账户开户资料的合规性及唯一性进行审核,符合开户条件的,予以核准,颁发开户登记证;不符合开户条件的,应在开户申请书上签署意见,连同有关证明文件一并退回报送银行。

(二)一般存款账户

一般存款账户是指存款人因借款或其他结算需要,在基本存款账户开户银行以外的银行营业机构开立的银行结算账户。

1.一般存款账户的使用范围

一般存款账户主要用于办理存款人借款转存、借款归还和其他结算的资金收付。该账户可以办理现金缴存,但不得办理现金支取。存款人可以根据实际需要在不同银行开立不同的一般存款账户,在数量上没有限制。

2.开立一般存款账户需要的资料

存款人申请开立一般存款账户,应向银行出具下列证明。

(1)开立基本存款账户规定的证明文件。

(2)基本存款账户开户登记证。

(3)存款人因向银行借款需要,应出具借款合同。

(4)存款人因其他结算需要,应出具有关证明。

(三)专用存款账户

专用存款账户是存款人按照法律、行政法规和规章,对其特定用途资金进行专项管理和使用而开立的银行结算账户。

1.专用存款账户的使用范围

专用存款账户适用于对下列资金的管理和使用。

(1)基本建设资金。

(2)更新改造资金。

(3)粮、棉、油收购资金。

(4)证券交易结算资金。

(5)期货交易保证金。

(6)信托基金。

(7)政策性房地产开发资金。

(8)单位银行卡备用金。

(9)住房基金。

(10)社会保障基金。

（11）收入汇缴资金和业务支出资金。

（12）党、团、工会设在单位的组织机构经费。

（13）财政预算外资金。

（14）金融机构存放同业资金。

（15）其他需要专项管理和使用的资金。

【提示】

银行应按上述规定以及国家对粮、棉、油收购资金使用管理规定加强监督,对其他专用资金的使用不负监督责任。

2. 开立专用存款账户应出具的证明文件

存款人申请开立专用存款账户,应向银行出具其开立基本存款账户规定的证明文件、基本存款账户开户许可证或企业基本存款账户编号和下列证明文件。

（1）基本建设资金、更新改造资金、政策性房地产开发资金、住房基金、社会保障基金,应出具主管部门批文。

（2）粮、棉、油收购资金,应出具主管部门批文。

（3）单位银行卡备用金,应按照中国人民银行批准的银行卡章程的规定出具有关证明和资料。

（4）证券交易结算资金,应出具证券公司或证券管理部门的证明。

（5）期货交易保证金,应出具期货公司或期货管理部门的证明。

（6）收入汇缴资金和业务支出资金,应出具与基本存款账户存款人有关的证明。

（7）党、团、工会设在单位的组织机构经费,应出具该单位或有关部门的批文或证明。

（8）其他按规定需要专项管理和使用的资金,应出具有关法规、规章或政府部门的有关文件。

（9）金融机构存放资金,应出具金融机构许可证和双方签署的资金存放协议。

（10）财政预算外资金,应出具主管部门批文。

对于合格境外机构投资者在境内从事证券投资开立的人民币特殊账户和人民币结算资金账户,均纳入专用存款账户管理。其开立人民币特殊账户时应出具国家外汇管理部门的批复文件;开立人民币结算资金账户时,应出具证券管理部门的证券投资业务许可证。

（四）临时存款账户

临时存款账户是存款人因临时需要并在规定期限内使用而开立的银行结算账户。

1. 存款人有下列情形之一,可申请开立临时账户

（1）设立临时机构,如设立工程指挥部、摄制组、筹备领导小组等。

（2）异地临时经营活动,如建筑施工及安装（不超过项目合同个数）单位等在异地的临时经营活动。

（3）注册验资、增资。

（4）军队、武警单位承担基本建设或者异地执行作战、演习、抢险救灾、应对突发事件等临时任务。

存款人为临时机构的,只能在其驻地开立一个临时存款账户,不得开立其他银行结算账

户;存款人在异地从事临时活动的,只能在其临时活动地开立一个临时存款账户;建筑施工及安装单位在异地同时承接多个项目的,可以根据建筑施工及安装合同开立不超过项目合同个数的临时存款账户。

2. 开立临时存款账户需提供的证明文件

根据《人民币银行结算账户管理办法》的规定,存款人申请开立临时存款账户,应向银行出具下列证明文件。

(1)临时机构,应出具其驻在地主管部门同意设立临时机构的批文。

(2)异地建筑施工及安装单位,应出具其营业执照正本或其隶属单位的营业执照正本,以及施工及安装地建设主管部门核发的许可证或建筑施工及安装合同,同时出具基本存款账户开户登记证。

(3)异地从事临时经营活动的单位,应出具其营业执照正本以及临时经营地工商行政管理部门的批文,同时出具基本存款账户开户登记证。

(4)境内单位在异地从事临时活动的,应出具政府有关部门批准其从事该项活动的证明文件。

(5)境外(含港、澳、台地区)机构在境内从事经营活动的,应出具政府有关部门批准其从事该项活动的证明文件。

(6)军队、武警单位因执行作战、演习、抢险救灾、应对突发事件等任务需要开立银行账户时,开户银行应当凭军队、武警团级以上单位后勤(联勤)部门出具的批件或证明,先予开户并同时启用,后补办相关手续。

(7)注册验资资金,应出具市场监督管理部门核发的企业名称预先核准通知书或有关部门的批文。

(8)增资验资资金,应出具股东会或董事会决议等证明文件。

上述第(2)(3)(4)(8)项还应出具基本存款账户开户许可证,外国及我国港、澳、台地区建筑施工及安装单位除外。

临时存款账户用于办理临时机构以及存款人临时经营活动发生的资金收付。临时存款账户应根据有关开户证明文件确定的期限或存款人的需要确定其有效期限,最长不得超过2年(含展期)。临时存款账户支取现金,应按照国家现金管理的规定办理。注册验资的临时存款账户在验资期间只收不付。

【提示】

注册验资的临时存款账户在验资期间只收不付,注册验资认缴人与出资人的名称一致。

(五)个人银行结算账户

1. 个人银行结算账户的概念

个人银行结算账户是指存款人因投资、消费、结算等需要而凭个人身份证件以自然人名称开立的银行结算账户。

个人银行账户分为Ⅰ类银行账户、Ⅱ类银行账户和Ⅲ类银行账户(以下分别简称"Ⅰ类户""Ⅱ类户"和"Ⅲ类户")。银行可通过Ⅰ类户为存款人提供存款、购买投资理财产品等金融产品、转账、消费和缴费支付、支取现金等服务。Ⅱ类户可以办理存款、购买投资理财产品等金融产品、限额消费和缴费、限额向非绑定账户转出资金业务,可以配发银行卡实体卡片。经银行柜面、自助设备加以银行工作人员现场面对面确认身份的,Ⅱ类户还可以办理存取现金、非绑定账户资金转入业务,非绑定账户转入资金、存入现金日累计限额合计为1万元、年累计限额合计为20万元;消费和缴费、向非绑定账户转出资金、取出现金日累计限额合计为1万元、年累计限额合计为20万元。银行可以向Ⅱ类户发放本银行贷款资金并通过Ⅱ类户还款,发放贷款和贷款资金归还,不受转账限额规定。Ⅲ类户可以办理限额消费和缴费、限额向非绑定账户转出资金业务。经银行柜面、自助设备加以银行工作人员现场面对面确认身份的,Ⅲ类户还可以办理非绑定账户资金转入业务。Ⅲ类户任一时点账户余额不得超过2 000元。

2.开户方式

(1)柜面开户。通过柜面受理银行账户开户申请的,银行可为开户申请人开立Ⅰ类户、Ⅱ类户或Ⅲ类户。个人开立Ⅱ、Ⅲ类户,可以绑定Ⅰ类户或者信用卡账户进行身份验证,不得绑定非银行支付机构开立的支付账户进行身份验证。在银行柜面开立的,则无须绑定Ⅰ类户或者信用卡账户进行身份验证。

(2)自助机具开户。通过远程视频柜员机和智能柜员机等自助机具受理银行账户开户申请,银行工作人员现场核验开户申请人身份信息的,银行可为其开立Ⅰ类户;银行工作人员未现场核验开户申请人身份信息的,银行可为其开立Ⅱ类户或Ⅲ类户。

(3)银行可为开户申请人开立Ⅱ类户或Ⅲ类户。银行通过电子渠道非面对面为个人开立Ⅱ类户或Ⅲ类户时,应当向绑定账户开户行验证Ⅱ类户或Ⅲ类户与绑定账户为同一人开立,且绑定账户为本人Ⅰ类户或者信用卡账户。开户时,银行应当要求开户申请人登记验证的手机号码与绑定账户使用的手机号码保持一致。

开户申请人开立个人银行账户或者办理其他个人银行账户业务,原则上应当由开户申请人本人亲自办理,符合条件的,可以由他人代理办理。他人代理开立个人银行账户的,代理人应出具代理人、被代理人的有效身份证件以及合法的委托书等。银行认为有必要的,应要求代理人出具证明代理关系的公证书。存款人开立代发工资、教育、社会保障(如社保、医保、军保)、公共管理(如公共事业、拆迁、捐助、助农扶农)等特殊用途个人银行账户时,可由所在单位代理办理。单位代理个人开立银行账户的,应提供单位证明材料、被代理人有效身份证件的复印件或影印件。单位代理开立的个人银行账户,在被代理人持本人有效身份证件到开户银行办理身份确认、密码设(重)置等激活手续前,该银行账户只收不付。无民事行为能力或限制民事行为能力的开户申请人,由法定代理人或者人民法院、有关部门依法指定的人员代理办理。因身患重病、行动不便、无自理能力等无法自行前往银行的存款人办理挂失、密码重置、销户等业务时,银行可采取上门服务方式办理,也可由配偶、父母或成年子女凭合法的委托书、代理人与被代理人的关系证明文件、被代理人所在社区居委会(村民委员会)及以上组织或县级以上医院出具的特殊情况证明代理办理。

【提示】

自然人可以开立或者在已开立的储蓄账户中选择并向开户银行申请确认为个人结算账户。邮政储蓄银行办理银行卡业务开立的账户纳入个人结算账户管理。

3. 开户证明文件

根据个人银行账户实名制的要求,存款人申请开立个人银行账户时,应向银行出具本人有效身份证件,银行通过有效身份证件仍无法准确判断开户申请人身份的,应要求其出具辅助身份证明材料。

(1)有效身份证件包括以下内容。

①在中华人民共和国境内已登记常住户口的中国公民为居民身份证或临时身份证;不满16周岁的,可以使用居民身份证或户口簿。

②香港、澳门特别行政区居民为港澳居民来往内地通行证、港澳居民居住证。

③台湾地区居民为台湾居民来往大陆通行证、台湾居民居住证。

④国外的中国公民为中国护照。

⑤外国公民为护照或者外国人永久居留证(外国边民,按照边贸结算的有关规定办理)。

⑥法律、行政法规规定的其他身份证明文件。

(2)辅助身份证明材料包括但不限于以下内容。

①中国公民为户口簿、护照、机动车驾驶证、居住证、社会保障卡、军人和武装警察身份证件、公安机关出具的户籍证明、工作证。

②香港、澳门特别行政区居民为香港、澳门特别行政区居民身份证。

③台湾地区居民为在台湾居住的有效身份证明。

④定居国外的中国公民为定居国外的证明文件。

⑤外国公民为外国居民身份证、使领馆人员身份证件或者机动车驾驶证等其他带有照片的身份证件。

⑥完税证明、水电煤缴费单等税费凭证。

军人、武装警察尚未领取居民身份证的,除出具军人和武装警察身份证件外,还应出具军人保障卡或所在单位开具的尚未领取居民身份证的证明材料。

4. 个人银行结算账户的使用

个人银行结算账户用于办理个人转账收付和现金存取。下列款项可以转入个人银行结算账户:①工资、奖金收入;②稿费、演出费等劳务收入;③债券、期货、信托等投资的本金和收益;④个人债权或产权转让收益;⑤个人贷款转存;⑥证券交易结算资金和期货交易保证金;⑦继承、赠与款项;⑧保险理赔、保费退还等款项;⑨纳税退还;⑩农、副、矿产品销售收入;⑪其他合法款项。

单位从其银行结算账户支付给个人银行结算账户的款项,每笔超过5万元(不包含5万元)的,应向其开户银行提供下列付款依据:①代发工资协议和收款人清单;②奖励证明;③新闻出版、演出主办等单位与收款人签订的劳务合同或支付给个人款项的证明;④证券公司、期货公司、信托投资公司、证券发行或承销部门支付或退还给自然人款项的证明;⑤债权或产权转让协议;⑥借款合同;⑦保险公司的证明;⑧税收征管部门的证明;⑨农、副、矿产品购销合同;⑩其他合法款项的证明。

从单位银行结算账户支付给个人银行结算账户的款项应纳税的,税收代扣单位付款时,应向其开户银行提供完税证明。

当个人持出票人为单位的支票向开户银行委托收款,将款项转入其个人银行结算账户的,或个人持申请人为单位的银行汇票和银行本票向开户银行提示付款,将款项转入其个人银行结算账户的,个人应出具上述第①至⑩项中规定的有关收款依据。存款人应对其提供的收款依据或付款依据的真实性、合法性负责。

从单位银行结算账户向个人银行结算账户支付款项单笔超过5万元人民币时,付款单位若在付款用途栏或备注栏注明事由,可不再另行出具付款依据,但付款单位应对支付款项事由的真实性、合法性负责。

(六)异地银行结算账户

异地银行结算账户是指存款人符合法定条件,根据需要在其注册地或住所地以外开立的结算账户。

1. 存款人有下列情形之一的,可以在异地开立有关银行结算账户

(1)营业执照注册地与经营地不在同一行政区域(跨省、市、县)需要开立基本存款账户的。

(2)办理异地借款和其他结算需要开立一般存款账户的。

(3)存款人因附属的非独立核算单位或派出机构发生的收入汇缴或业务支出需要开立专用存款账户的(如回笼异地货款、支付异地营销开支)。

(4)异地临时经营活动需要开立临时存款账户的(如文艺团体在异地的演出活动、生产厂家在异地的展销活动等)。

(5)自然人根据需要在异地开立个人银行结算账户的。

2. 开立异地结算账户所需证明文件

存款人需要在异地开立单位银行结算账户,除出具属地账户管理规定的有关证明文件外,还应出具下列相应的证明文件。

(1)经营地与注册地不在同一行政区域的存款人,在异地开立基本存款账户的,应出具注册地中国人民银行分支行的未开立基本存款账户的证明。

(2)异地借款的存款人,在异地开立一般存款账户的,应出具在异地取得贷款的借款合同。

(3)因经营需要在异地办理收入汇缴和业务支出的存款人,在异地开立专用存款账户的,应出具隶属单位的证明。

(七)预算单位零余额账户

(1)预算单位使用财政性资金,应当按照规定的程序和要求,向财政部门提出设立零余额账户的申请,财政部门同意预算单位开设零余额账户后通知代理银行。

(2)代理银行根据《人民币银行结算账户管理办法》的规定,具体办理开设预算单位零余额账户业务,并将所开账户的开户银行名称、账号等详细情况书面报告财政部门和中国人民银行,并由财政部门通知一级预算单位。

(3)预算单位根据财政部门的开户通知,具体办理预留印鉴手续。印鉴卡内容如有变动,预算单位应及时通过一级预算单位向财政部门提出变更申请,办理印鉴卡更换手续。

(4)一个基层预算单位开设一个零余额账户。

（5）预算单位零余额账户用于财政授权支付，可以办理转账、提取现金等结算业务，可以向本单位按账户管理规定保留的相应账户划拨工会经费、住房公积金及提租补贴，以及财政部门批准的特殊款项，不得违反规定向本单位其他账户和上级主管单位及所属下级单位账户划拨资金。

五、银行结算账户的管理

根据《人民币银行结算账户管理办法》和《人民币银行结算账户管理办法实施细则》的规定，银行结算账户的管理包括以下内容。

（一）银行结算账户的实名制管理

（1）存款人应以实名开立银行结算账户，并对其出具的开户（变更、撤销）申请资料实质内容的真实性负责，法律、行政法规另有规定的除外。

（2）存款人应按照账户管理规定使用银行结算账户办理结算业务，不得出租、出借银行结算账户，不得利用银行结算账户套取银行信用或进行洗钱活动。

（二）银行结算账户变更事项的管理

存款人申请临时存款账户展期，变更、撤销单位银行结算账户以及补（换）发开户许可证时，可由法定代表人或单位负责人直接办理，也可授权他人办理。由法定代表人或单位负责人直接办理的，除出具相应的证明文件外，还应出具法定代表人或单位负责人的身份证件；授权他人办理的，除出具相应的证明文件外，还应出具法定代表人或单位负责人的身份证件及其出具的授权书，以及被授权人的身份证件。

（三）存款人预留银行签章的管理

（1）单位遗失预留公章或财务专用章的，应向开户银行出具书面申请、开户许可证、营业执照等相关证明文件；更换预留公章或财务专用章时，应向开户银行出具书面申请、原预留公章或财务专用章等相关证明文件。单位存款人申请更换预留公章或财务专用章但无法提供原预留公章或财务专用章的，应向开户银行出具原印鉴卡片、开户许可证、营业执照正本、司法部门的证明等相关证明文件。单位存款人申请变更预留公章或财务专用章，可由法定代表人或单位负责人直接办理，也可授权他人办理。由法定代表人或单位负责人直接办理的，除出具相应的证明文件外，还应出具法定代表人或单位负责人的身份证件；授权他人办理的，除出具相应的证明文件外，还应出具法定代表人或单位负责人的身份证件及其出具的授权书，以及被授权人的身份证件。

（2）个人遗失或更换预留个人印章或更换签字人时，应向开户银行出具经签名确认的书面申请，以及原预留印章或签字人的个人身份证件。银行应留存相应的复印件，并凭此办理预留银行签章的变更。单位存款人申请更换预留个人签章，可由法定代表人或单位负责人直接办理，也可授权他人办理。由法定代表人或单位负责人直接办理的，应出具加盖该单位公章的书面申请以及法定代表人或单位负责人的身份证件。授权他人办理的，应出具加盖该单位公章的书面申请、法定代表人或单位负责人的身份证件及其出具的授权书、被授权人的身份证件。无法出具法定代表人或单位负责人的身份证件的，应出具加盖该单位公章的书面申请、该单位出具的授权书以及被授权人的身份证件。

（四）银行结算账户的对账管理

银行结算账户的存款人应与银行按规定核对账务。存款人收到对账单或对账信息后，应及时核对账务并在规定期限内向银行发出对账回单或确认信息。

六、违反银行账户结算管理制度的处罚

根据《人民币银行结算账户管理办法》的规定，违反银行结算账户管理制度的处罚包括以下内容。

（一）存款人违反账户管理制度的处罚

1. 存款人在开立、撤销银行结算账户中违法

（1）对非经营性的存款人给予警告处分并处以1 000元的罚款。

（2）对经营性的存款人一般给予警告并处以1万元以上3万元以下的罚款。构成犯罪的，移交司法机关并追究刑事责任。

2. 存款人在使用银行结算账户过程中违法

（1）对非经营性的存款人给予警告处分并处以1 000元的罚款。

（2）对经营性的存款人违反规定开立银行结算账户，伪造、变造证明文件欺骗银行开户，违反规定不及时撤销银行账户，伪造、变造、私自印制开户登记证，处以1万元以上3万元以下的罚款。构成犯罪的，移交司法机关并追究刑事责任。

（3）另有特殊情况处罚如下。

①违反规定将单位款项转入个人银行结算账户，违反规定支取现金，利用开立银行结算账户逃避银行债务，出租、出借银行结算账户，从基本存款账户之外的银行结算账户转账存入、将销货收入存入或现金存入单位信用卡账户。对非经营性存款人，给予警告并处以1 000元的罚款，对经营性存款人给予警告并处以5 000元以上3万元以下的罚款。

②存款人的法定代表人或主要负责人、存款人地址以及其他开户资料的变更事项未在规定期限内通知银行，给予1 000元的罚款。

（二）银行及其有关人员违反账户管理制度的处罚

1. 银行在银行结算账户的开立过程中违法

（1）具体违法行为有：违反规定为存款人多头开立银行结算账户；明知或应知是单位资金，而允许以自然人名称开立账户存储。

（2）针对以上行为具体处罚结果为：应给予警告，并处以5万元以上30万元以下的罚款，同时对该银行直接负责的高级管理人员、其他直接负责的主管人员、直接责任人员按规定给予纪律处分；情节严重的，中国人民银行有权停止对其开立基本存款账户的核准，责令该银行停业整顿或者吊销经营金融业务许可证；构成犯罪的，移交司法机关依法追究刑事责任。

2. 银行在银行结算账户使用过程中违法

（1）具体违法行为有以下6种。

①在银行结算账户使用过程中提供虚假开户申请资料欺骗中国人民银行许可开立基本存款账户、临时存款账户、预算单位专用存款账户。

②开立或撤销单位银行结算账户,未按《人民币银行结算账户管理办法》的规定在其基本存款账户开户登记证上予以登记、签章或通知相关开户银行。

③为储蓄账户办理转账结算。

④违反规定为存款人支付现金或办理现金存入。

⑤超过期限或未向中国人民银行报送账户开立、变更、撤销等资料。

⑥违反规定办理个人银行结算账户转账结算。

(2)针对以上行为具体处罚结果为:给予警告,并处以 5 000 元以上 3 万元以下的罚款,对该银行直接负责的高级管理人员、其他直接负责的主管人员、直接责任人员按规定给予纪律处分;情节严重的,中国人民银行有权停止对其开立基本存款账户的核准;构成犯罪的,移交司法机关依法追究刑事责任,见表 2-1。

表 2-1   各项存款账户的使用规则

账户名称	使用范围	使用具体要求
基本存款账户	办理日常转账结算和现金收付	是存款人的主办账户,一个单位只能开立一个基本存款账户。存款人日常经营活动的资金收付及其工资、奖金和现金的支取,应通过基本存款账户办理
一般存款账户	因借款或其他结算需要,在基本存款账户开户银行以外的银行营业机构开立	用于办理存款人借款转存、借款归还和其他结算的资金收付。一般存款账户可以办理现金缴存,但不得办理现金支取
专用存款账户	对有特定用途资金进行专项管理和使用	1.单位银行卡账户的资金(备用金)必须由其基本存款账户转账存入,该账户不得办理现金收付业务
		2.财政预算外资金、证券交易结算资金、期货交易保证金和信托基金专用存款账户不得支取现金
		3.基本建设资金、更新改造资金、政策性房地产开发资金、金融机构存放同业资金账户需要支取现金的,应在开户时报中国人民银行当地分支行批准
		4.粮、棉、油收购资金,社会保障基金,住房基金和党、团、工会经费等专用存款账户支取现金应按照国家现金管理的规定办理
		5.收入汇缴账户除向其基本存款账户或预算外资金财政专用存款账户划缴款项外,只收不付,不得支取现金。业务支出账户除从其基本存款账户拨入款项外,只付不收,其现金支取必须按照国家现金管理的规定办理

续表

账户名称	使用范围	使用具体要求
临时存款账户	临时需要并在规定期限内使用	用于办理临时机构以及存款人临时经营活动发生的资金收付。有效期限最长不得超过2年。注册验资的临时存款账户在验资期间只收不付
个人银行结算账户	因投资、消费、结算等需要而凭个人身份证件以自然人名称开立	单位从其银行结算账户支付给个人银行结算账户的款项,每笔超过5万元(不包含5万元)的,应向其开户银行提供付款依据;从单位银行结算账户支付给个人银行结算账户的款项应纳税的,税收代扣单位付款时应向其开户银行提供完税证明
异地银行结算账户	在其注册地或住所地行政区域之外(跨省、市、县)开立	(1)营业执照注册地与经营地不在同一行政区域
		(2)办理异地借款和其他结算
		(3)因附属的非独立核算单位或派出机构发生的收入汇缴或业务支出需要
		(4)异地临时经营活动需要
		(5)自然人根据需要在异地开立

第四节　票据结算方式

一、票据的概述

(一)票据的概念和特征

1. 票据的概念

票据是指由出票人依法签发的、约定自己或者委托付款人在见票时或指定的日期向收款人或持票人无条件支付一定金额的有价证券。在我国,票据包括银行汇票、商业汇票、银行本票和支票。一般来讲,票据具有信用、支付、汇总和结算等功能,票据结算是支付结算的重要内容。

2. 票据的特征

(1)票据是"金钱债权证券",即票据上体现的权利性质是财产权而不是其他权利,财产权的内容是请求支付一定的金钱而不是物品。

(2)票据是"要式证券",即票据的制作、形式、文义都有规定的格式和要求,必须符合

《票据法》的规定,否则会影响票据的效力,甚至导致票据无效。

(3)票据是"流通证券",即票据可以流通转让,只有流通转让,票据的功能才能充分发挥,衔接企业的产供销活动,畅通经济金融运行,因此,票据贵在流通。

(4)票据是"完全有价证券",即票据权利完全证券化,票据权利与票据本身融为一体、不可分离,也就是说,票据权利的产生、行使、转让和消灭都离不开票据。完全有价证券这一特征可以通过票据的"设权证券""提示证券""交付证券"和"缴回证券"等特征来体现。

(5)票据是"文义证券",即票据上的一切权利和义务必须严格依照票据记载的文义而定,文义之外的任何理由、事项均不得作为根据,即使文义记载有错,也不得用票据之外的其他证明方法变更或补充。

(6)票据是"无因证券",即票据如果符合《票据法》规定的条件,无须任何理由,票据权利就成立,持票人不必证明取得票据的原因,仅以票据文义请求履行票据权利。但当票据债务人根据《票据法》第十二条的规定,认为持票人是以欺诈、偷盗或者胁迫等手段取得票据,或者明知有上述情形出于恶意取得票据,或者因为重大过失取得票据,持票人应当对自己持票的合法性负责举证。

3.票据的功能

(1)支付功能,即票据可以充当支付工具,代表现金使用。对于当事人来讲,用票据支付可以消除携带现金的不便,克服点钞的麻烦,节省现金计算的时间。

(2)结算功能,即债务抵销功能。简单的结算是互有债务的双方当事人各签发一张本票,待两张本票都到到期日可以相互抵销债务。若有差额,由一方以现金支付。

(3)汇兑功能,即票据可以代替货币在不同地方之间运送,方便异地之间的支付。如果异地之间使用货币,需要运送或携带,不仅费时费力,而且也不安全。大额货币的运送更是如此。如果只拿着一张票据到异地支付,相对而言既安全又方便。

(4)信用功能,即票据当事人可以凭借自己的信誉,将未来才能获得的金钱作为现在的金钱来使用。例如,甲企业购买乙企业货物,甲企业暂时款项不足,便凭借自己的信誉签发了一张以"乙企业"为收款人、以自己的开户银行为付款人、约定3个月后付款的票据给乙企业。此时,甲企业实际上是将3个月后才能筹足的款项用于现在使用。

(5)融资功能,即融通资金或调度资金。票据的融资功能是通过票据的贴现、转贴现和再贴现实现的。

(二)票据的当事人

1.基本当事人

(1)出票人,是指依法定方式签发票据并将票据交付给收款人的人。银行汇票的出票人为银行;商业汇票的出票人为银行以外的企业和其他组织;银行本票的出票人为出票银行;支票的出票人,为在银行开立支票存款账户的企业、其他组织和个人。

(2)付款人,是指由出票人委托付款或自行承担付款责任的人。商业承兑汇票的付款人是合同中应给付款项的一方当事人,也是该汇票的承兑人;银行承兑汇票的付款人是承兑银行;支票的付款人是出票人的开户银行。

(3)收款人,是指票据正面记载的到期后有权收取票据所载金额的人。

2.非基本当事人

非基本当事人是指在票据做成并交付后,通过一定的票据行为加入票据关系而享有一定权利、承担一定义务的当事人,包括承兑人、背书人、被背书人、保证人等。

(1)承兑人,是指接受汇票出票人的付款委托,同意承担支付票款义务的人,是汇票主债务人。

(2)背书人与被背书人。背书人是指在转让票据时,在票据背面或粘单上签字或盖章,并将该票据交付给受让人的票据收款人或持有人。被背书人是指被记名受让票据或接受票据转让的人。背书后,被背书人成为票据新的持有人,享有票据的所有权利。

(3)保证人,是指为票据债务提供担保的人,由票据债务人以外的第三人担当。保证人在被保证人不能履行票据责任时,以自己的资金履行票据责任,然后取得持票人的权利,向票据债务人追索。

(三)票据行为

票据行为是指票据当事人以发生票据债务为目的,以在票据上签名或盖章为权利与义务成立要件的法律行为。包括出票、背书、承兑和保证。

1.出票

出票是指出票人签发票据并将其交付给收款人的票据行为。出票人在票据上的签章不符合《票据法》等规定的,票据无效;承兑人、保证人在票据上的签章不符合《票据法》等规定的,其签章无效,但不影响其他符合规定签章的效力;背书人在票据上的签章不符合《票据法》等规定的,其签章无效,但不影响其前手符合规定签章的效力。

2.背书

背书是指收款人或者持票人为将票据权利转让给他人或者将一定的票据权利授权于他人行使而在票据背面或者粘单上记载有关事项并签章的行为。

背书按照目的不同分为转让背书非转让背书。

(1)转让背书。转让背书是以持票人将票据权利转让给他人为目的。

(2)非转让背书。非转让背书是将一定的票据权利授予他人行使,包括委托收款背书和质押背书。

背书行为中有以下特殊之处。

(1)背书应当连续,不连续的背书视为无效背书。

(2)背书未记载日期视为到期日前背书,不影响背书效力。未记载被背书人名称的,由被背书人自行填写,不影响背书效力。

(3)背书不得附有条件,附条件背书,条件无效,背书行为有效,除"不得转让"条件有效。背书人在汇票上记载"不得转让"字样,对其后手的后手不承担票据责任。

(4)不得多头背书或部分背书,多头或部分背书无效。

(5)用于支取现金的现金支票、填明"现金"字样的银行汇票和银行本票不得背书转让。

(6)法定禁止背书。法定禁止背书是根据《票据法》的规定而禁止背书转让的情形。《票据法》规定,被拒绝承兑、被拒绝付款或者超过付款提示期限3种情形下的票据,不得背书转让;背书转让的,背书人应当承担票据责任。

3. 承兑

承兑是指汇票付款人承诺在汇票到期日支付汇票金额并签章的行为,仅适用于商业汇票。承兑程序包括提示承兑、受理承兑、记载承兑事项和承兑效力等。

(1)提示承兑。持票人向付款人出示汇票,并要求付款人承诺付款的行为。定日付款或者出票后定期付款的汇票,持票人应当在汇票到期日前向付款人提示承兑。见票后定期付款的汇票,持票人应当自出票日起 1 个月内向付款人提示承兑。汇票未按照规定期限提示承兑的,持票人丧失对其前手的追索权。

(2)受理承兑。付款人收到持票人提示承兑的汇票时,应当向持票人签发收到汇票的回单。回单上应当记明汇票提示承兑日期并签章。付款人对向其提示承兑的汇票,应当自收到提示承兑的汇票之日起 3 日内承兑或者拒绝承兑。

(3)记载承兑事项。付款人承兑汇票的,应当在汇票正面记载"承兑"字样和承兑日期并签章;见票后定期付款的汇票,应当在承兑时记载付款日期。汇票上未记载承兑日期的,应当以收到提示承兑的汇票之日起 3 日内的最后一日为承兑日期。

(4)承兑效力。付款人承兑汇票,不得附有条件;承兑附有条件的,视为拒绝承兑。付款人承兑汇票后,应当承担到期付款的责任。

4. 保证

保证是指票据债务人以外的人,为担保特定债务人履行票据债务而在票据上记载有关事项并签章的行为。

国家机关、以公益为目的的事业单位、社会团体、企业法人的分支机构和职能部门作为票据保证人的,票据保证无效,但经国务院批准为使用外国政府或者国际经济组织贷款进行转贷,国家机关提供票据保证的,以及企业法人的分支机构在法人书面授权范围内提供票据保证的除外。

保证人必须在票据或者粘单上记载下列事项:表明"保证"的字样;保证人名称和住所;被保证人的名称;保证日期;保证人签章。

保证人在票据或者粘单上未记载"被保证人名称"的,已承兑的票据,承兑人为被保证人;未承兑的票据,出票人为被保证人。保证人在票据或者粘单上未记载"保证日期"的,出票日期为保证日期。

被保证的票据,保证人应当与被保证人对持票人承担连带责任。票据到期后得不到付款的,持票人有权向保证人请求付款,保证人应当足额付款。保证人为两人以上的,保证人之间承担连带责任。

保证人对合法取得票据的持票人所享有的票据权利,承担保证责任。但是,被保证人的债务因票据记载事项欠缺而无效的除外。保证不得附有条件。附有条件的,不影响对票据的保证责任。保证人清偿票据债务后,可以行使持票人对被保证人及其前手的追索权。

(四)票据权利与责任

1. 票据权利

票据权利是指票据持票人向票据债务人请求支付票据金额的权利,包括付款请求权和追索权。

（1）付款请求权。付款请求权是指持票人向汇票的承兑人、本票的出票人、支出的付款人出示票据要求付款的权利，是第一顺序权利，又称主要票据权利。

①行使付款请求权的持票人可以是票据记载的收款人或最后被背书人。

②担负付款义务的是主债务人。

（2）追索权。追索权是指票据当事人行使付款请求权遭到拒绝或有其他法定原因存在时，向其前手请求偿还票据金额及其他法定费用的权利，是第二顺序权利，又称偿还请求权利。

行使追索权的当事人除票据记载的收款人和最后被背书人外，还可能是代为清偿票据债务的保证人、背书人。

2.票据责任

票据责任是指票据债务人向持票人支付票据金额的责任。实际工作中，票据债务人承担票据义务一般有四种情形：汇票的承兑人因承兑而应承担付款义务；本票的出票人因出票而应承担自己付款的义务；支付的付款人在与出票人有资金关系时承担付款义务；汇票、本票、支票的背书人，汇票、支票的出票人、保证人，在票据不获承兑或不获付款时承担付款清偿义务。

（1）提示付款。持票人应按规定期限提示付款，见表2-2。持票人未按照规定期限提示付款的，在作出说明后，承兑人或者付款人仍应当继续对持票人承担付款责任。通过委托收款银行或者通过票据交换系统向付款人提示付款的，视同持票人提示付款。本票持票人未按照规定提示付款的，丧失对出票人以外的前手的追索权；支票持票人超过提示付款期限提示付款的，付款人可以不予付款，付款人不予付款的，出票人仍应对持票人承担票据责任。

表 2-2 票据的提示付款期限

票据种类	提示付款期限
支票	自出票日起 10 日
银行汇票	自出票日起 1 个月
银行本票	自出票日起最长不超过 2 个月
商业汇票	自票据到期日起 10 日

（2）付款人付款。持票人依照规定提示付款的，付款人必须在当日足额付款。付款人及其代理付款人付款时，应当审查票据背书的连续，并审查提示付款人合法身份证明或者有效证件。票据金额为外币的，按照付款日的市场汇价，以人民币支付。票据当事人对票据支付的货币种类另有约定的，从其约定。

（3）拒绝付款。如果存在背书不连续等合理事由，票据债务人可以对票据债权人拒绝履行义务，这就是所谓的票据"抗辩"。票据债务人可以对不履行约定义务的与自己有直接债权债务关系的持票人进行抗辩，但不得以自己与出票人或者与持票人的前手之间的抗辩事由，对抗持票人。当然，若持票人明知存在抗辩事由而取得票据的除外。

（4）获得付款。持票人获得付款的，应当在票据上签收，并将票据交给付款人。持票人委托银行收款的,受委托的银行将代收的票据金额转账收入持票人账户,视同签收。电子商业汇票的持票人可委托银行代为发出提示付款、逾期提示付款行为申请。

(5)相关银行的责任。持票人委托的收款银行的责任,限于按照票据上记载事项将票据金额转入持票人账户。付款人委托的付款银行的责任,限于按照票据上记载事项从付款人账户支付票据金额。付款人及其代理付款人以恶意或者有重大过失付款的,应当自行承担责任。对定日付款、出票后定期付款或者见票后定期付款的票据,付款人在到期日前付款的,由付款人自行承担所产生的责任。

(6)票据责任解除。付款人依法足额付款后,全体票据债务人的责任解除。

(五)票据签章

签章是票据行为生效的重要条件,是指票据有关当事人在票据上签名、盖章或者签名并盖章的行为。票据的签章是必须记载事项,缺少当事人签章,该项票据行为无效。一般来讲,出票人签章不合法,则票据无效;其他人签章不合法,该签章无效,但不影响其他人的签章。

(六)票据记载事项

票据的记载事项,是指依法在票据上记载票据相关内容的行为。票据的记载事项一般分为绝对记载事项、相对记载事项、任意记载事项和不产生票据法上的效力的事项等。

(1)绝对记载事项必须记载,否则票据无效。

(2)相对记载事项应记而未记不影响效力,可适用法律有关规定,如未记载付款日期的商业承兑汇票,视为见票即付的票据。

(3)任意记载事项不记载不影响票据效力,记载时则产生票据效力,如"不得转让"字样记载,则不得转让。

(七)票据丧失的补救

票据的权力与票据是紧密相连的,当票据丢失时可以采取挂失止付、公示催告、普通诉讼三种方式进行补救。

(1)挂失止付,是指失票人将丧失票据的情况通知付款人或代理付款人,并由接受通知的付款人或代理付款人审查后暂时停止支付的一种方式。我国《票据法》规定,只有确定付款人或代理付款人的票据丧失时,才能挂失止付。已承兑的商业汇票、支票、填明"现金"字样的银行本票和银行汇票可以挂失。

【提示】

自然挂失止付不是必经措施,只是暂时防范措施,最终要通过后两种途径请求权利。

(2)公示催告,是指在票据丧失后,由失票人向票据支付地法院申请,以公告方式通过不确定的利害关系人限期申报权利,逾期未申报者,则权利失效,而由人民法院通过除权判决宣告所丧失的票据无效的一种制度或程序。挂失止付后3天内或票据丧失后,失票人应立即向法院请求。

(3)普通诉讼,是指以承兑人或出票人为被告,请求人民法院判决其向失票人付款的诉讼活动。

（八）票据权利时效

票据权利时效是指票据权利在法定时效期间内不行使，即引起票据权利丧失。《票据法》根据不同情况，将票据权利时效划分为2年、6个月、3个月。《票据法》规定，票据权利在下列期限内不行使而消灭。

（1）持票人对票据的出票人和承兑人的权利自票据到期日起2年。见票即付的汇票、本票自出票日起2年。

（2）持票人对支票出票人的权利，自出票日起6个月。

（3）持票人对前手的追索权，自被拒绝承兑或者被拒绝付款之日起6个月。

（4）持票人对前手的再追索权，自清偿之日或者被提起诉讼之日起3个月。

（九）票据追索

1. 票据追索适用的情形

票据追索适用于两种情形，分别为到期后追索和到期前追索。

（1）到期后追索，是指票据到期被拒绝付款的，持票人对背书人、出票人以及票据的其他债务人行使的追索。

（2）到期前追索，是指票据到期日前，持票人对下列情形之一行使的追索：①汇票被拒绝承兑的；②承兑人或者付款人死亡、逃匿的；③承兑人或者付款人被依法宣告破产的或者因违法被责令终止业务活动的。

2. 被追索人的确定

票据的出票人、背书人、承兑人和保证人对持票人承担连带责任。持票人行使追索权，可以不按照票据债务人的先后顺序，对其中任何一人、数人或者全体行使追索权。持票人对票据债务人中的一人或者数人已经进行追索的，对其他票据债务人仍可以行使追索权。

3. 追索的内容

（1）持票人行使追索权，可以请求被追索人支付下列金额和费用：被拒绝付款的票据金额；票据金额自到期日或者提示付款日起至清偿日止，按照中国人民银行规定的利率计算利息；取得有关拒绝证明和发出通知书的费用。被追索人清偿债务时，持票人应当交出票据和有关拒绝证明，并出具所收到利息和费用的收据。

（2）被追索人依照前述规定清偿后，可以向其他票据债务人行使再追索权，请求其他票据债务人支付下列金额和费用：已清偿的全部金额；前项金额自清偿日起至再追索清偿日止，按照中国人民银行规定的利率计算利息；发出通知书的费用。行使再追索权的被追索人获得清偿时，应当交出票据和有关拒绝证明，并出具所收到利息和费用的收据。

4. 追索权的行使

（1）获得有关证明。持票人行使追索权时，应当提供被拒绝承兑或者拒绝付款的有关证明。持票人提示承兑或者提示付款被拒绝的，承兑人或者付款人必须出具拒绝证明，或者出具退票理由书。未出具拒绝证明或者退票理由书的，应当承担由此产生的民事责任。其中"拒绝证明"应当包括下列事项：被拒绝承兑、付款的票据的种类及其主要记载事项；拒绝承兑、付款的事实依据和法律依据；拒绝承兑、付款的时间；拒绝承兑人、拒绝付款人的签章。"退票理由书"应当包括下列事项：所退票据的种类、退票的事实依据和法律依据、退票时间和退票人签章。

持票人因承兑人或者付款人死亡、逃匿或者其他原因,不能取得拒绝证明的,可以依法取得其他有关证明,包括医院或者有关单位出具的承兑人、付款人死亡的证明;司法机关出具的承兑人、付款人逃匿的证明;公证机关出具的具有拒绝证明效力的文书。

承兑人或者付款人被人民法院依法宣告破产的,人民法院的有关司法文书具有拒绝证明的效力。承兑人或者付款人因违法被责令终止业务活动的,有关行政主管部门的处罚决定具有拒绝证明的效力。

持票人不能出示拒绝证明、退票理由书或者未按照规定期限提供其他合法证明的,丧失对其前手的追索权。但是,承兑人或者付款人仍应当对持票人承担责任。

(2)行使追索。持票人应当自收到被拒绝承兑或者被拒绝付款的有关证明之日起3日内,将被拒绝事由书面通知其前手;其前手应当自收到通知之日起3日内书面通知其再前手。持票人也可以同时向各票据债务人发出书面通知,该书面通知应当记明汇票的主要记载事项,并说明该汇票已被退票。

未按照规定期限通知的,持票人仍可以行使追索权。因延期通知给其前手或者出票人造成损失的,由没有按照规定期限通知的票据当事人承担对该损失的赔偿责任,但是,所赔偿的金额以汇票金额为限。在规定期限内将通知按照法定地址或者约定的地址邮寄的,视为已经发出通知。

5.追索的效力

被追索人依照规定清偿债务后,其责任解除,与持票人享有同一权利。

二、支票

(一)支票的概念及当事人

1.支票的概念

支票是指由出票人签发的、委托办理支票存款业务的银行或其他金融机构在见票时无条件支付确定的金额给收款人或持票人的票据。

单位和个人的各种款项结算,均可使用支票。

2.支票的基本当事人

支票的基本当事人包括出票人、付款人和收款人。

(1)出票人,是指在银行开立使用支票存款账户的单位和个人。

(2)付款人,是出票人的开户银行。

(3)收款人,是支票上填明的收款人,也可以是经背书转让的被背书人。

【提示】

现金支票不能背书转让。

(二)支票的种类

按照支付票款的方式不同,支票可分为现金支票、转账支票和普通支票。

(1)支票上印有"现金"字样的支票为现金支票。现金支票只能用于支取现金,不得用于转账,如图2-1所示。

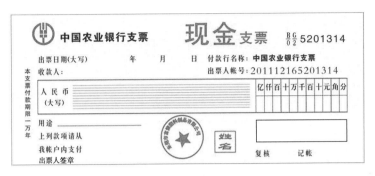

图 2-1　中国农业银行现金支票

（2）支票上印有"转账"字样的支票为转账支票。转账支票只能用于转账，不得支取现金，如图 2-2 所示。

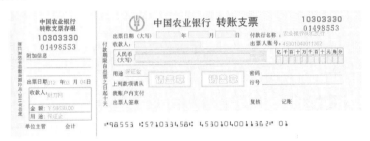

图 2-2　中国农业银行转账支票

（3）支票上未印有"现金"或"转账"字样的为普通支票。普通支票可以用于支取现金，也可用于转账。在普通支票左上角划两条平行线的，为划线支票，划线支票只能用于转账，不能支取现金。

（三）支票的出票及记载事项

（1）出票人签发支票并交付的行为即为出票。

（2）支票绝对记载事项。

①表明"支票"的字样。

②无条件支付的委托。

③确定的金额。

④付款人名称。

⑤出票日期。

⑥出票人签章。

欠缺记载任何一项的，支票都为无效。此外，我国《票据法》和《支付结算办法》规定了支票的金额、收款人名称，可以由出票人授权补记，未补记前不得背书转让和提示付款。

（3）支票的相对记载事项。支票的相对记载事项包括以下内容。

①付款地。支票上未记载付款地的，付款人的营业场所为付款地。

②出票地。支票上未记载出票地的，出票人的营业场所、住所或者经常居住地为出票地。此外，支票上可以记载非法定记载事项，但这些事项并不发生支票上的效力，如签发支票的用途等。

（4）出票的效力。

①出票人做成支票并交付之后,出票人必须在付款人处存有足够可处分的资金,以保证支票票款的支付。

②当付款人对支票拒绝付款或者超过支票付款提示期限的,出票人应向持票人承担付款责任。

（四）支票的付款

支票的付款是指付款人根据持票人的请求向其支付支票金额的行为。支票属于见票即付的票据,没有到期日的规定,另行记载票据付款日的,该记载事项无效。

1. 提示付款期限

支票为见票即付的票据,但为了防止支票人久不提示支票,给出票人在管理上造成不便,以及防止空头支票的出现,《票据法》规定支票的提示付款期限为自出票日起10日内,超过提示付款期限提示付款的,持票人开户银行不予受理,付款人不予付款。

持票人超过提示付款期限的,其前手和出票人仍应该对持票人承担支付票款的责任。

2. 付款责任

《票据法》规定,出票人在付款人处的存款足以支付支票金额时,付款人应当在见票当日足额付款。

3. 付款责任的解除

《票据法》规定,付款人依法支付支票金额的,对出票人不再承担受委托付款的责任,对持票人不再承担付款的责任。但是,付款人以恶意或者有重大过失付款的除外。

（五）支票的签发及使用要求

1. 签发支票的要求

（1）签发支票应当使用碳素墨水或墨汁填写,中国人民银行另有规定的除外。

（2）签发现金支票和用于支取现金的普通支票,必须符合国家现金管理的规定。

（3）支票的出票人签发支票的金额不得超过付款时在付款人处实有的存款金额,即禁止签发空头支票。

（4）支票的出票人预留银行签章是银行审核支票付款的依据;银行也可以与出票人约定使用支付密码,作为银行审核支付支票金额的条件。

（5）出票人不得签发与其预留银行签章不符的支票;使用支付密码的,出票人不得签发支付密码错误的支票。

（6）出票人签发空头支票、签章与预留银行签章不符的支票,使用支付密码的地区,支付密码错误的支票,银行应予以退票,并按票面金额处以5%但不低于1 000元的罚款;持票人有权要求出票人赔偿支票金额2%的赔偿金。对屡次签发的,银行应停止其签发支票。

2. 兑付支票的要求

（1）持票人可以委托开户银行收款或直接向付款人提示付款。用于支取现金的支票仅限于收款人向付款人提示付款。

（2）持票人持用于转账的支票向付款人提示付款时,应在支票背面背书人签章栏签章,并将支票和填制的进账单送交出票人开户银行。

（3）持票人委托开户银行收款的支票，银行应通过票据交换系统收妥后入账。持票人委托开户银行收款时，应作委托收款背书，在支票背面背书人签章栏签章、记载"委托收款"字样、背书日期，在被背书人栏记载开户银行名称，并将支票和填制的进账单送交开户银行。

（4）收款人持用于支取现金的支票向付款人提示付款时，应在支票背面"收款人签章"处签章，持票人为个人的，还需交验本人身份证件，并在支票背面注明证件名称、号码及发证机关。

三、商业汇票

（一）商业汇票的概念和种类

1. 商业汇票的概念

商业汇票，是指出票人签发，委托付款人在见票时或者在指定日期无条件支付确定金额给收款人或者持票人的票据。

商业汇票适用于在银行开立存款账户的法人以及其他组织之间，个人不适用，必须具有真实的交易关系或债权债务关系才能使用商业汇票。

商业汇票的付款期限最长不得超过 6 个月。

2. 商业汇票的种类

商业汇票按承兑人的不同，可以分为商业承兑汇票和银行承兑汇票两种。

（1）商业承兑汇票，是指由收款人或付款人签发，经付款人承兑的汇票，如图 2-3 所示。

电子商业承兑汇票

出票日期	贰零贰零年柒月贰拾柒日			票据状态		背书已签收	
汇票到期日	2021-07-27			票号		2 302701047126 20200728 68891071 9	
出票人	全 称	贵阳新世界房地产有限公司		收票人	全 称	广州祺晋建设有限公司	
	账 号	8113201014000038367			账 号	120912618910601	
	开户银行	中信银行股份有限公司贵阳宝山支行			开户银行	招商银行股份有限公司广州黄埔大道支行	
出票保证信息	保证人姓名：			保证人地址：		保证日期：	
票据金额	人民币 （大写）	肆拾陆万伍仟柒佰零柒圆陆角伍分				￥468,707.65	
承兑人信息	全 称	贵阳新世界房地产有限公司		开户行行号	302701047126		
	账 号	8113201014000038367		开户行名称	中信银行股份有限公司贵阳宝山支行		
交易合同号				承兑信息	出票人承诺：本汇票信息请予以承兑，到期无条件付款		
能否转让	可转让				承兑人承诺：本汇票已经承兑，到期无条件付款		
						承兑日期 2020-07-28	
承兑保证信息	保证人姓名：			保证人地址：		保证日期：	
评级信息（由出票、承兑人自己记载，仅供参考）	出票人	评级主体：		信用等级：		评级到期日：	
	承兑人	评级主体：		信用等级：		评级到期日：	
备注							

图 2-3 商业承兑汇票

（2）银行承兑汇票，是指收款人或承兑申请人签发，并由承兑申请人向开户银行提出申请，经银行审查同意承兑的汇票。当票据到期时银行承兑汇票的出票人未将足额票款存入银行账户，承兑银行必须进行垫付，同时按照开出票面额每天收万分之五的罚息，如图 2-4

所示。

电 子 银 行 承 兑 汇 票

出 票 日 期	贰零壹捌年伍月贰拾贰日		票据状态		背书已签收	
汇票到期日	2018-11-22		票号		1 308100005141 20180522 19732157 9	
出票人	全 称	宝塔盛华商贸集团有限公司	收票人	全 称	北京宝塔国际经济技术合作有限公司	
	账 号	110908206010601		账 号	11014746715005	
	开户银行	招商银行股份有限公司北京北三环支行		开户银行	平安银行股份有限公司北京北苑支行	
出票保证信息	保证人姓名:		保证人地址:		保证日期:	
票据金额	人民币（大写）	壹拾万圆整			￥100,000.00	
承兑人信息	全 称	宝塔石化集团财务有限公司	开户行行号	303100000604		
	账 号	35530188000021769	开户行名称	中国光大银行股份有限公司北京建国门内大街支行		
交易合同号			承兑信息	出票人承诺：本汇票信息请予以承兑，到期无条件付款		
能 否 转 让	可转让			承兑人承诺：本汇票已经承兑，到期无条件付款 承兑日期 2018-05-22		
承兑保证信息	保证人姓名:		保证人地址:		保证日期:	
评级信息（由出票、承兑人自己记载，仅供参考）	出票人	评级主体	宝塔盛华商贸集团有限公司	信用等级:	评级到期日:	
	承兑人	评级主体	宝塔石化集团财务有限公司	信用等级:	评级到期日:	
备注						

图 2-4 银行承兑汇票

（二）商业汇票的出票

1.商业汇票的出票人

商业汇票的出票人,为在银行开立存款账户的法人以及其他组织,与付款人具有真实的委托付款关系,具有支付汇票金额的可靠资金来源。

2.商业汇票的绝对记载事项

签发商业汇票必须记载下列事项,欠缺记载下列事项之一的,商业汇票无效。

①表明"商业承兑汇票"或"银行承兑汇票"的字样。

②无条件支付的委托。

③确定的金额。

④付款人名称。

⑤收款人名称。

⑥出票日期。

⑦出票人签章。

3.商业汇票的内容填写要求

商业汇票的内容应当填写完整、规范,但部分事项未记载于汇票的,也可以通过法律的直接规定来补充确定,这并不影响汇票本身的效力,汇票依然有效。

相对记载事项的内容主要包括以下内容。

①汇票上未记载付款日期的,视为见票即付。

②汇票上未记载付款地的,付款人的营业场所、住所或者经常居住地为付款地。

③汇票上未记载出票地的,出票人的营业场所、住所或者经常居住地为出票地。此外,

汇票上可以记载非法定记载事项,但这些事项不具有汇票上的效力,如合同号、用途等。

4.商业汇票的出票效力

出票人依照《票据法》的规定完成出票行为之后,即产生票据上的效力。这种效力主要包括以下内容。

①对收款人的效力。收款人取得汇票后,即取得票据权利。收款人获得了票据权利,即付款请求权和追索权,以及依法转让票据的权利。

②对付款人的效力。付款人在对汇票承兑后,即成为汇票上的主债务人。付款人只有"承兑后"才成为主债务人,如果付款人没有承兑,主债务人是"出票人"。

③对出票人的效力。出票人签发汇票后,应承担保证该汇票承兑和付款的责任。出票人在汇票得不到承兑或者付款时,应当向持票人清偿法律规定的金额和费用。

(三)商业汇票的承兑

承兑是指汇票付款人承诺在汇票到期日支付汇票金额的票据行为。承兑是商业汇票特有的制度,本票和支票都没有。商业承兑汇票可以由付款人签发并承兑,也可以由收款人签发交由付款人承兑。

1.承兑的程序

(1)提示承兑。提示承兑是指持票人向付款人出示汇票,并要求付款人承诺付款的行为。因汇票付款日期的形式不同,提示承兑的期限也不一样。

商业汇票的付款期限记载有3种形式。定日付款的汇票付款期限自出票日起计算,并在汇票上记载具体的到期日。出票后定期付款的汇票付款期限自出票日起按月计算并在汇票上记载。见票后定期付款的汇票付款期限自承兑或拒绝承兑日起按月计算,并在汇票上记载。电子商业汇票的出票日是指出票人记载在电子商业汇票上的出票日期。

纸质商业汇票的付款期限最长不得超过6个月。电子承兑汇票期限自出票日至到期日不超过1年。

商业汇票可以在出票时向付款人提示承兑后使用,也可以在出票后先使用再向付款人提示承兑。付款人拒绝承兑的,必须出具拒绝承兑的证明。付款人承兑汇票后,应当承担到期付款的责任。

银行承兑汇票的出票人或持票人向银行提示承兑时,银行的信贷部门负责按照有关规定和审批程序,对出票人的资格、资信、购销合同和汇票记载的内容进行认真审查,必要时可由出票人提供担保。对资信良好的企业申请电子商业汇票承兑的,金融机构可通过审查合同、发票等材料的影印件,企业电子签名的方式,对电子商业汇票的真实交易关系和债权债务关系进行在线审核。对电子商务企业申请电子商业汇票承兑的,金融机构可通过审查电子订单或电子发票的方式,对电子商业汇票的真实交易关系和债权债务关系进行在线审核。符合规定和承兑条件的,与出票人签订承兑协议。银行承兑汇票的承兑银行,应按票面金额向出票人收取万分之五的手续费。

(2)承兑成立。

①承兑时间。付款人对向其提示承兑的汇票,应当自收到提示承兑的汇票之日起3日内承兑或者拒绝承兑。一般来说,如果付款人在3日内不作承兑与否表示的,则应视为拒绝

承兑。持票人可以请求其作出拒绝承兑证明,向其前手行使追索权。

②接受承兑。付款人收到持票人提示承兑的汇票时,应当向持票人签发收到汇票的回单。回单上应当记明汇票提示承兑日期并签章,回单是付款人向持票人出具的已收到请求承兑汇票的证明。

③承兑的格式。付款人承兑汇票的,应当在汇票"正面"记载"承兑"字样和承兑日期并签章;见票后定期付款的汇票,应当在承兑时记载付款日期。汇票上未记载承兑日期的,以 3 天承兑期的最后一日为承兑日期。

④退回已承兑的汇票。付款人依承兑格式填写完毕应记载事项后,只有将已承兑的汇票退回持票人后才产生承兑的效力。

2. 承兑的效力

承兑生效后,即对付款人产生相应的效力,其应承担下列责任。

(1)承兑人于汇票到期日必须向持票人无条件地支付汇票上的金额,否则其必须承担延迟付款责任。

(2)承兑人必须对汇票上的一切权利人承担责任,该等权利人包括付款请求权人和追索权人。

(3)承兑人不得以其与出票人之间的资金关系来对抗持票人,拒绝支付汇票金额。

(4)承兑人的票据责任不因持票人未在法定期限提示付款而解除。

3. 承兑不得附有条件

付款人承兑商业汇票,不得附有条件;承兑附有条件的,视为拒绝承兑。银行承兑汇票的出票人若未在到期日前缴存足额款项的,银行承兑汇票的承兑银行应先行垫付,并按照票面金额向出票人每天收取万分之五的罚金。

(四)商业汇票的付款

商业汇票的付款,是指付款人依据票据文义支付票据金额,以消灭票据关系的行为。

1. 提示付款

提示付款是指持票人向付款人或承兑人出示票据,请求付款的行为。持票人只有在法定期限内提示付款的,才能产生法律效力。

商业汇票种类提示付款期限见表 2-3。

表 2-3   商业汇票种类提示付款期限

票据种类		提示付款期限
商业汇票	见票即付	出票之日起一个月
	定日付款	到期日起 10 天
	出票后定期付款	
	见票后定期付款	

2. 支付票款

持票人付款提示后,付款人依法审查无误后必须无条件地在当日按票据金额足额支付给持票人,否则应承担迟延付款的责任。

3. 付款的效力

付款人依法足额付款后,全体汇票债务人的责任解除。

【提示】

银行承兑汇票的出票人应于汇票到期日前将票款足额交存其开户行。承兑银行应在汇票到期日或到期日后的见票当日支付票款。银行承兑汇票的出票人于汇票到期日未能足额交存票款时,承兑银行除凭票向持票人无条件付款外,对出票人尚未支付的汇票金额按照每天万分之五计收利息。

(五)商业汇票的背书

商业汇票的背书,是指以转让商业汇票权利或者将一定的商业汇票权利授予他人行使为目的,按照法定的事项和方式在商业汇票背面或者粘贴单上记载有关事项并签章的票据行为。

背书人以背书形式转让票据后,仍承担保证其后手所持汇票承兑和付款的责任。

背书的记载事项、使用规定在"票据行为"项目中已列清。

(六)商业汇票的保证

票据的保证,是指票据债务人之外的人,为担保特定票据债务人的债务履行,以负担同一内容的票据债务为目的,在票据上记载有关事项并签章的票据行为。

1. 保证的当事人

保证的当事人为保证人与被保证人。保证应由汇票债务人以外的他人承担。已成为票据债务人的,不得再充当票据上的保证人。

2. 保证人必须在汇票或粘单上记载下列事项。

(1)表明"保证"的字样。

(2)保证人名称和住所。

(3)被保证人的名称。

(4)保证日期。

(5)保证人签章。

其中,保证的绝对记载事项为:"保证"字样和保证人签章。票据保证事项必须记载于汇票或粘单上,如果另行签订保证合同或保证条款的,不属于票据的保证,应当适用《中华人民共和国民法典》的有关规定。

保证人未记载"被保证人名称"的,已承兑的票据,承兑人为被保证人;未承兑的票据,出票人为被保证人。未记载"保证日期"的,出票日期为保证日期。

保证不得附有条件,附有条件的,所附"条件"无效,"保证"行为有效。

3. 保证的效力

①保证人的责任。被保证的汇票,保证人应当与被保证人对持票人承担连带责任。即汇票到期后得不到付款的,持票人有权向保证人请求付款,保证人应当足额付款。

②共同保证人的责任。保证人为两人以上的,保证人之间承担连带责任。

③保证人的追索权。保证人清偿汇票债务后,可以行使持票人对被保证人及其前手的

追索权。

四、银行汇票

（一）银行汇票的概念和适用范围

银行汇票是由出票银行签发的,由其在见票时按照实际结算金额无条件支付给收款人或者持票人的票据。单位和个人在异地、同城或统一票据交换区域的各种款项结算,均可使用银行汇票(图2-5)。

银行汇票一式四联,第一联为卡片,在兑付行支付票款时用作付出传票;第二联为银行汇票,与第三联解讫通知一并由汇款人自带,在兑付行兑付汇票后此联做联行往来账付出传票;第三联解讫通知,在兑付行兑付后随报单寄给签发行,由签发行做余款收入传票;第四联是多余款通知,并在签发行结清后交汇款人。

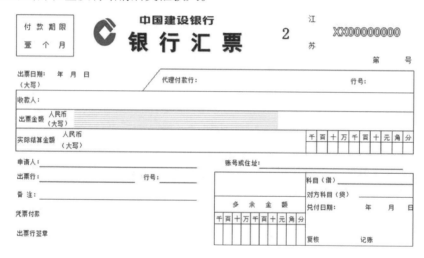

图2-5　中国建设银行银行汇票

（二）银行汇票的记载事项及使用规定

1. 银行汇票的绝对记载事项

（1）表明"银行汇票"的字样。

（2）无条件支付的承诺。

（3）确定的金额。

（4）付款人名称。

（5）收款人名称。

（6）出票日期。

（7）出票人签章、汇票专用章、经办人员名章。

汇票上未记载上述事项之一的,汇票无效。

2. 银行汇票的相对记载事项

（1）付款日期,未记载付款日期,视为见票即付。

（2）付款地,未记载付款地,以付款人的营业场所、住所地或者经常居住地为付款地。

（3）出票地，未记载出票地的，以付款人的营业场所、住所地或者经常居住地为出票地。

3. 银行汇票使用的基本规定

（1）银行汇票可以用于转账，标明现金字样的"银行汇票"也可以提取现金。签发现金银行汇票，申请人和收款人必须均为个人，申请人或收款人为单位的不得签发现金银行汇票。

（2）银行汇票的付款人为银行汇票的出票行，银行汇票的付款地为代理付款人或出票人所在地。

（3）银行汇票的出票人在票据上的签章，应为经中国人民银行批准使用的该银行汇票专用章加其法定代表人或其授权经办人的签名或者盖章。

（4）银行汇票的提示付款期限自出票日起一个月内。持票人超过付款期限提示付款的，代理付款人（银行）不予受理。

（5）银行汇票背书可以转让，但填明"现金"字样的银行汇票不得背书转让。银行汇票的背书转让以不超过出票金额的实际结算金额为准。未填写实际结算金额或实际结算金额超过出票金额的银行汇票不得背书转让。

（6）填明"现金"字样和代理付款人的银行汇票丧失，可以由失票人通知付款人或者代理付款人挂失止付。未填明"现金"字样和代理付款人的银行汇票丧失，不得挂失止付。

（7）银行汇票丧失，失票人可以凭人民法院出具的其享有票据权利的证明，向出票行请求付款或者退款。

（三）申办和兑付银行汇票的基本程序和规定

收款人受理银行汇票依法审查无误后，应在出票金额以内，根据实际需要的款项办理结算，并将实际结算金额和多余金额填入银行汇票和解讫通知的有关栏内。未填明实际结算金额和多余金额或实际结算金额超过出票金额的，银行不予受理。银行汇票的实际结算金额不得更改，更改实际结算金额的银行汇票无效。

持票人向银行提示付款时，必须同时提交银行汇票和解讫通知，缺少任何一联，银行不予受理。

持票人超过提示付款期限向代理付款银行提示付款不获付款的，必须在票据权利时效内向出票银行作出说明，并提供本人身份证件或单位证明，持银行汇票和解讫通知向出票银行请求付款。

（四）银行汇票背书

被背书人受理银行汇票时，除按照收款人接受银行汇票进行相应的审查外，还应审查下列事项。

（1）银行汇票是否记载实际结算金额，有无更改，其金额是否超过出票金额。

（2）背书是否连续，背书人签章是否符合规定，背书使用粘单的是否按规定签章。

（3）背书人为个人的身份证件。

银行汇票的背书转让以不超过出票金额的实际结算金额为准。未填写实际结算金额或实际结算金额超过出票金额的银行汇票不得背书转让。

（五）银行汇票提示付款

银行汇票的提示付款期限自出票日起 1 个月。持票人超过付款期限提示付款的，代理付款人不予受理。持票人向银行提示付款时,须同时提交银行汇票和解讫通知,缺少任何一联,银行不予受理。持票人超过期限向代理付款银行提示付款却不获付款的,须在票据权利时效内向出票银行作出说明,并提供本人身份证件或单位证明,持银行汇票和解讫通知向出票银行请求付款。

在银行开立存款账户的持票人向开户银行提示付款时,应在汇票背面"持票人向银行提示付款签章"处签章,签章须与预留银行签章相同,并将银行汇票和解讫通知、进账单送交开户银行。未在银行开立存款账户的个人持票人,可以向任何一家银行机构提示付款。提示付款时,应在汇票背面"持票人向银行提示付款签章"处签章,并填明本人身份证件名称、号码及发证机关,由其本人向银行提交身份证件及其复印件。

(六)银行汇票退款和丧失

申请人因银行汇票超过付款提示期限或其他原因要求退款时,应将银行汇票和解讫通知同时提交到出票银行。申请人为单位的,应出具该单位的证明;申请人为个人的,应出具本人的身份证件。对于代理付款银行查询的要求退款的银行汇票,应在汇票提示付款期满后方能办理退款。出票银行对于转账银行汇票的退款,只能转入原申请人账户;对于符合规定填明"现金"字样银行汇票的退款,才能退付现金。申请人缺少解讫通知要求退款的,出票银行应于银行汇票提示付款期满1个月后办理。银行汇票丧失,失票人可以凭人民法院出具的其享有票据权利的证明,向出票银行请求付款或退款。

五、银行本票

(一)银行本票的概念和使用范围

1.银行本票的概念

银行本票是出票人(银行)签发的,承诺自己在见票时无条件支付确定的金额给收款人或持票人的票据。银行本票分为不定额本票和定额本票两种。定额本票面额分别为1 000元、5 000元、10 000元和50 000元4种,如图2-6所示。

图2-6　银行本票

2.银行本票的适用范围

单位和个人在"同一票据交换区域"需要支付的各种款项,均可以使用银行本票。银行本票可以用于转账,注明"现金"字样的银行本票可以用于支取现金,但不可以背书转让。

（二）**银行本票的记载事项**

1.银行本票的绝对记载事项

（1）表明"银行本票"的字样。

（2）无条件支付的承诺。

（3）确定的金额。

（4）收款人的名称。

（5）出票日期。

（6）出票人签章。

欠缺上列内容之一的,银行本票无效。

申请人或收款人为单位的,不得申请签发现金银行本票。申请人应将银行本票交付给本票上记明的收款人。

2.银行本票的相对记载事项

（1）付款地,本票上未记载付款地的,出票人的营业场所为付款地。

（2）出票地,本票上未记载出票地的,出票人的营业场所为出票地。

【提示】

出票人如果记载了"不得转让"字样,该银行本票不得转让。

（三）**银行本票的提示付款期限**

银行本票的提示付款期限自出票日起最长不得超过2个月。持票人超过提示付款期限提示付款的,代理付款人不予受理。

本票的持票人未按照规定期限提示见票的,丧失对出票人以外的前手的追索权。

六、本票、汇票和支票的异同

（一）**具有同一性质**

（1）都是设权有价证券。即票据持票人凭票据上所记载的权利内容,来证明其票据权利以取得财产。

（2）都是要式证券。票据的格式（其形式和记载事项）都是由法律（即《票据法》）严格规定,不遵守格式对票据的效力有一定的影响。

（3）都是文义证券。票据权利的内容以及票据有关的一切事项都以票据上记载的文字为准,不受票据上文字以外事项的影响。

（4）都是可以流通转让的证券。一般债务契约的债权,如果要进行转让时,必须征得债务人的同意。而作为流通证券的票据,可以经过背书或不作背书仅交付票据的简易程序而自由转让与流通。

（5）都是无因证券。即票据上权利的存在只依据票据本身的文字确定,权利人享有票据权利只以持有票据为必要,至于权利人取得票据的原因、票据权利发生的原因均可不问。这些原因存在与否、有效与否,与票据权利原则上互不影响。由于中国目前的票据还不是完全票据法意义上的票据,只是银行结算的方式,这种无因性不是绝对的。

（二）具有相同的票据功能

（1）汇兑功能。凭借票据的汇兑功能,可以解决两地之间现金支付在空间上的障碍。

（2）信用功能。票据的使用可以解决现金支付在时间上的障碍。票据本身不是商品,它是建立在信用基础上的书面支付凭证。

（3）支付功能。票据的使用可以解决现金支付在手续上的麻烦。票据通过背书可作多次转让,在市场上成为一种流通、支付工具,减少现金的使用。而且由于票据交换制度的发展,票据可以通过票据交换中心集中清算,简化结算手续,加速资金周转,提高社会资金使用效益。

（三）主要区别

（1）本票是自付(约定本人付款)证券;汇票是委付(委托他人付款)证券;支票是委付证券,但受托人只限于银行或其他法定金融机构。

（2）付款期限不同。本票的提示付款期限为出票日起 2 个月,支票的提示付款期限为出票日起 10 日,银行汇票的提示付款期限为出票日起 1 个月,商业汇票的提示付款期限为到期日起 10 日,见票即付的商业汇票的提示付款期限为出票日起 1 个月,见表2-4。

表2-4   各种票据使用要求一览表

票据种类		提示承兑期限	提示付款期限	付款人	使用主体
商业汇票	定日付款	到期前	到期日 10 日	承兑人	仅限于单位之间使用
	出票后定期付款				
	见票后定期付款				
	见票即付	无须提示承兑	出票后 1 个月	开户行	
银行汇票		无须提示承兑	出票后 1 个月	代理付款银行	单位和个人均可使用
银行本票		无须提示承兑	出票后 2 个月	出票银行	单位和个人在同城均可使用
支票		无须提示承兑	出票后 10 日	开户银行	单位和个人均可使用

第五节   银行卡

一、银行卡的概念与分类

（一）银行卡的概念

银行卡是指经批准商业银行(含邮政金融机构)向社会发行的具有消费信用、转账结算、存取现金等全部或部分功能的信用支付工具。它具有使用方便、集多功能于一体的特点。

（二）银行卡的分类

1. 按照发行主体是否在境内分为境内卡和境外卡

（1）境内卡是指由境内商业银行发行的，既可以在境内使用，也可以在境外使用的银行卡。

（2）境外卡是指由境外设立的外资金融机构和外资非金融机构发行的，可以在境内使用的银行卡。

2. 按照是否给予持卡人授信额度透支分为信用卡和借记卡

（1）信用卡可以透支，信用卡按是否向发卡银行交存备用金分为贷记卡、准贷记卡两类。贷记卡是指发卡银行给予持卡人一定的信用额度，持卡人可在信用额度内先消费、后还款的信用卡。准贷记卡是指持卡人须先按发卡银行要求交存一定金额的备用金，当备用金账户余额不足以支付时，可在发卡银行规定的信用额度内透支的信用卡。

（2）借记卡不具备透支功能，借记卡主要功能包括消费、存取款、转账、代收付、外汇买卖、投资理财、网上支付等，按功能不同分为转账卡（含储蓄卡）、专用卡和储值卡。转账卡是实时扣账的借记卡，具有转账结算、存取现金和消费功能。专用卡是具有专门用途、在特定区域使用的借记卡，具有转账结算、存取现金功能。专门用途是指在百货、餐饮、饭店、娱乐行业以外的用途。储值卡是发卡银行根据持卡人要求将其资金转至卡内储存，交易时直接从卡内扣款的预付钱包式借记卡。

3. 按照账户币种的不同分为人民币卡、外币卡和双币种卡

（1）人民币卡是指存款、信用额度均为人民币，并且应当以人民币偿还的银行卡。

（2）外币卡是指存款、信用额度均为外币，并且应当以外币偿还的银行卡。

（3）双币种卡是指存款、信用额度同时有人民币和外币两个账户的银行卡。

4. 按信息载体不同分为磁条卡和芯片卡

（1）磁条卡是指以液体磁性材料或磁条为信息载体，将液体磁性材料涂覆在卡片上的存折或将宽约614毫米的磁条压贴在卡片上的银联卡。

（2）芯片卡又分为纯芯片卡和磁条芯片复合卡。

5. 按照发行对象的不同分为个人卡和单位卡

个人卡是指发卡银行向个人发行的银行卡。单位卡是指发卡银行向企业、机关、事业单位和社会团体法人签发的，并由法人授权特定人使用的银行卡。

二、银行卡账户与交易规定

（一）银行卡交易的基本规定

（1）单位卡账户的资金一律从其基本存款账户转账存入，不得交存现金，不得将销货收入的款项存入其账户。单位卡不得用于10万元以上的商品交易、劳务供应款项的结算，并一律不得支取现金。如果需要向其账户续存资金的，单位卡的持卡人必须按前述转账方式转账存入。

（2）发卡行对贷记卡的取现应当每笔授权，每卡每日累计取现不得超过限定额度。

(3)同一持卡人单笔透支发生额,单位卡不得超过 5 万元人民币(含等值外币),个人卡不得超过 2 万元人民币(含等值外币)。此外,单位卡不得超过发卡行对该单位综合授信额度的 3%;无综合授信额度可参照的单位,其月透支余额不得超过 10 万元人民币(含等值外币)。

(4)准贷记卡的透支期限最长为 60 天。贷记卡的首月最低还款额不得低于其当月透支余额的 10%。

(5)银行卡仅限于合法持卡人本人使用,持卡人不得出租或转借信用卡。持卡人使用信用卡不得发生恶意透支。

(6)发卡银行通过下列途径追偿透支款项和诈骗款项:扣减持卡人保证金、依法处理抵押物和质押物;向保证人追索透支款项;通过司法机关的诉讼程序进行追偿。

【提示】

恶意透支是指持卡人超过规定期限或规定限额,并经过发卡银行催收无效的透支行为。

（二）银行卡的资金来源

1.单位卡资金来源

单位卡账户的资金,一律从其基本存款账户转账存入,不得交存现金,不得将销货收入的款项存入其账户。

2.个人卡资金来源

个人卡在使用过程中,需要向其账户续存资金的,只限于其持有的现金存入和工资性款项以及属于个人的劳务报酬收入转账存入,严禁将单位的款项存入个人卡账户。

（三）银行卡的计息和收费

发卡银行对准贷记卡及借记卡(不含储值卡)账户内的存款,按照中国人民银行规定的同期同档次存款利率及计息办法计付利息。对信用卡透支利率实行上限和下限管理,透支利率上限为日利率万分之五,下限为日利率万分之五的 0.7 倍。信用卡透支的计结息方式,以及对信用卡溢缴款是否计付利息及其利率标准,由发卡机构自主确定。

发卡机构应在信用卡协议中以显著方式提示信用卡利率标准和计结息方式、免息还款期和最低还款额待遇的条件和标准,以及向持卡人收取违约金的详细情形和收取标准等与持卡人有重大利害关系的事项,确保持卡人充分知悉并确认接受。其中,对于信用卡利率标准,应注明日利率和年利率。发卡机构调整信用卡利率的,应至少提前 45 个自然日按照约定方式通知持卡人。持卡人有权在新利率标准生效之日前选择销户,并按照已签订的协议偿还相关款项。取消信用卡滞纳金,对于持卡人违约逾期未还款的行为,发卡机构应与持卡人通过协议约定是否收取违约金,以及相关收取方式和标准。发卡机构向持卡人提供超过授信额度用卡的,不得收取超限费。

发卡机构对向持卡人收取的违约金和年费、取现手续费、货币兑换费等服务费用不得计收利息。

三、银行卡的申领、销户和挂失

（一）银行卡的申领

（1）凡在中国境内金融机构开立基本存款账户的单位，可凭中国人民银行合法的开户许可证申领单位卡。单位申领信用卡要求交存一定金额的备用金。单位卡可以申领若干张。

（2）凡具有完全民事行事能力的公民可凭借本人有效身份证件及发卡行规定申领个人卡。个人卡的主卡持卡人可为其配偶及年满 18 周岁的亲属申领附属卡，申领的附属卡最多不超过两张。

（二）银行卡的销户

持卡人在还清信用卡的全部交易款项、透支本息和有关费用后，属于下列情形之一的，可申请办理销户。

（1）信用卡有效期满 45 天后，持卡人不更换新卡的。

（2）信用卡挂失满 45 天后，没有附属卡又不更换新卡的。

（3）信用卡被列入止付名单，发卡银行已经收回其信用卡 45 天的。

（4）持卡人死亡，发卡银行已收回信用卡 45 天的。

（5）持卡人要求销户或担保人撤销担保，并已交回全部信用卡 45 天的。

（6）信用卡账户 2 年（含）以上未发生交易的。

（7）持卡人违反其他规定，发卡银行认为应该取消资格的。

销户时，单位卡账户余额转入其基本存款账户，不得提取现金；个人卡账户可以转账结清，也可以提取现金。

（三）银行卡的挂失

持卡人丧失银行卡，应立即持本人身份证件或其他有效证明，并按规定提供有关情况，向发卡银行或代办银行申请挂失。

第六节　网上支付

网上支付是电子支付的一种形式，它是指电子交易的当事人，包括消费者、厂商和金融机构，使用电子支付手段通过网络进行的货币支付或资金流转。网上支付的主要方式有网上银行和第三方支付。

一、网上银行

（一）网上银行的概念

网上银行包含两个层次的概念：一个是机构概念，指通过信息网络开办业务的银行；另一个是业务概念，指电子交易的当事人，包括消费者、法人和金融机构，使用电子支付手段通过网络进行的货币支付或资金流转服务,包括传统银行业务和因信息技术应用带来的新兴业务。在日常生活和工作中,我们提及网上银行,更多是第二层次的概念,即网上银行服务的概念。

简单地说,网上银行就是银行在互联网上设立虚拟银行柜台,使传统的银行服务不再通过物理的银行分支机构来实现,而是借助于网络与信息技术手段在互联网上实现,因此网上银行也称网络银行。网上银行又被称为"3A 银行",因为它不受时间、空间限制,能够在任何时间、任何地点,以任何方式为客户提供金融服务。

(二)网上银行的分类

按照不同的标准,网上银行可以分为不同的类型。

(1)按主要服务对象分为企业网上银行和个人网上银行。企业网上银行主要适用于企事业单位,企事业单位可以通过企业网络银行实时了解财务运作情况,及时调度资金,轻松处理大批量的网络支付和工资发放业务。个人网上银行主要适用于个人与家庭,个人可以通过个人网络银行实现实时查询、转账、网络支付和汇款功能。

(2)按经营组织分为分支型网上银行和纯网上银行。分支型网上银行是指现有的传统银行利用互联网作为新的服务手段,建立银行站点,提供在线服务而设立的网上银行。纯网上银行本身就是一家银行,是专门为提供在线银行服务而成立的,因而也被称为只有一个站点的银行。

(三)网上银行的主要功能

目前,网上银行利用 Internet 和 HTML 技术,能够为客户提供综合、统一、安全、实时的银行服务,包括提供对私、对公的全方位银行业务,还可以为客户提供跨国的支付与清算等其他贸易和非贸易的银行业务服务。

1. 企业网上银行子系统

企业网上银行子系统目前能够支持所有的对公企业客户,能够为客户提供网上账务信息服务、资金划拨、网上 B2B 支付和批量支付等服务,使集团公司总部能对其分支机构的财务活动进行实时监控,随时获得其账户的动态情况,同时还能为客户提供 B2B 网上支付。其主要业务功能包括以下 4 个方面。

(1)账户信息查询。能够为企业客户提供账户信息的网上在线查询、网上下载和电子邮件发送账务信息等服务,包括账户的昨日余额、当前余额、当日明细和历史明细等。

(2)支付指令。支付指令业务能够为客户提供集团、企业内部各分支机构之间的账务往来,同时也能提供集团、企业之间的账务往来,并且支持集团、企业向他行账户进行付款。

(3)B2B 网上支付。B2B,商业机构之间的商业往来活动,指的是企业与企业之间进行的电子商务活动。B2B 网上支付能够为客户提供网上 B2B 支付平台。

(4)批量支付。批量支付能够为企业客户提供批量付款(包括同城、异地及跨行转账业务)、代发工资、一付多收等批量支付功能。企业客户负责按银行要求的格式生成数据文件,通过安全通道传送给银行,银行负责系统安全及业务处理,并将处理结果反馈给客户。

2. 个人网上银行子系统

个人网上银行子系统主要提供银行卡、本外币活期一本通客户账务管理、信息管理、网上支付等功能,是网上银行对个人客户服务的窗口。其具体业务功能包括以下内容。

(1)账户信息查询。系统为客户提供信息查询功能,能够查询银行卡的人民币余额和活期一本通的不同币种的钞、汇余额;提供银行卡在一定时间段内的历史明细数据查询;下载包含银行卡、活期一本通一定时间段内的历史明细数据的文本文件;查询使用银行卡进行网上支付后的支付记录。

(2)人民币转账业务。系统能够提供个人客户本人的或与他人的银行卡之间的卡卡转账服务。系统在转账功能上严格控制了单笔转账最大限额和当日转账最大限额,使客户的资金安全有一定的保障。

(3)银证转账业务。银行卡客户在网上能够进行银证转账,可以实现银转证、证转银、查询证券资金余额等功能。

(4)外汇买卖业务。客户通过网上银行系统能够进行外汇买卖,主要可以实现外汇即时买卖、外汇委托买卖、查询委托明细、查询外汇买卖历史明细、撤销委托等功能。

(5)账户管理业务。系统提供客户对本人网上银行各种权限功能、客户信息的管理以及账户的挂失。

(6)B2C 网上支付。B2C,商业机构对消费者的电子商务,指的是企业与消费者之间进行的在线式零售商业活动(包括网上购物和网上拍卖等)。个人客户在申请开通网上支付功能后,能够使用本人的银行卡进行网上购物后的电子支付。通过账户管理功能,客户还能够随时选择使用哪一张银行卡来进行网上支付。

【提示】

B2B 是企业之间进行的电子商务活动,B2C 是企业与消费者之间进行的电子商务活动。

(四)网上银行主要业务流程

1.客户开户流程

客户开通网上银行有两种方式:一是客户前往银行柜台办理;二是客户先网上自助申请,后到柜台签约。

使用网上交易的用户申请证书的流程如下。

(1)客户使用浏览器通过 Internet 登录到网银中心的"申请服务器"(数据库)上,填写开户申请表,提交申请。

(2)网银中心将开户申请信息通过内部网以邮件形式发送到签约柜台。

(3)客户持有效身份证件和账户凭证到签约柜台办理签约手续,签约柜台核实客户有效证件及账户凭证的真实性,同时参照网银中心传来的客户开户申请,核实客户的签约账户申请信息。之后,将核实的客户信息通过电子邮件/传真等方式返回给网银中心。

(4)网银中心根据签约柜台核实后的邮件(传真件),进行申请的初审和复审,并录入复审后的申请客户信息,为其生成证书申请,通过内部网以邮件方式发送到 CA 中心。

(5)CA 中心为客户申请签发证书,并将证书放置到客户从 Internet 网上可以访问的目录服务器上,然后通知网银中心,网银中心通过邮件通知客户从指定地址下载 CA 证书。

(6)客户下载并安装证书后,即可进入网上银行系统,进行网上交易。

2.网上银行的交易流程

网上银行的具体交易流程如下。

（1）网上银行客户使用浏览器通过 Internet 网连接到网银中心，并发出网上交易请求。

（2）网银中心接收、审核客户的交易请求，经过通信格式转换，然后将交易请求转发给相应成员行的业务主机。

（3）成员行业务主机完成交易处理，并返回处理结果给网银中心。

（4）网银中心对交易结果进行再处理后，返回相应信息给客户。

二、第三方支付

（一）第三方支付的概念

（1）狭义的第三方支付是指具备一定实力和信誉保障的非银行机构，借助通信、计算机和信息安全技术，采用与各大银行签约的方式，在用户与银行支付结算系统间建立连接的电子支付模式。在手机端进行的互联网支付，又称移动支付，通过这个平台实现资金在不同支付机构账户或银行账户间的划拨和转移。第三方支付的特点是独立于商户和银行，为客户提供支付结算服务，具有方便快捷、安全可靠、开放创新的优势。

（2）从广义上讲，第三方支付在中国人民银行《非金融机构支付服务管理办法》中是指非金融机构作为收、付款人的支付中介所提供的网络支付、预付卡发行与受理、银行卡收单以及中国人民银行确定的其他支付服务。这一定义让第三方支付不仅是互联网支付，而且成为一个集线上、线下于一体，提供移动支付、电话支付、预付卡支付于一体的综合支付服务工具。

第三方支付从本质而言，是一种新型的支付手段和方式，通过这种新型的模式将互联网技术与传统金融支付有机结合，是对传统银行支付模式的创新和融合。

（二）第三方支付的方式和种类

1.线上支付方式

线上支付是指通过互联网实现的用户和商户、商户和商户之间的在线货币支付、资金清算、查询统计等过程。

2.线下支付方式

线下支付区别于网上银行等线上支付，是指通过非互联网线上的方式对购买商品或服务所产生的费用进行的资金支付行为，包括 POS 机刷卡支付、拉卡拉等自助终端支付、电话支付、手机近端支付、电视支付等。

（三）第三方支付的行业分类及主流品牌

1.行业分类

目前，第三方支付机构主要有两种模式。

（1）金融型支付企业。金融型支付企业是以银联商务、快线、易宝支付、汇付天下、拉卡拉等为典型代表的独立第三方支付模式，是立足于企业端的金融型支付企业。

（2）互联网型支付企业。互联网型支付企业是以支付宝、财付通等为典型代表的依托于自有的电子商务网站并提供担保功能的第三方支付模式，以在线支付为主，是立足于个人消费者端的互联网型支付企业。

2. 主流品牌

第三方支付机构是最近几年出现的新的支付清算组织,目前,国内的第三方支付品牌,在支付市场互联网转接交易规模前三位的分别是支付宝、银联商务和财付通。

(四)第三方支付的交易流程

在第三方支付模式下,支付者必须在第三方支付机构平台上开立账户,向第三方支付机构平台提供信用卡信息或账户信息,在账户中"充值",通过支付平台将该账户中的虚拟资金划转到收款人的账户,完成支付行为。

1. 开户

支付机构为客户开立支付账户的,应当对客户实行实名制管理,登记并采取有效措施验证客户身份基本信息,按规定核对有效身份证件并留存有效身份证件复印件或者影印件,建立客户唯一识别编码,并在与客户业务关系存续期间采取持续的身份识别措施,确保有效核实客户身份及其真实意愿,不得开立匿名、假名支付账户。支付账户不得透支,不得出借、出租、出售,不得利用支付账户从事或者协助他人从事非法活动。

2. 账户充值

客户开户后,将银行卡和支付账户绑定。付款前,将银行卡中的资金转入支付账户,客户下单后,付款时,通过支付平台将自己支付账户中的虚拟资金划转到支付平台暂存,待客户收到商品并确认后,支付平台会将款项划转到商家的支付账户中,支付行为完成。

3. 交易时的身份认证

支付机构可以组合选用下列3类要素,对客户使用支付账户付款进行身份验证:①仅客户本人知悉的要素;②仅客户本人持有并特有的、不可复制或者不可重复利用的要素;③客户本人生理特征要素。

支付机构应当确保采用的要素相互独立,部分要素的损坏或者泄露不应导致其他要素损坏或者泄露。

(五)第三方支付机构及支付账户管理规定

(1)支付机构应根据客户身份对同一客户在本机构开立的所有支付账户进行关联管理,并按照要求对个人支付账户进行分类管理。

(2)支付机构办理银行账户与支付账户之间转账业务的,相关银行账户与支付账户应属于同一客户。

(3)因交易取消(撤销)、退货、交易不成功或者投资理财等金融类产品赎回等原因需要划回资金的,相应款项应当划回原扣款账户。

(4)支付机构应根据交易验证方式的安全级别,对个人客户使用支付账户余额付款的交易进行限额管理。

第七节　其他结算方式

一、汇兑

（一）汇兑的概念和分类

1. 汇兑

汇兑是指汇款人委托银行将其款项支付给收款人的结算方式。汇兑结算适用于各种经济内容的异地提现和结算，可以广泛用于同城、异地结算行为，单位、个人均可。

2. 分类

汇兑分为信汇（邮寄方式）和电汇（电报方式）两种。汇款人可以根据实际需要选择汇兑种类进行结算。

（二）办理汇兑的程序

1. 记载事项

根据《支付结算办法》的规定，签发办理汇兑必须记载以下事项。

（1）表明"信汇"或"电汇"的字样。

（2）无条件支付的委托。

（3）确定的金额。

（4）收款人名称。

（5）汇款人名称。

（6）汇入地点、汇入行名称。

（7）汇出地点、汇出行名称。

（8）委托日期。

（9）汇款人签章。

汇兑凭证记载的汇款人、收款人名称，其在银行开立存款账户的，必须记载其账号。汇款人和收款人均为个人，需要在汇入银行支取现金的，应在信、电汇凭证的汇款金额大写栏，先填写"现金"字样，后填写汇款金额。

2. 银行受理

汇出银行受理汇款人签发的汇兑凭证，经审查无误后，应及时向汇入银行办理汇款，并向汇款人签发汇款回单。汇款回单只能作为汇出银行受理汇款的依据，不能作为该笔汇款已转入收款人账户的证明。

3. 汇入处理

汇入银行对开立存款账户的收款人，应将汇入款项直接转入收款人账户，并向其发出收账通知。收账通知是银行将款项确已收入收款人账户的凭据。

（三）汇兑的撤销和退汇

1. 汇兑的撤销

汇款人对汇出银行尚未汇出的款项可以申请撤销。申请撤销时，应出具正式函件或本人身份证件及原信、电汇回单。汇出银行查明确未汇出款项的，收回原信、电汇回单，办理撤销。

2. 汇兑的退汇

退汇是汇款人对汇出银行已经汇出的款项申请退汇的行为。转汇银行或汇出银行对汇款的撤销或退汇。

对在汇入银行开立存款账户的收款人，由汇款人与收款人自行联系退汇；对未在银行开立存款账户的收款人，汇款人应出具正式函件或本人身份证件以及原信、电汇回单，汇出银行通知汇入银行，经汇入银行核实汇款确未支付，并将款项退回汇出银行，方可办理退汇。

汇入银行对于收款人拒绝接受的汇款，应立即办理退汇。汇入银行对于向收款人发出取款通知，经过 2 个月无法交付的汇款，应主动办理退汇。

二、委托收款

（一）委托收款的概念

委托收款是指收款人委托银行向付款人收取款项的结算方式。单位和个人凭已承兑的商业汇票、债券、存单等付款人债务证明办理款项的结算，均可以使用委托收款结算方式。委托收款在同城、异地均可以使用，其结算款项的划回方式分为邮寄和电报两种，由收款人选用。

（二）委托收款的记载事项

欠缺记载下列事项之一的，银行不予受理。

（1）表明"委托收款"的字样。

（2）确定的金额。

（3）付款人名称。

（4）收款人名称。

（5）委托收款凭据名称及附寄单证张数。

（6）委托日期。

（7）收款人签章。

委托收款人以银行以外的单位为付款人的，委托收款凭证必须记载付款人开户银行名称；以银行以外的单位或在银行开立存款账户的个人为收款人的，委托收款凭证必须记载收款人开户银行名称；以未在银行开立存款账户的个人为收款人的，委托收款凭证必须记载被委托银行名称。欠缺记载的，银行不予受理。

（三）委托收款的结算规定

1. 委托收款办理方法

（1）收款人办理委托收款应向银行提交委托收款凭证和有关的债务证明；银行接到寄来

的委托收款及债务证明,审查无误办理付款。

(2)以银行为付款人的,银行应在当日将款项主动支付给收款人。

(3)以单位为付款人的,银行通知付款人后,付款人应于接到通知当日书面通知银行付款。

(4)银行在办理划款时,付款人存款账户不能足额支付的,应通知被委托银行向收款人发出未付款项通知书。

2.委托收款注意事项

(1)付款人审查有关债务证明后,对收款人委托收取的款项有法定拒绝付款情形时,有权提出拒绝付款。

(2)收款人收取公用事业费,必须具有收付双方事先签订的经济合同,由付款人向开户银行授权,并经开户银行同意,报经中国人民银行当地分支行批准,可以使用同城特约委托收款。

三、托收承付

(一)托收承付的概念及基本要求

托收承付是指根据购销合同由收款人发货后委托银行向异地付款人收取款项,由付款人向银行承付的结算方式。

(二)托收承付的结算规定

1.托收承付凭证记载事项

(1)表明"托收承付"的字样。

(2)确定的金额。

(3)付款人的名称和账号。

(4)收款人的名称和账号。

(5)付款人的开户银行名称。

(6)收款人的开户银行名称。

(7)托收附寄单证张数和册数。

(8)合同名称、号码。

(9)委托日期。

(10)收款人签章。

2.托收承付的使用规定

(1)使用托收承付结算方式的收款单位和付款单位,必须是国有企业、供销合作社,以及经营管理较好,并经开户银行审查同意的城乡集体所有制工业企业。

(2)办理托收承付结算的款项,必须是商品交易以及因商品交易而产生的劳务供应的款项。代销、寄销、赊销商品的款项不得办理托收承付结算。收付双方使用托收承付结算方式必须签有符合《中华人民共和国合同法》的购销合同,并在合同上订明使用托收承付结算款项方式。

(3)托收承付结算每笔的金额起点为 10 000 元,新华书店系统每笔的金额起点为

1 000 元。

（三）托收承付的办理方法

1. 托收

收款人按照签订的购销合同发货后,应将托收凭证附发运凭证或其他符合托收承付结算的有关证明和交易单证送交银行。

收款人开户银行接到托收凭证及其附件后,应当按照托收的范围、条件和托收凭证记载的要求对其进行审查,必要时还应查验收、付款人签订的购销合同。

2. 承付

付款人开户银行收到托收凭证及其附件后,应当及时通知付款人。购货单位承付货款有验单承付和验货承付两种方式。

（1）验单承付的承付期为 3 天,从购货单位开户银行发出通知的次日算起（承付期内遇法定节假日顺延）。

（2）验货承付的承付期为 10 天,从运输部门向付款人发出提货通知的次日算起,付款人在承付期未向银行表示拒绝付款,银行即视作承付,在承付期满的次日上午将款项划给收款人。

付款方在承付期满后,如果银行账户内没有足够的资金承付货款,其不足部分作延期付款处理。延期付款部分要按一定比例支付给收款方赔偿金。待付款方账户内有款项支付时,由付款方开户银行将欠款及赔偿金一并划转给收款人。

四、国内信用证

（一）国内信用证的概念

国内信用证（简称"信用证"）是适用于国内贸易的一种支付结算方式,是开证银行依照申请人（购货方）的申请向受益人（销货方）开出的有一定金额、在一定期限内凭信用证规定的单据支付款项的书面承诺。

我国信用证为以人民币计价,不可撤销、不可转让的跟单信用证。不可撤销信用证,是指信用证开具后在有效期内,非经信用证各有关当事人（即开证银行、开证申请人和受益人）的同意,开证银行不得修改或者撤销的信用证;不可转让信用证,是指受益人不能将信用证的权利转让给他人的信用证。

（二）国内信用证的结算方式

国内信用证的结算方式只适用于国内企业之间商品交易产生的货款结算,并且只能用于转账结算,不得支取现金。

（三）国内信用证办理的基本程序

1. 开证

（1）申请开立信用证。开证申请人申请办理开证业务时,应当填具开证申请书,申请人须提交其与受益人签订的贸易合同。

（2）受理开证。银行与申请人在开证前应签订明确双方权利义务的协议。开证行可要求申请人交存一定数额的保证金,并可根据申请人资信情况要求其提供抵押、质押、保证等合法有效的担保。

（3）开证。开立信用证可以采用信开和电开方式。信开信用证,由开证行加盖业务用章寄送通知行,同时应视情况需要以双方认可的方式证实信用证的真实有效性;电开信用证,由开证行以数据电文发送通知行。信用证应使用中文开立,信用证应记载的基本条款包括:表明"国内信用证"的字样;开证申请人名称及地址;开证行名称及地址;受益人名称及地址;通知行名称;开证日期;信用证编号;不可撤销信用证;信用证有效期及有效地点;是否可转让;是否可保兑;是否可议付;信用证金额;付款期限;货物或服务描述;溢短装条款(如有);货物贸易项下的运输交货或服务贸易项下的服务提供条款;单据条款;交单期;信用证项下相关费用承担方;开证行保证文句;其他条款。

2.保兑

保兑是指保兑行根据开证行的授权或要求,在开证行承诺之外作出的对相符交单付款、确认到期付款或议付的确定承诺。

3.修改

开证申请人需对已开立的信用证内容修改的,应向开证行提出修改申请,明确修改的内容。信用证受益人同意或拒绝接受修改的,应提供接受或拒绝修改的通知。

4.通知

通知行可由开证申请人指定,如开证申请人没有指定,开证行有权指定通知行。通知行可自行决定是否通知。通知行同意通知的,应于收到信用证次日起3个营业日内通知受益人。

5.转让

转让是指由转让行应第一受益人的要求,将可转让信用证的部分或者全部转为可由第二受益人兑用。可转让信用证只能转让一次。

6.议付

议付是指可议付信用证项下单证相符或在开证行或保兑行已确认到期付款的情况下,议付行在收到开证行或保兑行付款前购买单据、取得信用证项下索款权利,向受益人预付或同意预付资金的行为。信用证未明示可议付,任何银行不得办理议付;信用证明示可议付,如开证行仅指定一家议付行,未被指定为议付行的银行不得办理议付,被指定的议付行可自行决定是否办理议付。受益人可对议付信用证在信用证交单期和有效期内向议付行提示单据、信用证正本、信用证通知书、信用证修改书正本及信用证修改通知书并填制交单委托书和议付申请书,请求议付。议付行在受理议付申请的次日起5个营业日内审核信用证规定的单据并决定议付的,办理议付。决定拒绝议付的,应及时告知受益人。

7.索偿

议付行将注明付款提示的交单面函(寄单通知书)及单据寄开证行或保兑行索偿资金。议付行议付时,必须与受益人书面约定是否有追索权。若约定有追索权,到期不获付款,议付行可向受益人追索。若约定无追索权,到期不获付款,议付行不得向受益人追索,议付行与受益人约定的例外情况或受益人存在信用证欺诈的情形除外。

8.寄单索款

受益人委托交单行交单,应在信用证交单期和有效期内填制信用证交单委托书,并提交单据和信用证正本及信用证通知书、信用证修改书正本及信用证修改通知书(如有)。交单行应在收单次日起5个营业日内对其审核相符的单据寄单并附寄一份交单面函(寄单通知书)。受益人直接交单时,应提交信用证正本及信用证通知书、信用证修改书正本及信用证修改通知书(如有)、开证行(保兑行、转让行、议付行)认可的身份证明文件。

9.付款

开证行或保兑行在收到交单行寄交的单据及交单面函(寄单通知书)或受益人直接递交的单据的次日起5个营业日内,及时核对是否为相符交单。单证相符或单证不符但开证行或保兑行接受不符点的,对即期信用证,应于收到单据次日起5个营业日内支付相应款项给交单行或受益人(受益人直接交单时,下同);对远期信用证,应于收到单据次日起5个营业日内发出到期付款确认书,并于到期日支付款项给交单行或受益人。若受益人提交了相符单据或开证行已发出付款承诺,即使申请人交存的保证金及其存款账户余额不足支付,开证行仍应在规定的时间内付款。开证行或保兑行审核单据发现不符并决定拒付的,应在收到单据的次日起5个营业日内一次性将全部不符点以电子方式或其他快捷方式通知交单行或受益人。

10.注销

注销是指开证行对信用证未支用的金额解除付款责任的行为。开证行、保兑行、议付行未在信用证有效期内收到单据的,开证行可在信用证逾有效期1个月后予以注销。其他情况下,须经开证行、已办理过保兑的保兑行、已办理过议付的议付行、已办理过转让的转让行与受益人协商同意,或受益人、上述保兑行(议付行、转让行)声明同意注销信用证,并与开证行就全套正本信用证收回达成一致后,信用证方可注销。

【职业能力判断与选择】

一、单项选择题

1.下列可以作为中介机构办理支付结算业务的是( )。
　　A.从事投资咨询服务的股份有限公司　　B.担保公司
　　C.证券公司　　　　　　　　　　　　　　D.银行

2.某出纳在10月20日填写支票的出票日期,下列填写正确的是( )。
　　A.零拾月零贰拾日　　　　　　　　　　B.零壹拾月贰拾日
　　C.零壹拾月零贰拾日　　　　　　　　　D.拾月贰拾日

3.下列存款账户中,可以用于办理现金支取的是( )。
　　A.证券交易结算资金专用存款账户　　　B.一般存款账户
　　C.信托基金专用存款账户　　　　　　　D.临时存款账户

4.张某因采购货物签发一张票据给王某,胡某从王某处窃取该票据,陈某明知胡某系窃取所得但仍受让该票据,并将其赠与不知情的黄某,下列取得票据的当事人中,享有票据权利的是(   )。

    A. 王某   B. 胡某

    C. 陈某   D. 黄某

  5. 下列选项中,表述不正确的是(   )。

    A.《票据法》根据不同情况,将票据权利时效划分为 2 年、6 个月、3 个月

    B. 持票人对支票出票人的权利,自出票日起 6 个月内不行使而消灭

    C. 见票即付的汇票、本票自出票日起 3 个月内不行使而消灭

    D. 持票人对前手的再追索权,自清偿日或者被提起诉讼之日起 3 个月内不行使而消灭

  6. A 公司向 B 公司开具一张出票日期为 2018 年 6 月 5 日,金额为 5 万元,见票后 3 个月到期的银行承兑汇票。6 月 10 日,A 公司向其开户银行提示承兑,银行于当日承兑。6 月 11 日,A 公司将票据交付给 B 公司。7 月 10 日,B 公司将该票据背书转让给 C 公司。9 月 12 日,C 公司请求承兑银行付款时,银行以 A 公司账户内只有 5 000 元为由拒绝付款。C 公司遂要求 B 公司付款,B 公司于 9 月 15 日向 C 公司付清了全部款项。根据票据法律制度的规定,B 公司向 A 公司行使再追索权的期限为(   )。

    A. 2018 年 12 月 5 日之前   B. 2018 年 12 月 15 日之前

    C. 2020 年 6 月 5 日之前   D. 2020 年 9 月 10 日之前

  7. 乙公司在与甲公司交易中获得 300 万元的汇票一张,付款人为丙公司。乙公司请求承兑时,丙公司在汇票上签注:"承兑,甲公司款到后支付。"根据票据法律制度的规定,下列关于丙公司付款责任的表述中,正确的是(   )。

    A. 丙公司已经承兑,应承担付款责任

    B. 应视为丙公司拒绝承兑,丙公司不承担付款责任

    C. 甲公司给丙公司付款后,丙公司才承担付款责任

    D. 按甲公司给丙公司付款的多少确定丙公司应承担的付款责任

  8. 根据票据法律制度的规定,以下票据的付款人不是银行的是(   )。

    A. 支票   B. 商业承兑汇票

    C. 银行汇票   D. 银行本票

  9. 根据支付结算法律制度的规定,下列使用单位人民币卡的做法符合支付结算法律制度规定的是(   )。

    A. 甲公司从基本存款账户向本单位人民币卡账户转账存入 100 万元

    B. 乙公司要求客户将销货款 1 万元直接汇入乙公司单位人民币卡账户

    C. 丙公司财务人员为结算方便,经公司领导批准将公司单位人民币卡账户中的资金 2 万元转入本人的个人银行卡账户

    D. 丁公司决定不再使用单位人民币卡,于是将其销户,并将其中的资金转入本单位在该银行开立的一般存款账户

  10. 根据支付结算法律制度的规定,关于第三方支付的说法中,错误的是(   )。

    A. 线上支付是指通过互联网实现的用户和商户、商户和商户之间在线货币支付、资

　金清算、查询统计过程

　　B. 目前第三方支付机构主要有金融型支付企业和互联网型支付企业两类模式

　　C. 在第三方支付模式下,支付者必须在第三方支付机构平台上开立账户

　　D. 第三方平台结算支付模式的资金划拨是在平台内部进行的,此时划拨的是实际的资金

11. 下列关于汇兑的表述中,不符合法律规定的是( )。

　　A. 单位和个人各种款项的结算,均可使用汇兑结算方式

　　B. 汇款回单作为该笔汇款已转入收款人账户的证明

　　C. 汇款人对汇出银行尚未汇出的款项可以申请撤销

　　D. 汇兑分为信汇、电汇两种

12. 根据支付结算法律制度的规定,下列关于结算纪律的表述中,正确的是( )。

　　A. 银行办理支付结算,不得以任何理由压票

　　B. 单位和个人办理支付结算,不得以任何理由拒绝付款

　　C. 银行办理支付结算,可以在支付结算制度之外附加条件

　　D. 单位和个人办理支付结算,可以签发无资金保证的票据

13. 张某3月1日向银行申请了一张贷记卡,6月1日取现2 000元,对张某的这个做法,说法正确的是( )。

　　A. 张某取现2 000元符合法律规定

　　B. 张某取现2 000元可享受免息还款期

　　C. 张某需要向银行交存一定金额的备用金

　　D. 张某取现2 000元可享受最低还款额

14. 下列关于票据背书的说法中,不正确的是( )。

　　A. 部分背书属于无效背书

　　B. 背书时附有条件的,所附条件不具有票据上的效力

　　C. 非转让背书包括委托收款背书和质押背书

　　D. 超过提示付款期限的票据,持票人作出说明后可以背书转让

15. 根据支付结算法律制度的规定,下列各项中,属于存款人在开立一般存款账户之前必须开立的账户是( )。

　　A. 基本存款账户　　　　　　　　　B. 单位银行卡账户

　　C. 专用存款账户　　　　　　　　　D. 临时存款账户

16. 根据支付结算法律制度的规定,下列选项中,不属于存款人在异地开立单位银行结算账户需要的证明文件是( )。

　　A. 出具开立基本存款账户、一般存款账户、专用存款账户和临时存款账户规定的证明文件

　　B. 存款人因向银行借款需要,应出具借款合同

　　C. 异地借款的存款人在异地开立一般存款账户的,应出具在异地取得贷款的借款合同

D. 因经营需要在异地办理收入汇缴和业务支出的存款人在异地开立专用存款账户的,应出具隶属单位的证明

二、多项选择题

1. 甲公司 2021 年 6 月 1 日向银行贷款 1 000 万元,约定分 10 年偿还,每年 6 月 1 日偿还 100 万元,共偿还 10 年。2022 年 7 月 1 日,甲公司还没有向银行偿还第一期应还的贷款,A 银行从甲公司的账户中划出了 100 万元到自己的账户中,并通知甲公司第一期的还款金额已经扣划完毕。上述例子涉及的支付结算的原则有( )。

A. 恪守信用,履约付款
B. 谁的钱进谁的账,由谁支配
C. 银行不垫款
D. 市场导向

2. 根据支付结算法律制度的规定,下列表述中正确的有( )。

A. 出票金额、出票日期、收款人名称不得更改,更改的票据无效
B. 票据金额以中文大写和阿拉伯数字同时记载,两者必须一致,不一致的票据无效
C. 票据的出票日期必须使用中文大写
D. 票据上的签章和其他记载事项应当真实,不得伪造、变造

3. 根据支付结算法律制度的规定,下列关于票据权利的说法中正确的有( )。

A. 票据权利包括付款请求权和追索权
B. 行使付款请求权的持票人可以是票据记载的收款人或最后的被背书人
C. 担负付款请求权付款义务的主要是主债务人
D. 票据追索权是第二顺序权利

4. 根据支付结算法律制度的规定,票据或粘单未记载下列事项,保证人仍需承担保证责任的有( )。

A. 保证人签章
B. 保证日期
C. 被保证人名称
D. "保证"字样

5. 甲公司签发一张银行承兑汇票给乙公司,由 A 银行承兑,A 银行在票据上注明"若票据到期时甲公司存款不足支付票款,本银行不予付款"。该票据由丙公司提供保证,但丙公司未记载保证日期。票据到期前乙公司将该票据背书转让给了丁公司。票据到期的第二天,丁公司持该票据向 A 银行提示付款时,A 银行以甲公司账户余额不足为由拒绝付款,则丁公司可以依《票据法》向( )追索。

A. 甲公司
B. 乙公司
C. 丙公司
D. A 银行

6. 根据《票据法》的规定,被追索人在向持票人支付有关金额及费用后,可以向其他汇票债务人行使再追索权。下列各项中,属于被追索人可请求其他汇票债务人清偿的款项有( )。

A. 被追索人已清偿的全部金额
B. 被追索人发出追索通知书的费用
C. 被追索人已清偿的全部利息

D.持票人因票据金额被拒绝支付而导致的利润损失

7.根据支付结算法律制度的规定,下列选项中说法正确的有(   )。

A.出票银行对于转账银行汇票的退款,可以退付现金也可以转入原申请人账户

B.出票银行对于转账银行汇票的退款,只能转入原申请人账户

C.对于符合规定填明"现金"字样银行汇票的退款,可以退付现金

D.申请人缺少解讫通知要求退款的,出票银行应于银行汇票提示付款期满1个月后办理

8.在我国,商业承兑汇票的出票人必须符合的条件包括(   )。

A.是在银行开立存款账户的法人及其他组织

B.与付款人具有真实的委托付款关系

C.必须具有法人资格

D.具有支付汇票金额的可靠资金来源

9.根据《票据法》的规定,下列关于本票的表述中正确的有(   )。

A.到期日是本票的绝对应记载事项

B.我国本票仅限于银行本票

C.本票是由出票人本人对持票人付款的票据

D.本票不可以用于提现

10.下列关于银行卡账户及交易管理要求的表述中正确的有(   )。

A.单位人民币卡账户的资金一律从其基本存款账户转账存入

B.单位外币卡账户的资金应从其单位的外汇账户转账存入

C.单位人民币卡账户不得存取现金

D.单位人民币卡账户可以存入销货收入

11.根据支付结算法律制度的规定,下列有关委托收款的表述中正确的有(   )。

A.委托收款是收款人委托银行向付款人收取款项的结算方式

B.委托收款在同城、异地均可使用

C.银行在办理划款时,发现付款人存款账户不足支付的,应通过被委托银行向收款人发出未付款通知书

D.付款人应当于接到通知的当日书面通知银行付款,如果付款人未在发出通知的次日起3日内通知银行付款的,视为同意付款

12.根据规定,下列有关预付卡的表述中,正确的有(   )。

A.记名预付卡可挂失,可赎回,另有规定的除外,不得设置有效期

B.一次性充值金额3 000元以上的,不得使用现金

C.单位购买的记名预付卡,只能由单位办理赎回

D.超过有效期尚有资金余额的预付卡,可通过延期、激活、换卡等方式继续使用

13.2018年7月19日,甲银行将一张由乙银行承兑的银行承兑汇票转贴现给丙银行,并指定B金融机构(经中国人民银行批准经营贷款业务)做保证增信行。票据到期后,丙银行向乙银行提示付款,未经乙银行付款确认,乙银行拒绝付款。假定不考虑其他因素,则可能

对持有该票据的丙银行进行偿付的有(　　)。

　　A.公司　　　　B.金融机构　　　　　　C.甲银行　　　　　D.乙银行

14.根据支付结算法律制度的规定,下列关于银行结算账户开立、变更和撤销的说法正确的有(　　)。

　　A.开立银行结算账户,银行应建立存款人预留签章卡片

　　B.存款人更改名称但不改变开户银行及账号的,应于5个工作日内书面通知开户银行

　　C.存款人迁址应办理银行结算账户的撤销

　　D.对按规定应撤销而未办理销户手续的单位银行结算账户,银行应通知存款人,自发出通知之日起30日内到开户银行办理销户手续

15.甲公司向乙公司签发一张以乙公司为收款人的汇票,已由丁公司承兑,乙公司将其背书转让给丙公司,丙公司向承兑人丁公司提示付款,但承兑人丁公司拒绝付款且未向丙公司出具拒绝证明。丙公司未能按期向前手出示拒绝证明,则可能发生的法律后果有(　　)。

　　A.丙公司丧失对其前手的追索权

　　B.丙公司并未丧失对其前手的追索权,但因此而造成其前手的损失,丙公司应负赔偿责任

　　C.承兑人丁公司仍应当对丙公司承担责任

　　D.承兑人丁公司不再对丙公司承担责任,丙公司只能向出票人行使追索权

16.根据票据法律制度的规定,下列各项中说法正确的有(　　)。

　　A.银行汇票的出票人为银行

　　B.银行本票的出票人为申请出票的企业

　　C.支票的出票人,为在银行开立支票存款账户的企业、其他组织和个人

　　D.商业承兑汇票的付款人是合同中应给付款项的一方当事人,也是该汇票的承兑人

三、不定项选择题

1.2022年3月4日,甲公司为履行与乙公司的货物买卖合同,签发一张商业汇票交付乙公司。汇票收款人为乙公司,由Q银行承兑,到期日为9月4日。7月9日,乙公司财务人员不慎将该汇票丢失,于当日同时申请挂失止付和公示催告。7月10日,法院通知Q银行停止支付并发出公告,公告期限为自公告之日起60日。丙公司法定代表人张某捡到该汇票并自行在票据上记载丙公司为被背书人。9月5日,丙公司向Q银行提示付款。

要求:根据上述资料,不考虑其他因素,分析回答下列小题。

(1)Q银行承兑汇票时,应当在汇票的正面记载的事项是(　　)。

　　A.Q银行住所　　　　　　　　　　B."承兑"字样

　　C.承兑日期　　　　　　　　　　　D.Q银行签章

(2)下列当事人中,属于该汇票债务人的是(　　)。

　　A.乙公司　　　　B.甲公司　　　　　C.丙公司　　　　　D.Q银行

(3)乙公司申请挂失止付,挂失止付通知书应记载的事项是(　　)。

A. 乙公司的名称、营业场所或者住所以及联系方式

B. 该汇票的种类、号码、金额

C. 该汇票丧失的时间、地点、原因

D. 该汇票出票日期、付款日期、收款人名称、付款人名称

(4)关于该汇票付款责任的下列表述中,正确的是(　　)。

A. 丙公司是持票人,Q 银行应予付款

B. Q 银行收到人民法院发出的止付通知,应当立即停止支付

C. 若公示催告期间无人申报,由法院作出除权判决并公告后,Q 银行应向乙公司付款

D. 若在公示催告期间内,Q 银行擅自解付,则不免除票据责任

2. 甲公司成立于 2022 年 5 月 18 日,法定代表人为李某。6 月 5 日,甲公司财务人员张某持有关资料到 Q 银行开立基本存款账户。8 月 6 日,甲公司从乙公司购进一批价值 260 万元的货物,采用支票方式付款。甲公司为丙网络支付机构的特约商户,双方签订的银行卡受理协议中约定,按照交易金额 0.05%、单笔 20 元封顶的标准收取信用卡结算手续费。2018 年 12 月 1 日,甲公司的客户张某持 Q 银行发放的信用卡在甲公司的网店刷卡消费两笔,一笔为 50 000 元,另外一笔为 3 000 元。

要求:根据上述资料,不考虑其他因素,分析回答下列小题。

(1)下列各项支出中可以通过甲公司在 Q 银行开立基本存款账户办理的是(　　)。

A. 发放职工工资　　　　　　　　B. 支取现金

C. 支付货款　　　　　　　　　　D. 偿还借款

(2)甲公司向乙公司签发支票,其在支票上的签章是(　　)。

A. 甲公司的财务专用章加李某的签名或盖章

B. 甲公司的业务专用章加李某的签名或盖章

C. 甲公司的财务专用章加张某的签名或盖章

D. 甲公司的业务专用章加张某的签名或盖章

(3)下列各项中,属于甲公司向乙公司签发支票必须记载的事项是(　　)。

A. 收款人乙公司　　　　　　　　B. 付款人 Q 银行

C. 支票金额 260 万元　　　　　　D. 出票人甲公司签章

(4)甲公司的客户通过网店刷卡消费两笔共 53 000 元的款项,甲公司实际到账金额是(　　)。

A. 52 978.50 元　　　　　　　　B. 52 973.50 元

C. 52 975.00 元　　　　　　　　D. 53 000.00 元

四、判断题

1. 存款人只能在注册地开立一个基本存款账户,不得异地开立银行结算账户。(　　)

2. 预算单位使用财政性资金,应当向财政部门提出设立零余额账户的申请,财政部门同意预算单位开设零余额账户后,通知申请人。(　　)

3. 票据是"金钱债权证券",即票据上体现的权利性质是财产权而不是其他权利,财产权的内容是请求支付一定的金钱和物品。（　　）

4. 行使追索权的当事人除票据记载的收款人和最后的被背书人外,还可能是代为清偿票据债务的保证人、背书人。（　　）

5. 支票的出票人于 2021 年 9 月 9 日出票时,在票面上记载"到期日为 2021 年 9 月 18 日",该记载有效。（　　）

6. 根据现行政策,取消信用卡滞纳金的规定,对持卡人违约逾期未还款的行为,发卡机构应与持卡人通过协议约定是否收取违约金,以及相关收取方式和标准。（　　）

7. 特约商户,是指与收单机构签订银行卡受理协议、按约定受理银行卡并委托收单机构为其完成交易资金结算的企事业单位、个体工商户或其他组织,以及按照国家工商管理机关有关规定,开展网络商品交易等经营活动的企业法人。（　　）

8. 网银中心根据签约柜台核实后的邮件(传真件),进行申请的初审和复审。（　　）

9. 已开立的信用证内容不可修改,修改的信用证无效。（　　）

10. 预付卡按是否记载持卡人身份信息分为磁条卡、芯片(IC)卡。（　　）

11. 为了购卡人结算方便,可以通过信用卡购买预付卡。（　　）

12. 根据规定,单位或个人签发空头支票或者签发与其预留的签章不符的支票,不以骗取财物为目的,由中国人民银行处以票面金额 5% 但不低于 2 000 元的罚款;持票人有权要求出票人赔偿支票金额 2% 的赔偿金。（　　）

第三章 税收法律制度

【思维导图】

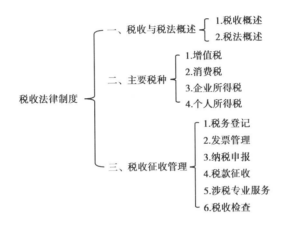

【学习目标】

1. 了解税收的概念及其分类。

2. 了解税法及其构成要素。

3. 掌握增值税、消费税、企业所得税和个人所得税的相关原理及应纳税额的计算。

4. 了解个人所得税专项附加扣除的具体规定。

5. 熟悉税收征管的具体规定,包括税务登记管理、发票的要求、纳税申报及方式、税款征收方式等规定。

【案例导入】

2016 年 5 月 18 日,甲市国税稽查局接到举报信,举报乙市某服装厂自 2012 年 6 月 1 日起到甲市设立临时销售点,销售本厂生产的产品,取得大量销售收入,未申报纳税。接到举报后,甲市国税稽查局决定立案调查。2016 年 5 月 27 日,由甲市国税稽查局 3 名稽查人员和 2 名法院的工作人员组成检查组,对该销售点进行税务稽查。经检查发现,该销售点自设立以来在甲市未办理任何有关税务登记的手续,自 2012 年 8 月起,该销售点由李斌承包经营,承包人李斌也未向税务机关报告有关承包经营的情况。检查期间,由于该销售点拒绝提供有关资料,所以检查组采用核定应纳税额的方法确定该销售点的应纳税额为 80 000 元。

同时,检查组认为该纳税人有逃避纳税义务的嫌疑,决定查封该销售点负责人李斌在甲市购买的普通住房。由于李斌在甲市无其他住所,检查组允许李斌暂时居住在被查封的住房里。请问,该销售点存在哪些违反税法的行为?税务机关对销售点采取核定应纳税额的方式来确定其应纳税额是否正确?税务机关的税收保全措施是否恰当?

第一节　税收与税法概述

一、税收概述

(一)税收的概念与作用

1. 税收的概念

税收是国家为了实现其职能,凭借政治权力,按照国家法律规定,对纳税人强制、无偿地取得财政收入的一种特定分配方式。

税收的概念包括以下含义。

(1)税收与国家存在直接联系,两者密不可分。税收是国家机器赖以生存并实现其职能的物质基础。

(2)税收是一个分配范畴,是国家参与并调节国民收入分配的一种手段,是国家财政收入的主要形式。

(3)税收是国家在征税过程中形成的一种特殊分配关系,即以国家为主体的分配关系,因而税收的性质取决于社会经济制度的性质。

2. 税收的作用

税收的作用是税收职能在一定经济条件下的外在表现。在不同的历史阶段,税收职能发挥着不同的作用。在现阶段,税收的作用主要表现在以下4个方面。

(1)税收是国家组织财政收入的主要形式。税收在保证和实现财政收入方面起着重要的作用。税收具有强制性、无偿性和固定性,因而能保证收入的稳定;同时,税收的征收十分广泛,能从多方面筹集财政收入。

(2)税收是国家调控经济运行的重要手段。国家通过税种的设置以及在税目、税率、加成征收或减免税等方面的规定,可以调节社会生产、交换、分配和消费,促进社会经济的健康发展。

(3)税收具有维护国家政权的作用。国家政权是税收产生和存在的必要条件,而国家政权的存在又依赖于税收的存在。没有税收,国家机器就不可能有效运转。同时,税收分配不是按照等价原则和所有权原则分配的,而是凭借政治权力对物质利益进行调节,体现国家支持什么、限制什么,从而达到维护和巩固国家政权的目的。

(4)税收是国际经济交往中维护国家利益的可靠保证。由于税收管辖权是国家主权的组成部分,是国家权益的重要体现,所以在对外交往中,税收还具有维护国家权益的重要作用。

(二)税收的特征

税收与其他财政收入形式相比,具有强制性、无偿性和固定性 3 个特征。这就是所谓的税收"三性",它是税收本身所固有的。

(三)税收的分类

1. 按征税对象分类

税收按征税对象分类,可分为流转税类、所得税类、财产税类、资源税类和行为税类 5 种类型。

(1)流转税类。流转税类是以商品生产流转额和非商品生产流转额为课税对象征收的税类。由此可见,流转税类所指的课税对象非常广泛,涉及的税种也很多。但流转税类都具有一个基本特点,即在生产经营及销售环节征收,收入不受成本费用变化的影响,而对价格变化较为敏感。我国现行税制中属于流转税类的税种主要有增值税、消费税和关税。

(2)所得税类。所得税类也称收益税,是指以各种所得额为课税对象的税类。所得税类的特点是征税对象不是一般收入,而是总收入减去各种成本、费用及其他允许扣除项目以后的应纳税所得额;征税数额受成本、费用和利润高低的影响较大。我国现行税制中属于所得税类的税种有企业所得税和个人所得税。

(3)财产税类。财产税类是以纳税人拥有的财产数量或财产价值为征税对象的税类。对财产的征税,更多地考虑到纳税人的负担能力,有利于公平税负和缓解财富分配不均的现象,有利于发展生产,限制消费和合理利用资源。这类税种的特点是税收负担与财产价值、数量关系密切,能体现调节财富、合理分配的原则。我国现行的房产税、城市房地产税、车船税、城镇土地使用税都属于这一类。

(4)资源税类。资源税类是以自然资源和某些社会资源为征税对象的税类。资源税类的征收阻力小,其税源比较广泛,因而合理开征资源税,既有利于财政收入的稳定增长,也有利于合理开发和利用国家的自然资源和某些社会资源。这类税收的特点是税负高低与资源级差收益水平关系密切,征税范围的选择比较灵活。我国现行税制中属于资源税类的税种有资源税、土地增值税和城镇土地使用税等。

(5)行为税类。行为税类也称特定行为目的税类,它是国家为了实现某种特定的目的,以纳税人的某些特定行为为征税对象的税种。开征行为税类的主要目的在于根据一定时期的客观需要,限制某些特定的行为。这类税种的特点是征税的选择性较为明显,税种较多,并有着较强的时效性,有的还具有因时、因地制宜的特点。我国现行税制中属于行为税类的税种有印花税、城市维护建设税、车辆购置税等。

2. 按征收管理的分工体系分类

税收按照征收管理的分工体系分类,可分为工商税类和关税类。

(1)工商税类。工商税类由税务机关负责征收管理。工商税类是指以从事工业、商业和服务业的单位和个人为纳税人的各税种的总称,是我国现行税制的主体部分。其具体包括增值税、消费税、资源税、企业所得税、个人所得税、城市维护建设税、房产税、车船税、土地增值税、城镇土地使用税和印花税等税种。工商税类的征收范围较广,既涉及社会再生产的各个环节,也涉及生产、流通、分配和消费的各个领域,占税收总额的比重超过90%以上,是筹集国家财政收入、调节宏观经济最主要的工具。

(2)关税类。关税类的税种由海关负责征收管理。关税是对进出境的货物、物品征收的税种的总称,主要是指进出口关税以及对入境旅客行李物品和个人邮递物品征收的进口税,不包括由海关代征的进口环节增值税、消费税和船舶吨税。关税是中央财政收入的重要来源,也是国家调节进出口贸易的主要手段。

3.按照计税标准不同分类

税收按照计税标准的不同进行分类,可分为从价税、从量税和复合税。

(1)从价税。从价税是以征税对象价格为计税依据,其应纳税额随货物价格的变化而变化的一类税。目前,世界各国实行的大部分税种都属于从价税,我国现行税制中的增值税、房产税等税种都属于从价税。从价税实行比例税率和累进税率,直接受价格变动影响,税收负担比较合理,有利于体现国家的经济政策。

(2)从量税。从量税是以征税对象的数量、重量和体积等作为计税依据,其征税数额只与征税对象数量等相关,而与货物价格无关的一类税,如资源税、车船税和城镇土地使用税。从量税实行定额税率,不受征税对象价格变动的影响,税负水平较为固定,计算简便。

(3)复合税。复合税又称混合税,是对某一货物或物品既征收从价税又征收从量税,即采用从量税和从价税同时征收的一种方法。复合税可以分为两种:一种是以从量税为主加征从价税;另一种是以从价税为主加征从量税。我国消费税中的卷烟和粮食白酒、薯类白酒就属于复合税。

二、税法概述

(一)税法的概念

税法即税收法律制度,是调整税收关系的法律规范的总称,是国家法律的重要组成部分。它是以宪法为依据,调整国家与社会成员在征纳税上的权利与义务关系,维护社会经济秩序和纳税秩序,保障国家利益和纳税人合法权益的法律规范,是国家税务机关及一切纳税单位和个人依法征税、依法纳税的行为规则。

(二)税法的分类

1.按照税法功能作用的不同分类

按照税法功能作用的不同,将税法分为税收实体法和税收程序法。

(1)税收实体法。税收实体法主要是指确定税种立法,具体规定各税种的征收对象、征收范围、税目、税率和纳税地点等。

提示

《中华人民共和国个人所得税法》(以下简称《个人所得税》)就属于税收实体法。

(2)税收程序法。税收程序法是指税务管理方面的法律,主要包括税收管理法、纳税程序法、发票管理法、税务机关组织法和税务争议处理法等。

提示

《税收征收管理法》《中华人民共和国海关法》《中华人民共和国进出口关税条例》均属

于税收程序法。

2.按照主权国家行使税收管辖权的不同分类

按照主权国家行使税收管辖权的不同,可分为国内税法、国际税法和外国税法。

(1)国内税法。国内税法是指一国在其税收管辖权范围内,调整国家与纳税人之间权利与义务关系的法律规范的总称,是由国家立法机关和经由授权或依法律规定的国家行政机关制定的法律、法规和规范性文件。

(2)国际税法。国际税法是指两个或两个以上的课税权主体对跨国纳税人的跨国所得或财产征税形成的分配关系,并由此形成国与国之间的税收分配形式,主要包括双边或多边国家间的税收协定、条约和国际惯例等。

(3)外国税法。外国税法是指外国各个国家制定的税收法律制度。

3.按照税法法律级次的不同分类

按照税法法律级次的不同,可分为税收法律、税收行政法规、税收规章和税收规范性文件。

(1)税收法律。税收法律是由全国人民代表大会及其常务委员会制定的,其法律地位和法律效力仅次于宪法,而高于法规、规章和规范性文件。

提示

《中华人民共和国企业所得税法》(以下简称《企业所得税法》)和《税收征收管理法》属于税收法律。

(2)税收行政法规。税收行政法规是由国务院根据有关法律制定的,效力低于宪法、税收法律,但高于税收规章,其具体形式主要是条例或暂行条例。

提示

《中华人民共和国增值税暂行条例》(以下简称《增值税暂行条例》)属于税收法规。

(3)税收规章和税收规范性文件。税收规章和税收规范性文件是指国务院财税主管部门(财政部、国家税务总局、海关总署和国务院关税税则委员会)根据法律和国务院行政法规或者规范性文件的要求,在本部门权限范围内发布的有关税收事项的规章和规范性文件,包括命令、通知、公告、通告、批复、意见、函等文件形式。

提示

《税务行政复议规则》《税务代理试行办法》《中华人民共和国增值税暂行条例实施细则》为税收规章,《增值税专用发票使用规定》为税收规范性文件。

(三)税法的构成要素

税法要素,是指各种单行税法具有的共同的基本要素的总称。在税法体系里,既包括实体法,也包括程序法。税法要素一般包括纳税义务人、征税对象、税目、税率、计税依据、纳税环节、纳税期限、纳税地点、税收优惠和法律责任等。

1.纳税义务人

纳税义务人简称纳税人,是指依法直接负有纳税义务的法人、自然人和其他组织。

与纳税人相联系的另一个概念是扣缴义务人。扣缴义务人是税法规定的,在其经营活动中负有代扣税款并向国库缴纳义务的单位。扣缴义务人必须按照税法规定代扣税款,并在规定期限缴入国库。

2. 征税对象

征税对象又称课税对象,是纳税的客体。它是指税收法律关系中权利义务所指的对象,即对什么征税。不同的征税对象又是区别不同税种的重要标志。

3. 税目

税目是税法中具体规定应当征税的项目,是征税对象的具体化。规定税目的目的有:①明确征税的具体范围;②对不同的征税项目加以区分,从而制定高低不同的税率。

4. 税率

税率,是指应征税额与计量金额(或数量单位)之间的比例,是计算税额的尺度,税率的高低直接体现国家的政策要求,直接关系到国家财政收入和纳税人的负担程度,是税收法律制度中的核心要素。税率主要有以下类型。

(1)比例税率。比例税率,是指对同一征税对象,不论其数额大小,均按同一个比例征税的税率,税率本身是应征税额与计税金额之间的比例。这里所说的比例税率是相对累进税率、定额积率而言。在比例税率中根据不同的情况又可划分为不同的征税比例,有行业比例税率、产品比例税率、地区差别比例税率,有免征额的比例税率、分析比例税率和幅度比例税率等。

(2)累进税率。累进税率是根据征税对象数额的逐渐增大,按不同等级逐步提高的税率,即征税对象数额越大,税率越高。累进税率又分为全额累进税率、超额累进税率和超率累进税率三种。

全额累进税率是按征税对象数额的逐步递增划分若干等级,并按等级规定逐步提高的税率。征税对象的金额达到哪一个等级,全部按相应的税率征税。目前,我国的税收法律制度中已不采用这种税率。

超额累进税率是将征税对象数额的逐步递增划分为若干等级,按等级规定相应的递增税率,对每个等级分别计算税额。

超率累进税率是按征税对象的某种递增比例划分若干等级,按等级规定相应的递增税率,对每个等级分别计算税额。我国的土地增值税采用这种税率。

(3)定额税率。定额税率又称固定税额,是指按征税对象的一定单位直接规定固定的税额,而不采取百分比的形式。

5. 计税依据

计税依据,是指计算应纳税额的依据或标准,即根据什么来计算纳税人应缴纳的税额。一般有两种:一是从价计征;二是从量计征。从价计征,是以计税金额为计税依据。从量计征,是以征税对象的重量、体积、数量等为计税依据。

6. 纳税环节

纳税环节主要是指税法规定的征税对象在从生产到消费的流转过程中应当缴纳税款的环节。

7. 纳税期限

纳税期限,是指纳税人的纳税义务发生后应依法缴纳税款的期限,包括纳税义务发生时间、纳税期限和缴库期限。规定纳税期限是为了及时保证国家财政收入的实现,也是税收强制性和固定性的体现。税法中,根据不同的情况规定不同的纳税期限,纳税人必须在规定的纳税期限内缴纳税款。

8.纳税地点

纳税地点,是指根据各税种的纳税环节和有利于对税款的源泉控制而规定的纳税人(包括代征、代扣、代缴义务人)的具体申报缴纳税收的地方。

9.税收优惠

税收优惠,是指国家对某些纳税人和征税对象给予鼓励和照顾的一种特殊规定。制定这种特殊规定,一方面是为了鼓励和支持某些行业或项目的发展;另一方面是为了照顾某些纳税人的特殊困难。税收优惠主要包括以下内容。

(1)减税和免税。减税是指对应征税款减少征收部分税款。免税是指对按规定应征收的税款给予免除。减税和免税具体又分两种情况:一种是税法直接规定的长期减免税项目;另一种是依法给予的一定期限内的减免税措施,期满之后仍依规定纳税。

(2)起征点。起征点也称征税起点,是指对征税对象开始征税的数额界限。征税对象的数额没有达到规定起征点的不征税;达到或超过起征点的,就其全部数额征税。

(3)免征额。免征额,是指对征税对象总额中免予征税的数额,即对纳税对象中的一部分给予减免,只就减除后的剩余部分计征税款。

10.法律责任

法律责任,是指对违反国家税法规定的行为人采取的处罚措施,一般包括违法行为和因违法而应承担的法律责任两部分内容。这里讲的违法行为是指违反税法规定的行为,包括作为和不作为。税法中的法律责任包括行政责任和刑事责任。纳税人和税务人员违反税法规定,都将依法承担法律责任。

第二节　主要税种

一、增值税

(一)增值税的概念及分类

1.增值税的概念

增值税是对在我国境内销售货物或者提供加工、修理修配劳务、销售服务、无形资产、不动产以及进口货物的单位和个人,就其取得的增值额为征税对象征收的一种税。2016年5月1日起,全面推开营业税改征增值税试点工作后,其征税范围除了销售货物、提供加工、修理修配劳务和进口货物外,还包括提供交通运输服务、邮政服务、电信服务、建筑服务、金融服务、现代服务、生活服务(以下简称"应税服务")和销售无形资产、不动产的行为。

从计税原理而言,增值税是对商品生产和流通各环节的新增价值或商品附加值进行征税,故称为"增值税"。然而,在税收征管实际中,由于新增价值或商品附加值在商品流转过程中是一个难以准确计算的数据,因此,实行增值税的国家或地区一般都采用间接计算办法,即:从事货物、无形资产、不动产销售以及提供应税劳务、服务的纳税人,要根据货物、无形资产、不动产、劳务或应税服务的销售额,按照规定的税率计算税款,然后从中扣除外购商品、无形资产、不动产或劳务、服务的已纳税款,其余额即为纳税人应缴纳的增值税税款。这种计算办法同样体现了对新增价值征税的原则。

2. 增值税的分类

根据对外购固定资产所含税金扣除方式的不同,增值税可以分为生产型增值税、收入型增值税和消费型增值税。

(1)生产型增值税。生产型增值税是指在征收增值税时,只能扣除属于非固定资产项目的那部分生产资料的税款,不允许扣除外购固定资产价值中所含有的税款。

提示

生产型增值税的征税对象大体上相当于国民生产总值,因此称为生产型增值税。

(2)收入型增值税。收入型增值税是指在征收增值税时,只允许扣除固定资产折旧部分所含的税款,未提折旧部分不得计入扣除项目金额。

提示

收入型增值税的征税对象大体上相当于国民收入,因此称为收入型增值税。

(3)消费型增值税。消费型增值税是指在征收增值税时,允许将固定资产价值中所含的税款全部一次性扣除。就整个社会而言,生产资料被排除在征税范围之外。

提示

消费型增值税的征税对象仅相当于社会消费资料的价值,因此称为消费型增值税。2008 年 11 月 5 日,国务院常务会议决定,自 2009 年 1 月 1 日起,在全国所有地区、所有行业实行消费型增值税。

(二)增值税的特征

1. 不重复征税

增值税实行税款抵扣制度,在计算企业应纳税额时,要扣除商品在以前生产环节已负担的税款,也就是只对属于本企业创造的尚未征过税的那部分销售额征税,这就避免了重复征税。

2. 环环征税、税基广泛

从商品的生产开始,一直延伸到商品的批发和零售等经济活动的各个环节,在每一个生产流通环节都要征收增值税,使增值税能够拥有较其他间接税更广泛的纳税人。

3. 税负公平

根据增值税的计税原理,流转额中的非增值因素在计税时被扣除。因此,对同一商品而言,无论流转环节的多少,只要增值额相同,税负就相等,体现了公平税负,有利于平等竞争。

4. 价外计征

增值税实行价税分离,在计税时作为计税依据的销售额中不包含增值税税额,这样有利于形成均衡的生产价格,并有利于税负转嫁的实现。这是增值税与传统的以全部流转额为计税依据的税种的一个重要区别。

（三）增值税的征收范围

1. 征税范围的基本规定

（1）销售货物。销售货物是指在中国境内有偿转让货物的所有权。货物是指有形动产，包括电力、热力、气体在内。

（2）提供加工、修理修配劳务。加工是指受托加工货物，即委托方提供原材料及主要材料，受托方按照委托方的要求制造货物并收取加工费的业务；修理修配是指受托方对损伤和丧失功能的货物进行修复，使其恢复原状和功能的业务。单位或者个体工商户聘用的员工为本单位或者雇主提供的加工、修理修配劳务不包括在内。

（3）进口货物。进口货物是指申报进入中国海关境内的货物。我国增值税法规定，只要是报关进口的应税货物，均属于增值税的征税范围，除享受免税政策外，在进口环节缴纳增值税。

（4）销售服务。销售服务是指提供交通运输服务、邮政服务、电信服务、建筑服务、金融服务、现代服务、生活服务，但属于下列非经营活动的情形除外。

①行政单位收取的同时满足以下条件的政府性基金或者行政事业性收费：由国务院或者财政部批准设立的政府性基金，由国务院或者省级人民政府及其财政、价格主管部门批准设立的行政事业性收费；收取时开具省级以上（含省级）财政部门监（印）制的财政票据；所收款项全额上缴财政。

②单位或者个体工商户聘用的员工为本单位或者雇主提供取得工资的服务。

③单位或者个体工商户为聘用的员工提供服务。

④财政部和国家税务总局规定的其他情形。

（5）销售无形资产。销售无形资产，是指转让无形资产所有权或者使用权的业务活动。无形资产，是指不具实物形态，但能带来经济利益的资产，包括技术、商标、著作权、商誉、自然资源使用权和其他权益性无形资产。

（6）销售不动产。销售不动产，是指转让不动产所有权的业务活动。不动产，是指不能移动或者移动后会引起性质、形状改变的财产，包括建筑物、构筑物等。

2. 销售服务的具体内容

应税服务的具体内容如下。

（1）交通运输服务。交通运输服务是指使用运输工具将货物或者旅客送达目的地，使其空间位置得到转移的业务活动，包括陆路运输服务、水路运输服务、航空运输服务和管道运输服务。

（2）邮政服务。邮政服务是指中国邮政集团公司及其所属邮政企业提供邮件寄递、邮政汇兑和机要通信等邮政基本服务的业务活动，包括邮政普遍服务、邮政特殊服务和其他邮政服务。

（3）电信服务。电信服务是指利用有线、无线的电磁系统或者光电系统等各种通信网络资源，提供语音通话服务，传送、发射、接收或者应用图像、短信等电子数据和信息的业务活动，包括基础电信服务和增值电信服务。

（4）建筑服务。建筑服务是指各类建筑物、构筑物及其附属设施的建造、修缮、装饰，线路、管道、设备、设施等的安装以及其他工程作业的业务活动，包括工程服务、安装服务、修缮服务、装饰服务和其他建筑服务。

（5）金融服务。金融服务是指经营金融保险的业务活动，包括贷款服务、直接收费金融服务、保险服务和金融商品转让。

（6）现代服务。现代服务是指围绕制造业、文化产业、现代物流产业等提供技术性、知识性服务的业务活动，包括研发和技术服务、信息技术服务、文化创意服务、物流辅助服务、租赁服务、鉴证咨询服务、广播影视服务、商务辅助服务和其他现代服务。

（7）生活服务。生活服务是指为满足城乡居民日常生活需求提供的各类服务活动，包括文化体育服务、教育医疗服务、旅游娱乐服务、餐饮住宿服务、居民日常服务和其他生活服务。

3.征收范围的特殊规定

（1）视同销售货物。单位或个体工商户的下列行为，视同销售货物。

①将货物交付其他单位或者个人代销。

②销售代销货物。

③设有两个以上机构并实行统一核算的纳税人，将货物从一个机构移送至其他机构用于销售，但相关机构设在同一县（市）的除外。

④将自产或委托加工的货物用于集体福利或个人消费。

⑤将自产、委托加工或购买的货物分配给股东或投资者。

⑥将自产、委托加工或购买的货物作为投资，提供给其他单位或个体工商户。

⑦将自产、委托加工或购买的货物无偿赠送其他单位或个人。

⑧将自产、委托加工的货物用于非增值税应税项目。

上述第④项所称"集体福利或个人消费"是指企业内部设置的供职工使用的食堂、浴室、理发室、宿舍、幼儿园等福利设施及设备、物品等，或者以福利、奖励、津贴等形式发放给职工个人的物品。

（2）视同销售服务、无形资产或者不动产。下列情形视同销售服务、无形资产或者不动产。

①单位和个体工商户向其他单位或者个人无偿提供服务，但用于公益事业或者以社会公众为对象的除外。

②单位或者个人向其他单位或者个人无偿转让无形资产或者不动产，但用于公益事业或者以社会公众为对象的除外。

③财政部和国家税务总局规定的其他情形。

（3）混合销售。一项销售行为如果既涉及服务又涉及货物，则称为混合销售。从事货物的生产、批发或者零售的单位和个体工商户的混合销售行为，按照销售货物缴纳增值税；其他单位和个体工商户的混合销售行为，按照销售服务缴纳增值税。

上述所称从事货物的生产、批发或者零售的单位和个体工商户，包括以从事货物的生产、批发或者零售为主，并兼营销售服务的单位和个体工商户在内。

自 2017 年 5 月起,纳税人销售活动板房、机器设备、钢结构件等自产货物的同时提供建筑、安装服务,不属于混合销售,应分别核算货物和建筑服务的销售额,分别适用不同的税率或者征收率。

(4)兼营行为。兼营是指纳税人的经营范围既包括销售货物和应税劳务,又包括销售服务、无形资产或者不动产。纳税人发生兼营行为,应当分别核算适用不同税率或者征收率的销售额;未分别核算的,按照以下方法适用税率或者征收率。

①兼营不同税率的销售货物、加工修理修配劳务、服务、无形资产或不动产,从高适用税率。

②兼有不同征收率的销售货物、加工修理修配劳务、服务、无形资产或不动产,从高适用征收率。

③兼有不同税率和征收率的销售货物、加工修理修配劳务、服务、无形资产或不动产,从高适用税率。

(四)增值税的纳税人

凡是在我国境内销售货物或者提供加工、修理修配劳务、销售服务、无形资产、不动产,以及进口货物的单位和个人,都是增值税的纳税义务人。

单位是指企业、行政单位、事业单位、军事单位、社会团体及其他单位;个人是指个体工商户和其他个人。

单位以承包、承租、挂靠方式经营的,承包人、承租人、挂靠人(以下统称"承包人")以发包人、出租人、被挂靠人(以下统称"发包人")名义对外经营并由发包人承担相关法律责任的,以该发包人为纳税人;否则,以承包人为纳税人。

在我国境外的单位或者个人在境内发生应税行为,在境内未设有经营机构的,购买方为增值税扣缴义务人。

为了严格增值税的征收管理和对某些经营规模小的纳税人简化计税办法,将纳税人按其经营规模大小及会计核算健全与否划分为小规模纳税人和一般纳税人。对小规模纳税人实行按销售额和征收率简易计税的征收管理办法;对一般纳税人实行凭票扣税的计税方法(也称为"一般计税")。

1. 小规模纳税人

增值税小规模纳税人标准为年应征增值税销售额在 500 万元(含本数)以下。年应税销售额,是指纳税人在连续 12 个月或 4 个季度的经营期内累计应征增值税销售额,包括纳税申报销售额、稽查查补销售额、纳税评估调整销售额、税务机关代开发票销售额和免税销售额。经营期,是指纳税人存续期内的连续经营期间,含未取得销售收入的月份。

已登记为一般纳税人的单位和个人,转登记日前 12 个月或连续 4 个季度累计销售额未超过 500 万元的,在 2020 年 12 月 31 日前,可选择转登记为小规模纳税人,其未抵扣的进项税额作转出处理。

小规模纳税人会计核算健全,能够提供准确税务资料的,可以向税务机关申请登记为一般纳税人,不再作为小规模纳税人。会计核算健全,是指能够按照国家统一的会计制度规定设置账簿,根据合法、有效凭证核算。

小规模纳税人不能领购和使用增值税专用发票的,按简易计税办法计算缴纳增值税。发生应税行为,购买方索取增值税专用发票的,可以向税务主管机关申请代开。

提示

所谓年应税销售额,是指纳税人在连续不超过 12 个月或 4 个季度的经营期内累计应征增值税销售额,包括纳税申报销售额、稽查查补销售额、纳税评估调整销售额。销售服务、无形资产或者不动产有扣除项目的纳税人,其应税行为年应税销售额按未扣除之前的销售额计算。纳税人偶然发生的销售无形资产、转让不动产的销售额,不计入应税行为年应税销售额。如果该销售额为含税的,应按照适用税率或征收率换算为不含税的销售额。

2. 一般纳税人

一般纳税人是指会计核算健全,年应税销售额超过财政部、国家税务总局规定的小规模纳税人标准的企业或企业性单位。

增值税一般纳税人实行登记制,除另有规定外,应当向税务机关办理登记手续。

下列纳税人不办理一般纳税人登记:①按照政策规定,选择按照小规模纳税人纳税的;②年应税销售额超过规定标准的其他个人。

纳税人自一般纳税人生效之日起,按照增值税一般计税方法计算应纳税额,并可以按照规定领用增值税专用发票(另有规定的除外)。

除财政部、国家税务总局另有规定外,一经登记为一般纳税人后,不得转为小规模纳税人。

(五)增值税的扣缴义务人

中华人民共和国境外的单位或者个人在境内提供应税服务,在境内未设有经营机构的,以其代理人为增值税扣缴义务人;在境内没有代理人的,以购买方为增值税扣缴义务人。

境外单位或者个人在境内提供应税服务,在境内未设有经营机构的,扣缴义务人按照下列公式计算应扣缴税额:

$$应扣缴税额 = 购买方支付的价款 ÷ (1 + 税率) × 税率$$

(六)增值税的税率和征收率

1. 税率

根据《关于深化增值税改革有关政策的公告》(财政部 税务总局 海关总署公告 2019 年第 39 号),自 2019 年 4 月 1 日起,增值税一般纳税人发生增值税应税销售行为或者进口货物,原适用16%税率的,税率调整为13%;原适用10%税率的,税率调整为9%。现行税率规定如下。

(1)纳税人销售货物、劳务、有形动产租赁服务或者进口货物,除本条第(2)项、第(4)项、第(5)项另有规定外,税率为 13% 。

(2)纳税人销售交通运输、邮政、基础电信、建筑、不动产租赁服务,销售不动产,转让土地使用权,销售或者进口下列货物,税率为9%。

粮食等农产品、食用植物油、食用盐;自来水、暖气、冷气、热水、煤气、石油液化气、天然气、二甲醚、沼气、居民用煤炭制品;图书、报纸、杂志、音像制品、电子出版物;饲料、化肥、农药、农机、农膜;国务院规定的其他货物。

(3)纳税人销售服务、无形资产,除本条第(1)项、第(2)项、第(5)项另有规定外,税率为 6%。

（4）纳税人出口货物，税率为零，但是，国务院另有规定的除外。

（5）境内单位和个人跨境销售国务院规定范围内的服务、无形资产，税率为零。

（6）原适用 16% 税率且出口退税率为 16% 的出口货物，出口退税率调整至 13%。原适用 10% 税率且出口退税率为 10% 的出口货物、跨境应税行为，出口退税率调整至 9%。

（7）2019 年 6 月 30 日前（含 2019 年 4 月 1 日前），纳税人出口前款所涉货物劳务、发生前款所涉跨境应税行为，适用增值税免退税办法的，购进时已按调整前税率征收增值税的，执行调整前的出口退税率，购进时已按调整后税率征收增值税的，执行调整后的出口退税率；适用增值税免抵退税办法的，执行调整前的出口退税率，在计算免抵退税时，适用税率低于出口退税率的，适用税率与出口退税率之差视为零参与免抵退税计算。

提示

纳税人购进农产品原适用 10% 扣除率的，扣除率调整为 9%。纳税人购进用于生产或委托加工 13% 税率货物的农产品，按照 10% 的扣除率计算进项税额。

现行增值税税率有 13%、9%、6% 及零税率共 4 档，具体税率见表 3-1。

表 3-1　现行增值税税率

类别			税率
销售或者进口货物	销售或者进口货物（另有列举的货物除外）		13%
	粮食等农产品、食用植物油、食用盐；自来水、暖气、冷气、热水、煤气、石油液化气、天然气、二甲醚、沼气、居民用煤炭制品；图书、报纸、杂志、音像制品、电子出版物；饲料、化肥、农药、农机、农膜；国务院规定的其他货物		9%
	提供加工、修理修配劳务		13%
销售服务	交通运输服务	陆路运输服务	9%
		水路运输服务	
		航空运输服务	
		管道运输服务	
	邮政服务	邮政普遍服务	9%
		邮政特殊服务	
		其他邮政服务	
	电信服务	基础电信服务	9%
		增值电信服务	6%
	建筑服务	工程服务	9%
		安装服务	
		修缮服务	

续表

类别			税率
销售服务	建筑服务	装饰服务	9%
		其他建筑服务	
	金融服务	贷款服务	6%
		直接收费金融服务	
		保险服务	
		金融商品转让服务	
	现代服务	研发的技术服务	6%
		信息技术服务	
		文化创意服务	
		物流辅助服务	
		有形动产租赁服务	13%
		不动产租赁服务	9%
		鉴证咨询服务	6%
		广播影视服务	
		商务辅助服务	
		其他现代服务	
	生活服务	文化体育服务	6%
		教育医疗服务	
		旅游娱乐服务	
		餐饮住宿服务	
		居民日常服务	
		其他生活服务	
销售无形资产		销售无形资产(除转让土地使用权外)	6%
		转让土地使用权	9%
销售不动产			9%
出口货物(国务院另有规定的除外)			零税率

2. 征收率

根据税法的规定,会计制度不健全、难以按上述税率计算和使用增值税专用发票抵扣进项税款的,增值税小规模纳税人按照简易方法计算增值税,即应纳税额乘以征收率,不得抵扣任何进项税额。自 2009 年 1 月 1 日起,小规模纳税人增值税征收率一般为 3%。财政部和国家税务总局另有规定的除外。

纳税人提供适用不同税率或者征收率的应税服务,应当分别核算适用不同税率或征收率的销售额;未分别核算销售额的,从高适用税率。

增值税征收率分为3%和5%两个档次,具体见表3-2。

表3-2 增值税征收率

纳税人	类别	征收率
小规模纳税人	销售货物或者提供加工、修理修配劳务,销售应税服务、无形资产或不动产	3%
一般纳税人	按规定适用或者可以选择适用简易计税方法计税的特定应税行为(适用5%征收率的除外)	3%
小规模纳税人和允许使用简易计税方式计税的一般纳税人	销售不动产	5%
	经营租赁不动产(土地使用权)	
	特定的不动产融资租赁	
	转让2016年4月30日前取得的土地使用权	
	房地产开发企业中的一般纳税人销售自行开发的房地产老项目 房地产开发企业中的小规模纳税人销售自行开发的房地产项目	
	选择差额征税的劳务派遣服务	
	选择差额征税的安全保护服务	
	一级公路、二级公路、桥、闸通行费	
	一般纳税人提供人力资源外包服务	
	中外合作油(气)田开采的原油、天然气	

提示

征收率的特殊规定如下。

①个人出租住房,按照5%征收率减按1.5%计算纳税。

②一般纳税人销售自己使用过的、属于不得抵扣且未抵扣进项税额的固定资产,按照简易办法依照3%征收率减按2%征收。

③小规模纳税人销售自己使用过的固定资产,按照简易办法依照3%征收率减按2%征收。

④纳税人销售旧货,按照简易办法依照3%征收率减按2%征收。

3. 免征增值税

(1)农业生产者销售的自产农产品。

(2)避孕药品和用具。

(3)古旧图书。

(4)直接用于科学研究、科学试验和教学的进口仪器、设备。

（5）外国政府、国际组织无偿援助的进口物资和设备。

（6）由残疾人组织直接进口供残疾人专用的物品。

（7）销售的自己使用过的物品。

（七）增值税应纳税额的计算

1. 一般纳税人

增值税一般纳税人应纳税额采取税款抵扣的办法，间接计算增值税应纳税额，即一般纳税人凭增值税发票及其他合法凭证上注明的税款进行抵扣，相当于等于当期的销项税额抵扣当期的进项税额后的余额。其计算公式为：

$$应纳税额 = 当期销项税额 - 当期进项税额$$

（1）销项税额的计算。销项税额是纳税人发生应税行为，按照销售额和增值税税率计算，并向购买方收取的增值税税额。其计算公式为：

$$销项税额 = 销售额（不含税）\times 适用税率$$

销售额是指纳税人发生应税行为取得的全部价款和价外费用，但是不包括收取的销项税额，体现增值税为价外税性质。

价外费用是指价外收取的各种性质的收费，包括价外向购买方收取的手续费、补贴、基金、集资费、返还利润、奖励费、违约金、滞纳金、延期付款利息、赔偿金、代收款项、代垫款项、包装费、包装物租金、储备费、优质费、运输装卸费以及其他各种性质的价外收费。无论其会计制度规定如何核算，均应并入销售额计算应纳税额。

【例3-1】长江公司为一般纳税人，2021年10月份销售额为1 000 000元，适用增值税税率为13%，请计算其销项税额。

销项税额 = 1 000 000×13% = 130 000（元）

提示

价外费用需纳入销售额一并计算销项税额，但下列项目不包括在内。

1. 受托加工应征消费税的消费品所代收代缴的消费税。

2. 同时符合以下条件代为收取的政府性基金或者行政事业性收费。

（1）由国务院或者财政部批准设立的政府性基金，由国务院或者省级人民政府及其财政、价格主管部门批准设立的行政事业性收费。

（2）收取时开具省级以上财政部门印制的财政票据。

（3）所收款项全额上缴财政。

3. 销售货物的同时代办保险等而向购买方收取的保险费，以及向购买方收取的代购买方缴纳的车辆购置税、车辆牌照费。

4. 以委托方名义开具发票，代委托方收取的款项。

由于增值税是价外税，所以计税依据中的"销售额"必须是不包括收取的销项税额的销售额。对于纳税人销售货物、劳务、应税服务、无形资产或不动产，采用销售额和销项税额合并定价方法的，应按下列公式将含税销售额换算为不含税销售额：

$$不含税销售额 = 含税销售额 \div（1+增值税税率）$$

（2）特殊销售方式下的销售额的计算。

①以折扣方式销售货物。

a.折扣销售（会计称为"商业折扣"）：在同一张发票上的"金额"栏分别注明的，可以按折扣后的销售额征收增值税；如果将折扣额另开发票，不论其财务上如何处理，均不得从销售额中减除折扣额。

b.销售折扣（会计称为"现金折扣"）：销售折扣不能从销售额中扣除。

c.销售折让：销售折让可以通过开具红字专用发票从销售额中扣除。未按规定开具红字增值税专用发票的，不得扣除销项税额或销售额。

②以旧换新方式销售货物。以旧换新销售，是纳税人在销售过程中，折价收回同类旧货物，并以折价款部分冲减货物价款的一种销售方式。税法规定，纳税人采取以旧换新方式销售货物的（金银首饰除外），应按新货物的同期销售价格确定销售额。

③还本销售。还本销售是指纳税人在销售货物后，到一定期限由销售方一次或多次退还给购货方全部或部分价款。税法规定，不得从销售额中减除还本支出，以新产品的市场售价作为计税依据。

④以物易物。税法规定，双方都应作购销处理，以各自发出的货物核算销售额并计算销项税额，如果取得专用发票，则可以抵扣进项税。

⑤包装物押金。

a.纳税人为销售货物而出租出借包装物收取的押金，单独记账核算的，时间在1年内，又未过期的，不并入销售额征税。

b.对收取的包装物押金，逾期（超过12个月）押金视为含增值税收入并入销售额征税时要换算为不含税销售额。

c.酒类产品包装物押金。对销售除啤酒、黄酒外的其他酒类产品收取的包装物押金，无论是否返还以及会计上如何核算，均应并入当期销售额征收增值税。啤酒、黄酒押金按是否逾期处理。

⑥销售已使用过的固定资产的税务处理见表3-3。

表3-3　销售已使用过的固定资产的税务处理

纳税人	销售情形	税务处理	计税公式
一般纳税人	2008年12月31日以前购进或者自制的固定资产（未抵扣进项税额）	按简易办法：依3%征收率减按2%征收增值税	增值税＝[售价÷(1+3%)]×2%
	销售自己使用过的2009年1月1日以后购进或者自制的固定资产	按正常销售货物适用税率征收增值税 【提示】该固定资产的进项税额在购进当期已抵扣	增值税＝[售价÷(1+13%)]×13% 【注意】对于纳税人发生固定资产视同销售行为，已使用过的固定资产无法确定销售额的，以固定资产净值为销售额

续表

纳税人	销售情形	税务处理	计税公式
小规模纳税人（除其他个人外）	销售自己使用过的固定资产	减按 2% 征收率征收增值税	增值税＝[售价÷(1+3%)]×2%
"营改增"后认定的一般纳税人	销售自己使用过的本地区试点实施之日以后购进或自制的固定资产	按照适用税率征收增值税	增值税＝[售价÷(1+13%)]×13%
	销售自己使用过的本地区试点实施之日以前购进或自制的固定资产	按照3%征收率减按2%征收增值税	增值税＝[售价÷(1+3%)]×2%

⑦直销企业增值税销售额确定。直销企业先将货物销售给直销员，直销员再将货物销售给消费者的，直销企业的销售额为其向直销员收取的全部价款和价外费用。直销员将货物销售给消费者时，应按照现行规定缴纳增值税。

⑧贷款服务，以提供贷款服务取得的全部利息及利息性质的收入为销售额。

⑨直接收费金融服务，以提供直接收费金融服务收取的手续费、佣金、酬金、管理费、服务费、经手费、开户费、过户费、结算费、转托管费等各类费用为销售额。

⑩金融商品转让，按照卖出价扣除买入价后的余额为销售额。若相抵后出现负差，可结转下一纳税期，与下期转让金融商品销售额相抵，但年末时仍出现负差的，不得转入下一个会计年度。金融商品的买入价，可以选择按照加权平均法或者移动加权平均法进行核算，选择后36个月内不得变更。

提示

金融商品转让不得开具增值税专用发票。

⑪经纪代理服务，以取得的全部价款和价外费用，扣除向委托方收取并代为支付的政府性基金或者行政事业性收费后的余额为销售额。向委托方收取的政府性基金或者行政事业性收费，不得开具增值税专用发票。

⑫融资租赁和融资性售后回租业务。

经中国人民银行、银监会或者商务部批准从事融资租赁业务的纳税人，提供融资租赁服务，以取得的全部价款和价外费用，扣除支付的借款利息（包括外汇借款和人民币借款利息）、发行债券利息和车辆购置税后的余额为销售额。

⑬航空运输企业的销售额不包括代收的机场建设费和代售其他航空运输企业客票而代收转付的价款。

⑭一般纳税人提供客运场站服务以其取得的全部价款和价外费用，扣除支付给承运方运费后的余额为销售额。

⑮纳税人提供旅游服务可以选择以取得的全部价款和价外费用，扣除向旅游服务购买方收取并支付给其他单位或者个人的住宿费、餐饮费、交通费、签证费、门票费和支付给其他

接团旅游企业的旅游费用后的余额为销售额。选择该办法计算销售额的纳税人,向旅游服务购买方收取并支付的上述费用,不得开具增值税专用发票,可以开具增值税普通发票。

⑯纳税人提供建筑服务适用简易计税方法的,以取得的全部价款和价外费用扣除支付的分包款后的余额为销售额。

⑰房地产开发企业中的一般纳税人销售其开发的房地产项目(选择简易计税方法的房地产老项目除外),以取得的全部价款和价外费用,扣除受让土地时向政府部门支付的土地价款后的余额为销售额。

提示

2016 年房地产老项目,是指"建筑工程施工许可证"注明的合同开工日期在 2016 年 4 月 30 日前的房地产项目。

⑱视同销售行为销售额的确定。由于视同销售没有售价,所以主管税务机关可以按照下列顺序核定销售额。

a.按纳税人最近时期同类货物的平均销售价格确定。

b.按其他纳税人最近时期同类货物的平均销售价格确定。

c.按组成计税价格确定销售额。公式为:

$$组成计税价格=成本×(1+成本利润率)$$

征收增值税的货物,同时又征收消费税的,其组价中还应加上消费税税额,组价公式为:

$$组成计税价格=成本×(1+成本利润率)+消费税税额$$

或

$$组成计税价格=成本×(1+成本利润率)÷(1-消费税税率)$$

对于不涉及从价计征消费税的货物来说,成本利润率一律为 10%。进口产品的价款中包含关税或消费税的,其销项税额的计算公式为:

$$进口货物的应纳税额=(关税完税价格+关税+消费税)×适用税率$$
$$=[(关税完税价格+关税)÷(1-消费税税率)]×适用税率$$

【例 3-2】海澜服装厂为增值税一般纳税人,该厂销售服装一批,不含增值税的价格为 100 000 元,适用的增值税税率为 13%。则其增值税销项税额为:

增值税销项税额=100 000×13%=13 000(元)

【例 3-3】东风服装厂为增值税一般纳税人,该厂销售服装一批,含增值税的价格为 113 000 元,适用的增值税税率为 13%。则其增值税销项税额为:

不含税销售额=113 000÷(1+13%)=100 000(元)

增值税销项税额=100 000×13%=13 000(元)

【例 3-4】深远化妆品有限公司为增值税一般纳税人,进口一批化妆品为应税消费品,进口发票上注明价格为 36 000 元,适用的消费税税率为 15%,关税税率为 30%,增值税税率为 13%。则其进口时缴纳的增值税税额为:

关税=36 000×30%=10 800(元)

增值税应纳税额=[(36 000+10 800)÷(1-15%)]×13%=7 157.65(元)

(3)进项税额。进项税额是指纳税人购进货物或者接受应税劳务所支付或负担的增值税税额。购买方取得的增值税专用发票上注明的税额即为其进项税额。

除税法规定不得抵扣的项目外,允许从销项税额中抵扣的进项税额主要有以下项目。

①从销售方取得的增值税专用发票(含货物运输业增值税专用发票和税控机动车销售统一发票)上注明的增值税税额。

②纳税人进口货物,从海关取得海关进口增值税专用缴款书上注明的增值税税额。

③购进农产品,取得一般纳税人开具的增值税专用发票或者海关进口增值税专用缴款书的,以增值税专用发票或者海关进口增值税专用缴款书上注明的增值税税额为进项税额;从按照简易计税方法依照3%征收率计算缴纳增值税的小规模纳税人取得增值税专用发票的,以增值税专用发票上注明的金额和9%的扣除率计算进项税额;取得(开具)农产品销售发票或收购发票的,以农产品收购发票或销售发票上注明的农产品买价和9%的扣除率计算进项税额。其计算公式为:

$$进项税额=买价×扣除率$$

提示

纳税人购进用于生产销售或委托加工13%税率货物的农产品,按照10%的扣除率计算进项税额。纳税人购进农产品,用于其他方面的扣除率为9%。

【例3-5】家乐食品有限公司为增值税一般纳税人,生产的产品均适用13%的增值税税率。某月销售产品取得不含税销售额200万元,从农业生产者购进农产品作为生产用原料,收购发票上注明买价为70万元;购进其他原材料取得增值税专用发票注明的价款为100万元,税额13万元。计算公司当月应纳增值税额。

本月销项税额=200×13%=26(万元)

本月进项税额=70×10%+13=20(万元)

当月应纳增值税额=26-20=6(万元)

④从境外单位或者个人购进服务、无形资产或者不动产,自税务机关或者扣缴义务人取得的解缴税款的完税凭证上注明的增值税税额。

提示

根据《关于深化增值税改革有关政策的公告》(财政部 税务总局 海关总署公告2019年第39号),自2019年4月1日起,《营业税改征增值税试点有关事项的规定》(财税〔2016〕36号印发)第一条第(四)项第1点、第二条第(一)项第1点停止执行,纳税人取得不动产或者不动产在建工程的进项税额不再分2年抵扣。此前按照上述规定尚未抵扣完毕的待抵扣进项税额,可自2019年4月税款所属期起从销项税额中抵扣。

⑤纳税人购进国内旅客运输服务,其进项税额允许从销项税额中抵扣。纳税人未取得增值税专用发票的,暂按照以下规定确定进项税额。

a.取得增值税电子普通发票的,为发票上注明的税额。

b.取得注明旅客身份信息的航空运输电子客票行程单的,为按照下列公式计算的进项税额:

$$航空旅客运输进项税额=[(票价+燃油附加费)÷(1+9\%)]×9\%$$

c.取得注明旅客身份信息的铁路车票的,为按照下列公式计算的进项税额:

$$铁路旅客运输进项税额=［票面金额÷（1+9％）］×9％$$

d.取得注明旅客身份信息的公路、水路等其他客票的,为按照下列公式计算的进项税额:

$$公路、水路等其他旅客运输进项税额=［票面金额÷（1+3％）］×3％$$

⑥加计抵减政策。自2019年4月1日至2021年12月31日,允许生产、生活性服务业纳税人按照当期可抵扣进项税额加计10％,抵减应纳税额。

按照现行规定不得从销项税额中抵扣的进项税额,不得计提加计抵减额;已计提加计抵减额的进项税额,按规定作进项税额转出的,应在进项税额转出当期,相应调减加计抵减额。计算公式如下:

$$当期计提加计抵减额=当期可抵扣进项税额×10％$$
$$当期可抵减加计抵减额=上期末加计抵减额余额+当期计提加计抵减额-$$
$$当期调减加计抵减额$$

加计抵减政策执行到期后,纳税人不再计提加计抵减额,结余的加计抵减额停止抵减。

提示

纳税人出口货物劳务、发生跨境应税行为不适用加计抵减政策,其对应的进项税额不得计提加计抵减额。

下列项目的进项税额不得从销项税额中抵扣。

①用于简易计税项目、免征增值税项目、集体福利或个人消费的购进货物、劳务、服务、无形资产和不动产。其中涉及的固定资产、无形资产、不动产,仅指专用于上述项目的固定资产、无形资产(不包括其他权益性无形资产)、不动产。

提示

(1)自2018年1月1日起,纳税人租入固定资产、不动产,既用于一般计税方法计税项目,又用于简易计税方法计税项目、免征增值税项目、集体福利或者个人消费的,其进项税额准予从销项税额中全额抵扣。

(2)纳税人的交际应酬消费属于个人消费。

②非正常损失的购进货物,以及相关劳务和交通运输服务。

③非正常损失的在产品、产成品所耗用的购进货物(不含固定资产)、劳务和交通运输服务。

④非正常损失的不动产,以及该不动产所耗用的购进货物、设计服务和建筑服务。

⑤非正常损失的不动产在建工程所耗用的购进货物、设计服务和建筑服务。纳税人新建、改建、扩建、修缮、装饰不动产,均属于不动产在建工程。

⑥购进的贷款服务、餐饮服务、居民日常服务、娱乐服务。

⑦纳税人接受贷款服务向贷款方支付的与该笔贷款直接相关的投融资顾问费、手续费、咨询费等费用。

⑧财政部和国家税务总局规定的其他情形。

提示

一般纳税人会计核算不健全,或者不能够提供准确税务资料的;或应该办理一般纳税人资格登记而未办理的,不得抵扣进项税额,也不得使用增值税专用发票。

(4)进口货物应纳税额的计算。无论是一般纳税人还是小规模纳税人申报进口货物都应缴纳增值税,须按规定的组成计税价格和规定的税率计算增值税额。其计算公式为:

$$应纳税额=组成计税价格×税率$$

组成计税价格有以下两种情况。

①进口货物只征收增值税的,其组成计税价格为:

$$组成计税价格=关税完税价格+关税$$
$$=关税完税价格×(1+关税税率)$$

②进口货物同时征收消费税的,其组成计税价格为:

$$组成计税价格=关税完税价格+关税+消费税$$
$$=关税完税价格×(1+关税税率)÷(1-消费税税率)$$

根据税法的规定,纳税人进口货物,从海关取得的海关进口增值税专用缴款书上注明的增值税额可以在计算本月应纳增值税额时作为进项税额抵扣。

【例3-6】某公司20×9年6月10日从法国进口服装一批,到岸价格68 000美元,关税税率为30%,货款已用先前购入的外汇支付。当日美元兑人民币外汇牌价为1∶6.55。

问题:请计算进口环节应当缴纳的增值税额。

组成计税价格=68 000×6.55+68 000×6.55×30%=579 020(元)

应纳进口环节增值税=579 020×13%=75 272.60(元)

2.小规模纳税人

对于小规模纳税人,由于其经营规模小,会计核算不健全,难以按增值税税率计税并使用增值税专用发票抵扣进项税额。因此,小规模纳税人销售货物、提供应税劳务或者服务,实行按销售额与征收率计算应纳税额的简易办法,并不得抵扣进项税额。其计算公式为:

$$小规模纳税人的应纳税额=销售额×征收率$$
$$=[含税销售额÷(1+征收率)]×征收率$$

【例3-7】星海饰品厂为增值税小规模纳税人,本月不含税销售额为30万元,适用的增值税税率为3%。则其本月应缴纳的增值税税额为:

本月应缴纳的增值税税额=300 000×3%=9 000(元)

(八)增值税的征收管理

1.纳税义务发生的时间

(1)一般规定。纳税人发生应税销售行为,其纳税义务发生时间为收讫销售款项或者取得索取销售款项凭据的当天;先开具发票的,为开具发票的当天。按销售结算方式的不同,具体规定如下。

①采取直接收款方式销售货物或者提供应税服务,不论货物是否发出,均为收到销售款或取得索取销售款凭据的当天。

②采取托收承付和委托银行收款方式销售货物,为发出货物并办妥托收手续的当天。

③采用赊销和分期收款方式销售货物,为按书面合同约定的收款日期的当天。

④采取预收货款方式销售货物,为货物发出的当天。但销售生产工期超过12个月的大

型机械设备、船舶、飞机等货物,为收到预收款或者书面合同约定的收款日期的当天。

⑤委托其他纳税人代销货物,为收到代销单位销售的代销清单或者收到全部或者部分货款的当天。未收到代销清单及货款的,为发出代销货物满180天的当天。

⑥纳税人发生视同销售货物行为的,为货物移送的当天。

⑦纳税人提供租赁服务采取预收款方式的,为收到预收款的当天。

⑧纳税人从事金融商品转让的,为金融商品所有权转移的当天。

⑨纳税人发生视同销售服务、无形资产或者不动产行为的,为销售服务、无形资产转让完成的当天或者不动产权属变更的当天。

(2)特殊规定

①纳税人进口货物,纳税义务发生时间为报关进口的当天。

②增值税扣缴义务发生时间为纳税人增值税纳税义务发生的当天。

2.纳税期限

增值税的纳税期限分别为1日、3日、5日、10日、15日、1个月或1个季度。纳税人的具体纳税期限,由主管税务机关根据纳税人应纳税额的大小分别核定;以1个季度为纳税期限的规定适用于小规模纳税人。银行、财务公司、信托投资公司、信用社及财政部和国家税务总局规定的其他纳税人;不能按照固定期限纳税的,可以按次纳税。

纳税人以1个月或1个季度为一个纳税期的,自期满之日起15日内申报纳税;以1日、3日、5日、10日或15日为一个纳税期的,自期满之日起5日内预缴税款,于次月1日起15日内申报纳税并结清上月应纳税款。

纳税人进口货物,应当自海关填发海关进口增值税专用缴款书之日起15日内缴纳税款。

3.纳税地点

纳税人在发生纳税义务后,一般应在其所在地缴纳增值税;由于纳税人情况不同,为有利于加强核算和征管,具体规定如下。

(1)固定业户应当向其机构所在地主管税务机关申报纳税。总机构和分支机构不在同一县(市)的,应当分别向各自所在地主管税务机关申报纳税;但在同一省(自治区、直辖市)范围内的,经国务院财政、税务主管部门或其授权的财政、税务机关批准,可以由总机构汇总向总机构所在地主管税务机关申报纳税。

固定业户到外县(市)销售货物或者应税劳务,应当向其机构所在地主管税务机关申请开具外出经营活动税收管理证明,并向其机构所在地主管税务机关申报纳税;未开具该证明的,应当向销售地或者劳务发生地的主管税务机关申报纳税。

(2)非固定业户应当向应税行为发生地的主管税务机关申报纳税;未申报纳税的,由其机构所在地或者居住地的主管税务机关补征税款。

(3)其他个人提供建筑服务,销售或者租赁不动产,转让自然资源使用权,应向建筑服务发生地、不动产所在地、自然资源所在地主管税务机关申报纳税。

(4)扣缴义务人应当向其机构所在地或者居住地主管税务机关申报缴纳其扣缴的税款。

(5)进口货物,应当向报关地海关申报纳税。

二、消费税

(一)消费税的概念

消费税是对在我国境内从事生产、委托加工和进口应税消费品的单位和个人,就其销售额或销售数量,在特定环节征收的一种税。在我国现行税制结构体系中,消费税是与增值税配套的一个税种。它是国家根据产业政策的要求,在普遍征收增值税的基础上,选择部分消费品再征收一道特殊的流转税,目的是引导消费和生产结构,调节收入分配,增加财政收入。

(二)消费税的特点

一般来说,消费税的征税对象主要是与居民消费相关的最终消费品和消费行为。与其他税种比较,消费税具有以下 4 个特点。

1.征税范围具有选择性

各国目前征收的消费税实际上都属于对特定消费品或消费行为征收的税种。尽管各国的征税范围宽窄不一,但都是在人们普遍消费的大量消费品或消费行为中有选择地确定若干个征税项目,在税法中列举征税。为适应我国目前产业结构、消费水平和消费结构以及节能、环保等方面的要求,从 2006 年 4 月 1 日起,对消费税的征收范围进行了增减调整。从 2014 年 12 月 1 日起,提高了成品油消费税单位税额,取消了酒精、汽车轮胎、气缸容量在 250 毫升以下小排量摩托车等产品征收消费税。从 2015 年 2 月 1 日起,对电池、涂料征收消费税。调整后的消费税税目共计 15 个。

2.征税环节具有单一性

消费税在生产、委托加工和进口或消费的某一环节一次征收,而在其他环节(如流通、消费等)不再征税,即通常所说的一次课征制。

3.征税方法具有多样性

消费税的计税方法比较灵活,为适应不同应税消费品的情况,在征收方法上有所不同,有些产品采取从价定率的方式征收;有些产品则采取从量定额的方式征收;有些产品在实行从价定率征收的同时,还对其从量定额征收。

4.税收调节具有特殊性

消费税属于国家运用税收杠杆对某些消费品或消费行为进行特殊调节的税种。这一特殊性表现在两个方面:一是不同征税项目税负差异较大,对需要限制或控制消费的消费品规定较高的税率,体现特殊的调节目的;二是消费税往往同有关税种配合实行加重或双重调节,通常采取增值税与消费税双重调节的办法,在征收增值税的同时,再征收一道消费税,形成一种特殊的对消费品双层次调节的税收调节体系。

(三)消费税的征收范围

1.生产应税消费品

生产应税消费品在生产销售环节征税。纳税人将生产的应税消费品换取生产资料、消费资料、投资入股、偿还债务,以及用于继续生产应税消费品以外的其他方面都应缴纳消费税。

2. 委托加工应税消费品

委托加工应税消费品是指委托方提供原料和主要材料,受托方只收取加工费和代垫部分辅助材料加工的应税消费品。由受托方提供原材料或其他情形的一律不能视同加工应税消费品。

委托加工的应税消费品,除受托方为个人外,由受托方在向委托方交货时代收代缴税款;委托个人加工的应税消费品,由委托方收回后缴纳消费税。

委托加工的应税消费品,委托方用于连续生产应税消费品的,所纳税款准予按规定抵扣;直接出售的,不再缴纳消费税。委托方将收回的应税消费品,以不高于受托方的计税价格出售的,为直接出售,不再缴纳消费税;委托方以高于受托方的计税价格出售的,不属于直接出售,需按照规定申报缴纳消费税,在计税时准予扣除受托方已代收代缴的消费税。

3. 进口应税消费品

单位和个人进口应税消费品,于报关进口时由海关代征消费税。

4. 批发应税消费品

卷烟消费税在生产和批发两个环节征收。

自2009年5月1日起,在卷烟批发环节加征一道从价税,在我国境内从事卷烟批发业务的单位和个人,批发销售的所有牌号规格的卷烟,按其销售额(不含增值税)征收5%的消费税。纳税人应将卷烟销售额与其他商品销售额分开核算,未分开核算的,一并征收消费税。纳税人销售给纳税人以外的单位和个人的卷烟于销售时纳税。纳税人之间销售的卷烟不缴纳消费税。卷烟批发企业的纳税地点为其机构所在地;总机构与分支机构不在同一地区的,由总机构申报纳税。

自2015年5月10日起,将卷烟批发环节从价税税率由5%提高至11%,并按0.005元/支加征从量税。纳税人兼营卷烟批发和零售业务的,应当分别核算批发和零售环节的销售额、销售数量;未分别核算批发和零售环节销售额、销售数量的,按照全部销售额、销售数量计征批发环节消费税。

5. 零售应税消费品

(1)金银首饰。

经国务院批准,自1995年1月1日起,金银首饰消费税由生产销售环节征收改为零售环节征收。在零售环节征收消费税的金银首饰仅限于金基、银基合金首饰以及金、银和金基、银基合金的镶嵌首饰。自2002年1月1日起,对钻石及钻石饰品消费税的纳税环节由生产环节、进口环节移至零售环节。自2003年5月1日起,铂金首饰消费税改为零售环节征税。

对既销售金银首饰,又销售非金银首饰的生产、经营单位,应将两类商品划分清楚,分别核算销售额。凡划分不清楚或不能分别核算的,在生产环节销售的,一律从高适用税率征收消费税;在零售环节销售的,一律按金银首饰征收消费税。金银首饰与其他产品组成成套消费品销售的,应按销售额全额征收消费税。

金银首饰连同包装物一起销售的,无论包装物是否单独计价,也无论会计上如何核算,均应并入金银首饰的销售额,计征消费税。

带料加工的金银首饰,应按受托方销售的同类金银首饰的销售价格确定计税依据征收消费税。没有同类金银首饰销售价格的,按照组成计税价格计算纳税。

纳税人采用以旧换新(含翻新改制)方式销售的金银首饰,应按实际收取的不含增值税的全部价款确定计税依据征收消费税。

(2)超豪华小汽车。

自2016年12月1日起,"小汽车"税目下增设"超豪华小汽车"子项目。征收范围为每辆零售价格130万元(不含增值税)及以上的乘用车和中轻型商用客车子税目中的超豪华小汽车。对超豪华小汽车,在生产(进口)环节按现行税率征收消费税基础上,在零售环节加征消费税,将超豪华小汽车销售给消费者的单位和个人为超豪华小汽车零售环节纳税人。

(四)消费税的纳税人

在中华人民共和国境内生产、委托加工和进口《中华人民共和国消费税暂行条例》(以下简称《消费税暂行条例》)规定的消费品的单位和个人,以及国务院确定的销售《消费税暂行条例》规定的消费品的其他单位和个人,均为消费税的纳税人。其中,在中华人民共和国境内,是指生产、委托加工和进口属于应当缴纳消费税的消费品的起运地或者所在地在境内;单位,是指企业、行政单位、事业单位、军事单位、社会团体及其他单位;个人,是指个体工商户及其他个人。

(五)消费税的税目与税率

1.消费税税目

现行的消费税税目共有15个,具体包括:烟、酒及酒精、高档化妆品、贵重首饰及珠宝玉石、鞭炮和焰火、成品油、摩托车、小汽车、高尔夫球及球具、高档手表、游艇、木制一次性筷子、实木地板、电池、涂料等。

2.消费税税率

(1)税率形式。消费税税率共有以下两种形式。①比例税率。对供求矛盾突出、价格差异较大、计量单位不规范的消费品,采用比例税率。②定额税率。适用于黄酒、啤酒和成品油。

(2)最高税率的应用纳税人兼营不同税率的应当缴纳消费税的消费品,应当分别核算不同税率应税消费品的销售额、销售数量;未分别核算销售额、销售数量,或者将不同税率的应税消费品组成成套消费品销售的,按最高税率征税。

消费税税目税率表见表3-4。

表3-4   消费税税目税率表

税目	税率	征收环节
一、烟		
1.卷烟		
(1)甲类卷烟	批发环节:11% 加 0.005 元/支 生产环节:56% 加 0.003 元/支	生产、委托加工、进口和批发环节
(2)乙类卷烟	批发环节:11% 加 0.005 元/支 生产环节:36% 加 0.003 元/支	

续表

税目	税率	征收环节
2.雪茄烟	36%	生产、委托加工和进口环节
3.烟丝	30%	
二、酒		
1.白酒	20%加0.5元/500克(或者500毫升)	生产、委托加工和进口环节
2.黄酒	240元/吨	
3.啤酒		
(1)甲类啤酒	250元/吨	
(2)乙类啤酒	220元/吨	
4.其他酒	10%	
三、高档化妆品	15%	生产、委托加工和进口环节
四、贵重首饰及珠宝玉石		
1.金银首饰、铂金首饰和钻石及钻石饰品	5%	零售环节
2.其他首饰和珠宝玉石	10%	生产、委托加工和进口环节
五、鞭炮、焰火	15%	生产、委托加工和进口环节
六、成品油		
1.汽油	1.52元/升	生产、委托加工和进口环节
2.柴油	1.2元/升	
3.航空煤油	1.2元/升(暂缓征收)	
4.石脑油	1.52元/升	
5.溶剂油	1.52元/升	
6.润滑油	1.52元/升	
7.燃料油	1.2元/升	
七、摩托车		
1.气缸容量(排气量,下同)为250毫升的	3%	生产、委托加工和进口环节
2.气缸容量在250毫升以上的	10%	
八、小汽车		
1.乘用车		
(1)气缸容量(排气量,下同)在1.0升(含1.0升)以下的	1%	生产、委托加工和进口环节

续表

税目	税率	征收环节
(2)气缸容量在1.0升以上至1.5升(含1.5升)的	3%	生产、委托加工和进口环节
(3)气缸容量在1.5升以上至2.0升(含2.0升)的	5%	
(4)气缸容量在2.0升以上至2.5升(含2.5升)的	9%	
(5)气缸容量在2.5升以上至3.0升(含3.0升)的	12%	
(6)气缸容量在3.0升以上至4.0升(含4.0升)的	25%	
(7)气缸容量在4.0升以上的	40%	
2.中轻型商用客车	5%	
3.超豪华小汽车	10%	零售环节加征
九、高尔夫球及球具	10%	生产、委托加工和进口环节
十、高档手表	20%	生产、委托加工和进口环节
十一、游艇	10%	生产、委托加工和进口环节
十二、木制一次性筷子	5%	生产、委托加工和进口环节
十三、实木地板	5%	生产、委托加工和进口环节
十四、电池	4%	
无汞原电池	4%（免征消费税）	生产、委托加工和进口环节
金属氢化物镍蓄电池（又称"氢镍蓄电池"或"镍氢蓄电池"）		
锂原电池		
锂离子蓄电池		
太阳能电池		
燃料电池		
全钒液流电池		
铅蓄电池	2016年1月1日起按4%税率征收	
十五、涂料	4%	
施工状态下挥发性有机物（VOC）含量低于420克/升(含)的涂料	4%（免征消费税）	生产、委托加工和进口环节

（六）消费税的应纳税额

消费税实行从价定率、从量定额，或者从价定率和从量定额的复合计税（以下简称"复合计税"）的办法计算应纳税额。

1. 直接对外销售应纳消费税的计算（表 3-5）

表 3-5 直接对外销售应纳消费税的计算

计税方法	计税依据	适用范围	计税公式
从价定率计税	销售额	除列举项目外的应税消费品	应纳税额=销售额×比例税率
从量定额计税	销售数量	列举 3 种：啤酒、黄酒、成品油	应纳税额=销售数量×单位税额
复合计税	销售额、销售数量	列举 2 种：白酒、卷烟	应纳税额=销售额×比例税率+销售数量×单位税额

【例3-8】红旗化妆品厂销售一批应税消费品取得价款 10 000 元，增值税专用发票上面注明的增值税税额为 1 300 元，其适用的消费税税率为 15%。则其应缴纳的消费税税额为：

应缴纳的消费税税额=10 000×15%=1 500（元）

2. 自产自用应纳消费税的计算

（1）用于本企业连续生产应税消费品，不缴消费税。

（2）用于其他方面，于移送使用时缴消费税。

①本企业连续生产非应税消费品。

②在建工程、管理部门、非生产机构。

③馈赠、赞助、集资、广告、样品、职工福利、奖励等方面。

（3）组成计税价格及税额计算。按纳税人生产的同类消费品的售价计税；无同类消费品售价的，按组成计税价格计算。

组成计税价格计算公式：

实行从价定率办法计算纳税的组成计税价格的计算公式为：

组成计税价格=（成本+利润）÷（1-比例税率）

应纳税额=组成计税价格×比例税率

实行复合计税办法计算纳税的组成计税价格的计算公式为：

组成计税价格=（成本+利润+自产自用数量×定额税率）÷（1-比例税率）

应纳税额=组成计税价格×比例税率+自产自用数量×定额税率

3. 委托加工应税消费品应纳消费税的计算

委托加工应税消费品是指委托方提供原料和主要材料，受托方只收取加工费和代垫部分辅助材料加工的应税消费品。

以下情况不属于委托加工应税消费品。

①由受托方提供原材料生产的应税消费品。

②受托方先将原材料卖给委托方，再接受加工的应税消费品。

③由受托方以委托方名义购进原材料生产的应税消费品。

委托加工的应税消费品,按照受托方的同类消费品销售价格计算纳税,如果当月同类消费品价格高低不同,应按销售数量加权平均计算。没有同类消费品价格的,按照组成计税价格计算纳税。组成计税价格的计算公式为:

实行从价定率办法计算纳税的组成计税价格的计算公式为:

$$组成计税价格=(材料成本+加工费)÷(1-比例税率)$$

$$应纳税额=组成计税价格×比例税率$$

实行复合计税办法计算纳税的组成计税价格的计算公式为:

$$组成计税价格=(材料成本+加工费+委托加工数量×定额税率)÷(1-比例税率)$$

$$应纳税额=组成计税价格×比例税率+委托加工数量×定额税率$$

①受托方加工完毕向委托方交货时,由受托方代收代缴消费税。

如果受托方是个人(含个体工商户),委托方须在收回加工应税消费品后向所在地主管税务机关缴纳消费税。

②如果受托方没有代收代缴消费税,委托方应补缴税款,补税的计税依据为:

a.已直接销售的,按销售额计税。

b.未销售或不能直接销售的,按组价计税(委托加工业务的组价)。

4.进口应税消费品应纳消费税的计算

①从价定率办法计税。

$$组成计税价格=(关税完税价格+关税)÷(1-比例税率)$$

$$应纳税额=组成计税价格×比例税率$$

②从量定额办法计税。

$$应纳税额=应税消费品数量×定额税率$$

③复合办法计税。

$$组成计税价格=(关税完税价格+关税+进口数量×定额税率)÷(1-比例税率)$$

$$应纳税额=组成计税价格×比例税率+进口数量×定额税率$$

5.已纳消费税扣除的计算

外购应税消费品已纳消费税的扣除:税法规定,对外购已税消费品连续生产应税消费品销售时,可按当期生产领用数量计算准予扣除外购应税消费品已纳的消费税税款。

①扣税范围。在消费税15个税目中,除酒、小汽车、高档手表、游艇、摩托车、电池、涂料外,其余8个税目有扣税规定。

a.外购已税烟丝生产的卷烟。

b.外购已税高档化妆品原料生产的高档化妆品。

c.外购已税珠宝玉石原料生产的贵重首饰及珠宝玉石。

d.外购已税鞭炮焰火原料生产的鞭炮焰火。

e.外购已税杆头、杆身和握把为原料生产的高尔夫球杆。

f.外购已税木制一次性筷子为原料生产的木制一次性筷子。

g.外购已税实木地板为原料生产的实木地板。

h.外购已税石脑油、燃料油、润滑油为原料生产的成品油。

i. 外购已税汽油、柴油为原料生产的汽油、柴油。

②扣税计算。按当期生产领用数量扣除其已纳消费税。

当期准予扣除的外购应税消费品已纳税款＝当期准予扣除的外购应税消费品买价×
外购应税消费品适用税率

当期准予扣除的外购应税消费品买价＝期初库存的外购应税消费品买价＋当期购进的外购
应税消费品买价－期末库存的外购应税消费品买价

③扣税环节。对于在零售环节缴纳消费税的金银首饰(含镶嵌首饰)、铂金首饰和钻石及钻石饰品已纳消费税不得扣除。

④外购应税消费品后销售。对自己不生产应税消费品,而只是购进后再销售应税消费品的工业企业,其销售的高档化妆品、鞭炮焰火和珠宝玉石,凡不能构成最终消费品直接进入消费品市场,而需进一步生产加工的,应当征收消费税,同时允许扣除上述外购应税消费品的已纳税款。

提示

允许扣除已纳税款的应税消费品只限于从工业企业购进的应税消费品和进口环节已缴纳消费税的应税消费品,对从境内商业企业购进应税消费品的已纳税款一律不得扣除。

税法规定,对委托加工收回消费品已缴纳的消费税,可按当期生产领用数量从当期应纳消费税税额中扣除,扣税范围、扣税方法与外购已税消费品连续生产应税消费品相同。

(七)消费税的征收管理

1. 纳税义务发生时间

(1)纳税人销售应税消费品的,按不同的销售结算方式分别处理如下。

①采取赊销和分期收款结算方式的,为书面合同约定的收款日期的当天,书面合同没有约定收款日期或者无书面合同的,为发出应税消费品的当天。

②采取预收货款结算方式的,为发出应税消费品的当天。

③采取托收承付和委托银行收款方式的,为发出应税消费品并办妥托收手续的当天。

④采取其他结算方式的,为收讫销售款或者取得索取销售款凭据的当天。

(2)纳税人自产自用应税消费品的,为移送使用的当天。

(3)纳税人委托加工应税消费品的,为纳税人提货的当天。

(4)纳税人进口应税消费品的,为报关进口的当天。

2. 纳税期限

消费税的纳税期限分别为1日、3日、5日、10日、15日、1个月或者1个季度。

纳税人以1个月或者1个季度为一期纳税的,自期满之日起15日内申报纳税;纳税人以1日、3日、5日、10日、15日为一期的,自期满之日起5日内预缴税款,于次月1日起15日内申报纳税并结清上月应纳税款。

提示

纳税人进口应税消费品,应当自海关填发海关进口消费税专用缴款书之日起15日内缴纳税款。

3.消费税纳税地点

（1）纳税人销售的应税消费品，以及自产自用的应税消费品，除国务院财政、税务主管部门另有规定外，应当向纳税人机构所在地或者居住地的主管税务机关申报纳税。

（2）委托加工的应税消费品，除受托方为个人外，由受托方向机构所在地或居住地的税务机关解缴消费税税款；受托方为个人的，由受托方向其机构所在地的税务机关申报纳税。

（3）进口的应税消费品，由进口人或者其代理人向报关地海关申报纳税。

（4）纳税人到外县（市）销售或者委托外县（市）代销自产应税消费品的，于应税消费品销售后，向机构所在地或居住地税务机关申报纳税。

（5）纳税人的总机构与分支机构不在同一县（市）的，应当分别向各自机构所在地的税务机关申报纳税。纳税人的总机构与分支机构不在同一县（市）的，但在同一省（自治区、直辖市）范围内，经省（自治区、直辖市）财政厅（局）、税务局审批同意，可以由总机构汇总向总机构所在地的税务机关申报缴纳消费税。

（6）纳税人销售的应税消费品，如因质量等原因由购买者退回时，经机构所在地或者居住地税务机关审核批准后，可退还已缴纳的消费税税款。

（7）出口的应税消费品办理退税后，发生退关，或者国外退货进口时予以免税的，报关出口者必须及时向其机构所在地或者居住地税务机关申报补缴已退还的消费税税款。纳税人直接出口的应税消费品办理免税后，发生退关或者国外退货，进口时已予以免税的，经机构所在地或者居住地税务机关批准，可暂不办理补税，待其转为国内销售时，再申报补缴消费税。

（8）个人携带或者邮寄进境的应税消费品的消费税，连同关税一并计征，具体办法由国务院关税税则委员会会同有关部门制定。

三、企业所得税

（一）企业所得税的概念

企业所得税是指对我国境内的企业和其他取得收入的组织的生产经营所得和其他所得征收的一种税。

提示

第十届全国人民代表大会第五次会议通过、第十二届全国人民代表大会常务委员会第二十六次会议修正的《企业所得税法》，国务院 2007 年 12 月 6 日发布的《中华人民共和国企业所得税法实施条例》，以及国家财政税务主管部门制定发布的系列规章和规范性文件，构成了我国企业所得税法律制度的主要内容。

（二）企业所得税的征税对象

依法在中华人民共和国境内成立的企业和其他取得收入的组织（以下统称"企业"）为企业所得税的纳税人。企业所得税的征税对象就是企业的生产经营所得、其他所得和清算所得。

1.居民企业的征税对象

来源于中国境内、境外的所得。

2.非居民企业的征税对象

来源于境内,以及发生在境外但与境内机构场所有联系的所得。

(1)非居民企业在中国境内设立机构、场所的,应当就其所设机构、场所取得的来源于中国境内的所得,以及发生在中国境外但与其所设机构、场所有实际联系的所得,缴纳企业所得税。

(2)非居民企业在中国境内未设立机构、场所的或者虽设立机构、场所但取得的所得与其所设机构、场所没有实际联系的,应当就其来源于中国境内的所得缴纳企业所得税。

提示

这里所说的所得,包括销售货物所得、提供劳务所得、转让财产所得、股息红利等权益性投资所得、利息所得、租金所得、特许权使用费所得、接受捐赠所得、其他所得。

（三）企业所得税税率

(1)企业所得税基本税率为25%,适用于居民企业和在中国境内设有机构、场所且所得与机构、场所有关联的非居民企业。

(2)对符合条件的小型微利企业,减按20%的税率征收企业所得税;对国家需要重点扶持的高新技术企业,减按15%的税率征收企业所得税;对非居民企业在中国境内未设立机构、场所的,或者虽设立机构、场所但取得的所得与其所设机构、场所没有实际联系的所得,适用税率为20%,但实际征税时减按10%的税率征收企业所得税。

提示

为进一步支持小型微利企业发展,《财政部 税务总局关于进一步扩大小型微利企业所得税优惠政策范围的通知》(财税〔2018〕77号)规定,自2018年1月1日至2020年12月31日,将小型微利企业的年应纳税所得额上限由50万元提高至100万元,对年应纳税所得额低于100万元(含100万元)的小型微利企业,其所得减按50%计入应纳税所得额,按20%的税率缴纳企业所得税。

为进一步激励企业加大研发投入,支持科技创新,《财政部 税务总局 科技部关于提高研究开发费用税前加计扣除比例的通知》(财税〔2018〕99号)规定,企业开展研发活动中实际发生的研发费用,未形成无形资产计入当期损益的,在按规定据实扣除的基础上,在2018年1月1日至2023年12月31日期间,再按照实际发生额的75%在税前加计扣除;形成无形资产的,在上述期间按照无形资产成本的175%在税前摊销。

（四）企业所得税应纳税所得额

应纳税所得额是企业所得税的计税依据。根据《企业所得税法》的规定,企业每纳税年度的收入总额,减除不征税收入、免税收入、各项扣除以及允许弥补的以前年度亏损后的余额,为应纳税所得额。应纳税所得额的计算有直接计算法和间接计算法两种方法。

直接计算法下的计算公式为:

应纳税所得额=收入总额-不征税收入-免税收入-各项扣除-准予弥补的以前年度亏损

间接计算法下的计算公式为:

$$应纳税所得额=利润总额+纳税调整项目金额$$

提示

企业应纳税所得额的计算,应当以权责发生制为原则。凡本期已经实现收入和已经发生或应当负担的费用,不论其款项是否已经收付,都应作为当期的收入和费用处理;凡不属于当期的收入和费用,即使款项已经在当期收付,都不应作为当期的收入和费用处理。

1. 收入总额

收入总额是指企业以货币形式和非货币形式从各种来源取得的收入。具体包括销售货物收入、提供劳务收入、转让财产收入、股息和红利等权益性投资收益、利息收入、租金收入、特许权使用费收入、接受捐赠收入以及其他收入。

2. 不征税收入

不征税收入是指从性质和根源上不属于企业营利性活动带来的经济利益,不负有纳税义务并不作为应纳税所得额组成部分的收入。收入总额中的不征税收入包括:财政拨款;依法收取并纳入财政管理的行政事业性收费、政府性基金;国务院规定的其他不征税收入。

3. 免税收入

免税收入是指属于企业的应税所得但按照税法规定免予征收企业所得税的收入。企业的免税收入包括以下收入。

(1)国债利息收入。企业因购买国债所得的利息收入,免征企业所得税。

①企业从发行者直接投资购买的国债持有至到期,其从发行者取得的国债利息收入,全额免征企业所得税。

②企业到期前转让国债或者从非发行者投资购买的国债,其持有期间尚未兑付的国债利息收入,免征企业所得税。

$$尚未兑付的国债利息收入 = 国债金额 \times (适用年利率 \div 365) \times 持有天数$$

③企业转让或到期兑付国债取得的价款,减除其购买国债成本,并扣除其持有期间尚未兑付的国债利息收入、交易过程中相关税费后的余额,为企业转让国债收益(损失),应按规定纳税。

(2)符合条件的居民企业之间的股息、红利等权益性收益,指居民企业直接投资于其他居民企业取得的投资收益。

(3)在中国境内设立机构、场所的非居民企业从居民企业取得与该机构、场所有实际联系的股息、红利等权益性投资收益。

该收益都不包括连续持有居民企业公开发行并上市流通的股票不足 12 个月取得的投资收益。

(4)符合条件的非营利组织的收入。

提示

非营利组织的收入,不包括非营利组织从事营利性活动取得的收入。

①接受其他单位或者个人捐赠的收入。

②除《企业所得税法》第七条规定的财政拨款以外的其他政府补助收入,但不包括因政府购买服务取得的收入。

③按照省级以上民政、财政部门规定收取的会费。

④不征税收入和免税收入孳生的银行存款利息收入。

⑤财政部、国家税务总局规定的其他收入。

4.准予扣除项目

企业实际发生的与取得收入有关的、合理的支出,包括成本、费用、税金、损失和其他支出,准予在计算应纳税所得额时扣除。

(1)工资、薪金支出。企业发生的合理的工资、薪金支出准予扣除。

(2)职工福利费。不超过工资薪金总额14%的部分准予扣除。

(3)工会经费。不超过工资薪金总额2%的部分准予扣除。

(4)职工教育经费。不超过工资薪金总额8%的部分准予扣除,超过部分准予在以后纳税年度结转扣除。

(5)利息费用。

①不超过金融企业同期同类贷款利率计算的利息。

②关联方借款利息。企业接受关联方债权性投资与其权益性投资比例为:金融企业为5:1,其他企业为2:1。

③企业向自然人借款的利息支出。

(6)业务招待费。按照发生额的60%扣除,但最高不得超过当年销售(营业)收入的5‰;筹建期,按照发生额的60%计入开办费。

(7)广告费和业务宣传费。不超过当年销售(营业)收入15%以内的部分,准予扣除;超过部分准予在以后纳税年度扣除;筹建期,全部计入开办费。

(8)公益性捐赠支出。不超过年度利润总额12%的部分,准予扣除;超过部分准予以后3年内结转扣除。

(9)手续费及佣金。

①保险企业发生与其经营活动有关的手续费及佣金支出,不超过当年全部保费收入扣除退保金等后余额的18%(含本数)的部分,在计算应纳税所得额时准予扣除;超过部分,允许结转到以后年度扣除。

②其他企业。按与具有合法经营资格中介服务机构或个人所签订服务协议或合同确认的收入金额的5%计算限额。

5.不得扣除项目

不得扣除项目包括:向投资者支付的股息、红利等权益性投资收益款项;企业所得税税款;税收滞纳金;罚金、罚款和被没收财物的损失;超过规定标准的捐赠支出;赞助支出;未经核定的准备金支出;企业之间支付的管理费、企业内营业机构之间支付的租金和特许权使用费,以及非银行企业内营业机构之间支付的利息;与取得收入无关的其他支出。

6.亏损弥补

(1)税法规定,企业某一纳税年度发生的亏损可以用下一年度的所得弥补,下一年度的所得不足以弥补的,可逐年延续弥补,但最长不得超过5年。而且,企业在汇总计算缴纳企业所得税时,其境外营业机构的亏损不得抵减境内营业机构的盈利。

(2)企业筹办期间不计算为亏损年度,企业自开始生产经营的年度,为开始计算企业损益的年度。

（3）税务机关对企业以前年度纳税情况进行检查时调增的应纳税所得额,凡企业以前年度发生亏损且该亏损属于企业所得税法规定允许弥补的,应允许调增的应纳税所得额弥补该亏损。弥补该亏损后仍有余额的,按照企业所得税法规定计算缴纳企业所得税。

【例3-9】某企业为居民企业,2018年发生经营业务如下:取得产品销售收入4 000万元;发生产品销售成本2 600万元;发生销售费用770万元(其中广告费650万元)、管理费用480万元(其中业务招待费25万元)、财务费用60万元;销售税金160万元(其中增值税120万元);营业外收入80万元;营业外支出50万元(其中通过公益性社会团体向灾区捐款30万元,支付税收滞纳金6万元);已计入成本、费用中的实发工资总额200万元,拨缴职工工会经费5万元,发生职工福利费31万元,发生职工教育经费7万元。

要求:计算该企业2018年度实际应缴纳的企业所得税额。

分析:利润总额=4 000+80-2 600-770-480-60-(160-120)-50=80(万元)

业务招待费应调增所得额=25-25×60%=25-15=10(万元)

4 000×5‰=20(万元)>25×60%=15(万元)

捐赠支出应调增所得额=30-80×12%=20.4(万元)

支付税收滞纳金应调增所得额:6万元。

工会经费应调增所得额=5-200×2%=1(万元)

职工福利费应调增所得额=31-200×14%=3(万元)

职工教育经费扣除限额=200×8%=16(万元),可全额扣除,不需要调整。

广告费和业务宣传费应调增所得额=650-4 000×15%=650-600=50(万元)

扣除类纳税调整增加合计=10+20.4+6+1+3+50=90.40(万元)

应纳税所得额=80+90.40=170.40(万元)

应纳企业所得税额=170.40×25%=42.60(万元)

（五）企业所得税征收管理

1.纳税地点

居民企业以企业登记注册地为纳税地点;登记注册地在境外的,以实际管理机构所在地为纳税地点。居民企业在中国境内设立不具有法人资格的营业机构的,应当汇总计算并缴纳企业所得税。

非居民企业在中国境内设立机构、场所的,以机构、场所所在地为纳税地点。非居民企业在中国境内设立两个或者两个以上机构、场所,符合国务院税务主管部门规定条件的,可以选择由其主要机构、场所汇总缴纳企业所得税。

在中国境内未设立机构、场所的,或者虽设立机构、场所但取得的所得与其所设机构、场所没有实际联系的非居民企业,以扣缴义务人所在地为纳税地点。

2.纳税期限

企业所得税按年计征,分月或者分季预缴,年终汇算清缴(年终后5个月内进行),多退少补。企业所得税的纳税年度为公历1月1日起至12月31日止。纳税人在一个纳税年度中间开业,或者出于合并、关闭等原因终止经营活动,使该纳税年度的实际经营期不足12个月的,应当以其实际经营期为一个纳税年度。企业清算时,应将整个清算期作为一个独立的纳税年度计算清算所得。

3.纳税申报

企业按月或按季预缴的,应当自月份或者季度终了之日起15日内,无论盈利或亏损,都应向税务机关报送预缴企业所得税纳税申报表,预缴税款,企业应当自年度终了之日起5个月内,向税务机关报送年度企业所得税纳税申报表,并汇算清缴,结清应缴应退税款。企业在报送企业所得税纳税申报表时,应当按照规定附送财务会计报告和其他有关资料。

4.跨地区经营汇总纳税企业所得税征收管理

企业实行"统一核算、分级管理、就地预缴、汇总清算、财政调库"的企业所得税征收管理。

适用于:跨省设立不具有法人资格分支机构的居民企业。

(1)汇总纳税企业汇总计算的企业所得税,包括预缴税款和汇算清缴应缴应退税款。

①50%在各分支机构间分摊,各分支机构根据分摊税款就地办理缴库。

②50%由总机构分摊缴纳,其中25%就地办理缴库,25%就地全额缴入中央国库。

(2)分摊税额计算。总机构应按照上年度分支机构的经营收入、职工工资和资产总额三个因素和对应权重计算各分支机构应分摊所得税款的比例计算公式如下:

所有分支机构分摊税款总额＝汇总纳税企业当期应纳所得税额×50%

某分支机构分摊税款＝所有分支机构分摊税款总额×该分支机构分摊比例

某分支机构分摊比例＝(该分支机构营业收入/各分支机构营业收入之和)×0.35+

(该分支机构职工薪酬/各分支机构职工薪酬之和)×0.35+

(该分支机构资产总额/各分支机构资产总额之和)×0.30

5.合伙企业所得税的征收管理

(1)合伙企业以每一个合伙人为纳税义务人,合伙企业合伙人是自然人的,缴纳个人所得税;合伙人是法人和其他组织的,缴纳企业所得税。

(2)合伙企业生产经营所得和其他所得采取"先分后税"的原则。

(3)合伙企业的合伙人是法人和其他组织的,合伙人在计算其企业所得税时,不得用合伙企业的亏损抵减其盈利。

四、个人所得税

(一)个人所得税的概念

个人所得税是以自然人取得的各项应税所得为征税对象征收的一种所得税。个人,是指区别于法人的自然人,既包括作为要素所有者的个人,如财产所有者个人,也包括作为经营者的个人,如个体工商户、合伙企业的合伙人及独资企业的业主。所得,是指个人通过各种方式所获得的一切利益。

(二)个人所得税纳税义务人

个人所得税的纳税义务人可以泛指取得所得的自然人,依据住所和居住时间两个标准,可以分为居民纳税义务人和非居民纳税义务人。

1.居民纳税义务人

居民纳税义务人是指在中国境内有住所,或者无住所而一个纳税年度内在中国境内居住累计满一百八十三天的个人。居民个人负有无限纳税义务,其从中国境内和境外取得的所得,都要依法缴纳个人所得税。

2.非居民纳税义务人

非居民纳税义务人是指在中国境内无住所又不居住,或者无住所而一个纳税年度内在中国境内居住累计不满一百八十三天的个人。非居民个人承担有限纳税义务,仅就其从中国境内取得的所得,缴纳个人所得税。

提示

个人独资企业和合伙企业投资者也应缴纳个人所得税。

(三)个人所得税的应税项目和税率

1.个人所得税应税项目

个人所得税的征税范围包括个人取得的各项应税所得,"个人所得税法"列举了9项个人应税所得。

(1)工资、薪金所得。工资、薪金所得是指个人因任职或受雇而取得的工资、薪金、奖金、年终加薪、劳动分红、津贴、补贴及与任职或受雇有关的其他所得。

(2)劳务报酬所得。劳务报酬所得是指个人从事劳务取得的所得,包括从事设计、装潢、安装、制图、化验、测试、医疗、法律、会计、咨询、讲学、翻译、审稿、书画、雕刻、影视、录音、录像、演出、表演、广告、展览、技术服务、介绍服务、经纪服务、代办服务以及其他劳务取得的所得。

(3)稿酬所得。稿酬所得是指个人因其作品以图书、报刊形式出版、发表而取得的所得。

(4)特许权使用费所得。特许权使用费所得是指个人提供专利权、商标权、著作权、非专利技术及其他特许权的使用权取得的所得;提供著作权的使用权取得的所得,不包括稿酬所得。

(5)经营所得,是指:①个体工商户从事生产、经营活动取得的所得,个人独资企业投资人、合伙企业的个人合伙人来源于境内注册的个人独资企业、合伙企业生产、经营的所得;②个人依法从事办学、医疗、咨询及其他有偿服务活动取得的所得;③个人对企业、事业单位承包经营、承租经营以及转包、转租取得的所得;④个人从事其他生产、经营活动取得的所得。

(6)利息、股息、红利所得。利息、股息、红利所得是指个人拥有债权、股权而取得的利息、股息、红利所得。

(7)财产租赁所得。财产租赁所得是指个人出租不动产、机器设备、车船及其他财产取得的所得。

(8)财产转让所得。财产转让所得是指个人转让有价证券、股权、合伙企业中的财产份额、不动产、机器设备、车船以及其他财产取得的所得。

(9)偶然所得。偶然所得是指个人得奖、中奖、中彩及其他偶然性质的所得。居民个人取得上述(1)—(4)项所得(以下称"综合所得"),按纳税年度合并计算个人所得税;非居民个人取得上述(1)—(4)项所得,按月或者按次分项计算个人所得税。

2. 个人所得税税率

（1）居民个人的工资、薪金所得、劳务报酬所得、稿酬所得、特许权使用费所得统称为综合所得。综合所得，适用 3% ~45% 的超额累进税率，见表 3-6。

表 3-6　综合所得适用税率

级数	全年应纳税所得额	税率	速算扣除数
1	不超过 36 000 元的	3%	0
2	超过 36 000 元至 144 000 元的部分	10%	2 520
3	超过 144 000 元至 300 000 元的部分	20%	16 920
4	超过 300 000 元至 420 000 元的部分	25%	31 920
5	超过 420 000 元至 660 000 元的部分	30%	52 920
6	超过 660 000 元至 960 000 元的部分	35%	85 920
7	超过 960 000 元的部分	45%	181 920

注：本表所称"全年应纳税所得额"是指依照法律规定，居民个人取得综合所得以每一纳税年度收入额减除费用 6 万元以及专项扣除、专项附加扣除和依法确定的其他扣除后的余额。

（2）非居民个人取得工资、薪金所得，劳务报酬所得，稿酬所得和特许权使用费所得，适用 3% ~45% 的超额累进税率，见表 3-7（依照表 3-6 按月换算后得出）。

表 3-7　非居民个人取得工资、薪金所得，劳务报酬所得，稿酬所得和特许权使用费所得适用税率

级数	全月应纳税所得额	税率	速算扣除数
1	不超过 3 000 元的	3%	0
2	超过 3 000 元至 12 000 元的部分	10%	210
3	超过 12 000 元至 25 000 元的部分	20%	1 410
4	超过 25 000 元至 35 000 元的部分	25%	2 660
5	超过 35 000 元至 55 000 元的部分	30%	4 410
6	超过 55 000 元至 80 000 元的部分	35%	7 160
7	超过 80 000 元的部分	45%	15 160

（3）经营所得，适用 5% ~35% 的超额累进税率，见表 3-8。

表 3-8　经营所得适用税率

级数	全年应纳税所得额	税率	速算扣除数
1	不超过 30 000 元的	5%	0
2	超过 30 000 元至 90 000 元的部分	10%	1 500
3	超过 90 000 元至 300 000 元的部分	20%	10 500
4	超过 300 000 元至 500 000 元的部分	30%	40 500
5	超过 500 000 元的部分	35%	65 500

注：本表所称"全年应纳税所得额"是指依照《个人所得税法》第六条的规定，以每一纳税年度的收入总额减除成本、费用及损失后的余额。

（4）财产租赁所得，财产转让所得，利息、股息、红利所得和偶然所得，适用比例税率，税率为20%。

自2008年3月1日（含）起，对个人出租住房取得的所得暂减按10%的税率征收个人所得税。

自2008年10月9日（含）起，暂免征收储蓄存款利息所得的个人所得税。

（四）个人所得税的应纳税额

（1）居民个人的综合所得，以每一纳税年度的收入额减除费用6万元以及专项扣除、专项附加扣除和依法确定的其他扣除后的余额，为应纳税所得额。

"综合所得"包括工资薪金所得、劳务报酬所得、稿酬所得和特许权使用费所得。"专项扣除"包括居民个人按照国家规定的范围和标准缴纳的基本养老保险、基本医疗保险、失业保险等社会保险费和住房公积金等（简称"三险一金"）。"专项附加扣除"包括子女教育、继续教育、大病医疗、住房贷款利息或者住房租金、赡养老人等支出，具体范围、标准和实施步骤由国务院确定，并报全国人民代表大会常务委员会备案。"其他扣除"是指除上述基本减除费用、专项扣除、专项附加扣除外，由国务院决定以扣除方式减少纳税的优惠政策规定，如税优商业健康险、税收递延型养老保险等。

$$应纳税额=应纳税所得额×适用税率-速算扣除数$$

$$应纳税所得额=年度收入额-60\ 000-专项扣除-专项附加扣除-其他扣除额$$

公式中的"年度收入额"，应根据不同的综合所得项目计算加总，具体规定如下。

①工资、薪金所得。工资、薪金所得在计入年度收入额时，应采用税前工资总额。

提示

最新《个人所得税法》的基本减除费用为5 000元/月，并且统一了国内外人员基本减除费用标准，外籍人员不再享受1 300元/月的附加减除费用。

②劳务报酬所得和特许使用费所得。居民个人取得的劳务报酬所得、特许权使用费所得汇算清缴时，将劳务报酬所得、特许权使用费所得的收入额，扣除20%的费用后的余额计入综合所得的收入额。

③稿酬所得。居民纳税人的稿酬所得实行按次预扣预缴，年终汇算清缴。稿酬所得的收入额先减按70%计算，再减除20%的费用计入综合所得，即按照收入额的56%征税。

【例3-10】北辰公司的李达为居民纳税义务人，2020年全年的税前工资收入为200 000元，专项扣除和专项附加扣除额合计为48 000元。李达也是一名文学爱好者，将自己的一部中长篇小说的著作权提供给某报刊使用，取得20 000元收入，其中因作品以报刊形式发表而取得的所得为12 000元，即稿酬所得；其余8 000元属于特许权使用费所得。请计算李达上述所得应交的个人所得税。

年度收入额=200 000+12 000×70%×（1-20%）+8 000×（1-20%）=213 120（元）

应纳税所得额=213 120-60 000-48 000=105 120（元）

应纳税额=105 120×10%-2 520=7 992（元）

专项附加扣除包括子女教育、继续教育、大病医疗、住房贷款利息或者住房租金、赡养老人等支出。具体规定如下。

①子女教育专项附加扣除。纳税人的子女接受全日制学历教育的相关支出、年满3岁至小学入学前处于学前教育阶段的子女按照每个子女每月1 000元的标准定额扣除。受教育子女的父母分别按照扣除标准的50%扣除或经约定选择由其中一方按照100%扣除。

②继续教育专项附加扣除。纳税人接受学历(学位)继续教育支出按照教育期间每月400元定额扣除。同一学历(学位)继续教育的扣除期限不能超过48个月。接受职业资格继续教育,在取得相关证书的年度,按照3 600元/年定额扣除。个人接受本科及以下学历(学位)继续教育,可以选择由其父母扣除,也可以选择由本人扣除。

③大病医疗专项附加扣除。在一个纳税年度内,纳税人发生的与基本医保相关的医药费用支出,扣除医保报销后个人负担累计超过15 000元的部分,由纳税人在办理年度汇算清缴时,在80 000元限额内据实扣除。

④住房贷款利息专项附加扣除。纳税人发生的首套住房贷款利息支出,在实际发生贷款利息的年度,按照每月1 000元的标准定额扣除,扣除期限最长不超过240个月。经夫妻双方约定,可选择由其中一方扣除。

⑤住房租金专项附加扣除。纳税人在主要工作城市没有自有住房而发生的住房租金支出,可以按以下标准定额扣除:直辖市、省会(首府)城市、计划单列市以及国务院确定的其他城市,扣除标准为每月1 500元;除前述所列城市外,市辖区户籍人口超过100万的城市,扣除标准为每月1 100元;市辖区户籍人口不超过100万的城市,扣除标准为每月800元。

⑥赡养老人专项附加扣除。纳税人为独生子女的,按照每月2 000元的标准定额扣除;纳税人为非独生子女的,由其与兄弟姐妹分摊每月2 000元的扣除额度,每人分摊的额度不能超过每月1 000元。

被赡养人是指年满60岁(含)的父母,以及子女均已去世的年满60岁的祖父母、外祖父母。

(2)居民个人取得综合所得,由扣缴义务人按月或者按次扣缴税款,不办理汇算清缴。对非居民个人取得的工资薪金所得,以每月收入额减除费用5 000元后的余额为应纳税所得额,不扣除专项附加扣除。非居民个人取得的劳务报酬所得、稿酬所得、特许权使用费所得的应税所得额计算方法与居民个人相同。

(3)经营所得。经营所得,以每一纳税年度的收入总额减除成本、费用以及损失后的余额为应纳税所得额。计算公式为:

$$应纳税额 = 应纳税所得额 \times 适用税率 - 速算扣除数$$
$$= (纳税年度收入总额 - 成本、费用及损失) \times 适用税率 - 速算扣除数$$

成本、费用,是指生产、经营活动中发生的各项直接支出和分配计入成本的间接费用以及销售费用、管理费用、财务费用;所称损失,是指生产、经营活动中发生的固定资产和存货的盘亏、毁损、报废损失,转让财产损失,坏账损失,自然灾害等不可抗力因素造成的损失以及其他损失。

取得经营所得的个人,没有综合所得的,计算其每一纳税年度的应纳税所得额时,应当减除费用6万元、专项扣除、专项附加扣除以及依法确定的其他扣除。专项附加扣除在办理汇算清缴时减除。

(4)财产租赁所得。财产租赁所得,每次收入不超过 4 000 元的,减除准予扣除项目、修缮费用(800 元为限),再减除费用 800 元;4 000 元以上的,减除准予扣除项目、修缮费用(800 元为限),再减除 20% 的费用,其余额为应纳税所得额。其计算公式分别为:

①每次(月)收入不足 4 000 元的:

应纳税额=[每次(月)收入额-准予扣除项目-修缮费用(800 元为限)-800]×20%

②每次(月)收入在 4 000 元以上的:

应纳税额=[每次(月)收入额-准予扣除项目-修缮费用(800 元为限)]×(1-20%)×20%

(5)财产转让所得。财产转让所得,以转让财产的收入额减除财产原值和合理费用后的余额为应纳税所得额。计算公式为:

$$应纳税额=应纳税所得额×适用税率$$
$$=(收入总额-财产原值-合理费用)×20\%$$

(6)利息、股息、红利所得和偶然所得。利息股息、红利所得和偶然所得,以每次收入额为应纳税所得额。计算公式为:

$$应纳税额=应纳税所得额×适用税率$$
$$=每次收入额×20\%$$

(五)个人所得税的免税项目

下列项目免征个人所得税。

(1)省级人民政府、国务院部委和中国人民解放军军以上单位,以及外国组织、国际组织颁发的科学、教育、技术、文化、卫生、体育、环境保护等方面的奖金。

(2)国债和国家发行的金融债券利息。

(3)按照国家统一规定发放的补贴、津贴。

(4)福利费、抚恤金、救济金。

(5)保险赔款。

(6)军人的转业费、复员费、退役金。

(7)按照国家统一规定发给干部、职工的安家费、退职费、基本养老金或者退休费、离休费、离休生活补助费。

(8)依照有关法律规定应予免税的各国驻华使馆、领事馆的外交代表、领事官员和其他人员的所得。

(9)中国政府参加的国际公约、签订的协议中规定免税的所得。

(10)国务院规定的其他免税所得。

(六)个人所得税的征收管理

我国个人所得税实行以代扣代缴为主、自行申报为辅的征收方式。

1. 自行申报

自行申报是纳税人自行在税法规定的纳税期限内,向税务机关申报取得的应税所得项目和数额,如实填写个人所得税纳税申报表,并按照税法规定计算应纳税额,据此缴纳个人所得税的一种方法。

纳税义务人有下列情形之一的,应当按照规定到主管税务机关办理纳税申报。

（1）取得综合所得需要办理汇算清缴。需要办理汇算清缴的情形包括以下4种。

①从两处以上取得综合所得，且综合所得年收入额减除专项扣除的余额超过6万元。

②取得劳务报酬所得、稿酬所得、特许权使用费所得中一项或者多项所得，且综合所得年收入额减除专项扣除的余额超过6万元。

③纳税年度内预缴税额低于应纳税额。

④纳税人申请退税。

（2）取得经营所得的纳税申报。

（3）取得应税所得，扣缴义务人未扣缴税款的纳税申报。

（4）取得境外所得的纳税申报。

（5）因移居境外注销中国户籍的纳税申报。

（6）非居民个人在中国境内从两处以上取得工资、薪金所得的纳税申报。

（7）国务院规定的其他情形。

2.代扣代缴

代扣代缴是指按照税法规定负有扣缴税款义务的单位或个人，在向个人支付应纳税所得时，应计算应纳税额，从其所得中扣除并缴入国库，同时向税务机关报送扣缴个人所得税报告表。

凡支付个人应纳税所得的企业、事业单位、社会团体、军队、驻华机构（不含依法享有外交特权和豁免的驻华使领馆、联合国及其国际组织驻华机构）、个体户等单位或者个人，为个人所得税的扣缴义务人。

3.纳税期限

（1）居民个人取得综合所得，按年计算个人所得税；有扣缴义务人的，由扣缴义务人按月或者按次预扣预缴税款；需要办理汇算清缴的，应当在取得所得的次年3月1日至6月30日内办理汇算清缴。

（2）非居民个人取得工资、薪金所得，劳务报酬所得，稿酬所得和特许权使用费所得，有扣缴义务人的，由扣缴义务人按月或者按次代扣代缴税款，不办理汇算清缴。

（3）纳税人取得经营所得，按年计算个人所得税，由纳税人在月度或者季度终了后15日内向税务机关报送纳税申报表，并预缴税款；在取得所得的次年3月31日前办理汇算清缴。

（4）纳税人取得利息、股息、红利所得，财产租赁所得，财产转让所得和偶然所得，按月或者按次计算个人所得税，有扣缴义务人的，由扣缴义务人按月或者按次代扣代缴税款。

（5）纳税人取得应税所得没有扣缴义务人的，应当在取得所得的次月15日内向税务机关报送纳税申报表，并缴纳税款。

（6）纳税人取得应税所得，扣缴义务人未扣缴税款的，纳税人应当在取得所得的次年6月30日前，缴纳税款；税务机关通知限期缴纳的，纳税人应当按照期限缴纳税款。

（7）居民个人从中国境外取得所得的，应当在取得所得的次年3月1日至6月30日内申报纳税。

（8）非居民个人在中国境内从两处以上取得工资、薪金所得的，应当在取得所得的次月15日内申报纳税。

（9）纳税人因移居境外注销中国户籍的,应当在注销中国户籍前办理税款清算。

（10）扣缴义务人每月或者每次预扣、代扣的税款,应当在次月15日内缴入国库并向税务机关报送扣缴个人所得税申报表。

第三节　税收征收管理

税收征收管理是指国家征税机关依据国家税收法律、行政法规的规定,按照统一的标准,通过一定的程序,对纳税人应纳税额组织入库的一种行政活动,是国家将税收政策贯彻实施到每个纳税人,有效地组织税收收入及时、足额入库的一系列活动。为了加强税收征收管理,规范税收征收和缴纳行为,保障国家税收收入,保护纳税人的合法权益,促进经济和社会发展,2015年4月24日第十二届全国人民代表大会常务委员会第十四次会议修订了《税收征收管理法》。根据《税收征收管理法》的规定,税收征收管理包括税务管理、税务登记、账簿和发票管理、纳税申报、税款征收、税务检查和法律责任等环节。

一、税务登记

税务登记是税务机关依据税法规定,对纳税人的生产经营活动进行登记管理的一项法定制度,也是纳税人依法履行纳税义务的法定手续。

为推进简政放权、便利市场准入、鼓励投资创业、激发市场活力,根据《国务院办公厅关于加快推进"三证合一"登记制度改革的意见》(国办发〔2015〕50号)的要求,自2015年10月1日起,"三证合一、一照一码"的登记制度改革在全国推行。即实现企业一次申请、由工商部门核发一个加载法人和其他组织统一社会信用代码的营业执照,不再发放企业组织机构代码证和税务登记证。随着国务院简政放权、放管结合、优化服务的"放管服"改革不断深化,登记制度改革从"三证合一"推进为"五证合一",又进一步推进为"多证合一、一照一码"。即在全面实施企业、农民专业合作社工商营业执照、组织机构代码证、税务登记证、社会保险登记证、统计登记证"五证合一、一照一码"登记制度改革和个体工商户工商营业执照、税务登记证"两证整合"的基础上,将涉及企业、个体工商户和农民专业合作社(统称"企业")登记、备案等有关事项和各类证照进一步整合到营业执照上,实现"多证合一、一照一码",使"一照一码"营业执照成为企业唯一的"身份证",使统一社会信用代码成为企业唯一的身份代码,实现企业"一照一码"走天下。

（一）开业登记

开业登记又称设立登记,是指从事生产、经营的纳税人,经国家市场监督管理部门批准开业后办理的纳税登记。

1.开业登记的对象

根据有关规定,办理开业登记的纳税人分为以下两类。

（1）领取营业执照从事生产、经营的纳税人。其包括：①企业，即从事生产、经营的单位或组织，包括国有、集体、私营企业，中外合资合作企业、外商独资企业，以及各种联营、联合、股份制企业等；②企业在外地设立的分支机构和从事生产、经营的场所；③个体工商户；④从事生产、经营的事业单位。

（2）其他纳税人。从事生产、经营以外的纳税人，除国家机关、个人和无固定生产、经营场所的流动性农村小商贩外，也应当按照规定办理税务登记。此外，根据税收法律、行政法规的规定，负有扣缴税款义务的扣缴义务人（国家机关除外）应当办理扣缴税款登记。

2. 开业登记的时间

在市场监督管理部门领取"一照一码"营业执照后，等同于办理了税务登记证，应当在领取"一照一码"营业执照之日起 15 日内，将其财务、会计制度或财务、会计处理办法报送主管税务机关备案；在开立存款账户之日起 15 日内，向主管税务机关报告全部存款账号，并按规定进行申报纳税。

（二）变更登记

变更登记是指纳税人办理设立税务登记后，因登记内容发生变化，需要对原有登记内容进行更改，而向主管税务机关申请办理的税务登记。变更登记的主要目的在于及时掌握纳税人的生产经营情况，减少税款的流失。

1. 变更税务登记的适用范围

纳税人办理税务登记后，如发生下列情形之一，应当办理变更税务登记：改变名称、改变法定代表人、改变经济性质或经济类型、改变住所和经营地点（不涉及主管税务机关变动的）、改变生产或经营方式、增减注册资金（资本）、改变隶属关系、改变生产经营期限、改变或增减银行账号、改变生产经营权属以及改变其他税务登记内容。

2. 变更登记的时间要求与程序

对涉及营业执照照面记载事项（即名称、主体类型、住所、法定代表人等）的变更，到市场监督管理部门办理变更，无须再到税务登记部门办理税务变更登记；对营业执照照面以外的信息，应当自市场监督管理部门变更登记之日起 30 日内，或者自税务登记内容实际发生变化之日起 30 日内，或者自有关机关批准或者宣布变更之日起 30 日内，到原税务登记机关申报办理变更税务登记。

（三）停业、复业登记

实行定期定额征收的个体工商户需要停业的，在停业前向主管税务机关申报办理停业登记。纳税人停业期满不能及时恢复生产经营的，应当在停业期满前到主管税务机关申报办理延长停业登记。纳税人的停业期限不得超过一年。

办理停业登记的纳税人，在恢复生产经营之前向主管税务机关申报办理复业登记。

（四）注销登记

纳税人发生以下情形的，向主管税务机关申报办理注销税务登记。

（1）因解散、破产、撤销等情形，依法终止纳税义务的。

（2）按规定不需要在工商行政管理机关或者其他机关办理注销登记，但经有关机关批准或者宣告终止的。

（3）被工商行政管理机关吊销营业执照或者被其他机关予以撤销登记的。

（4）因住所、经营地点变动，涉及改变税务登记机关的。

（5）境外企业在中华人民共和国境内承包建筑、安装、装配、勘探工程和提供劳务，项目完工离开中国的。

（五）跨区域涉税事项报验登记

根据《国家税务总局关于创新跨区域涉税事项报验管理制度的通知》（税总发〔2017〕103号）的要求，就跨区域涉税事项报验管理制度的相关内容作出创新。

1. 外出经营活动税收管理的更名与创新

（1）将"外出经营活动税收管理"更名为"跨区域涉税事项报验管理"。外出经营活动税收管理作为现行税收征管的一项基本制度，是《税收征收管理法实施细则》和《增值税暂行条例》规定的法定事项，也是落实现行财政分配体制、解决跨区域经营纳税人的税收收入及征管职责在机构所在地与经营地之间划分问题的管理方式，对维持税收属地入库原则、防止漏征漏管和重复征收具有重要作用。按照该项制度的管理实质，将其更名为"跨区域涉税事项报验管理"。

（2）纳税人跨区域经营前不再开具相关证明，改为填报"跨区域涉税事项报告表"。纳税人跨省（自治区、直辖市和计划单列市）临时从事生产经营活动的，不再开具"外出经营活动税收管理证明"，改向机构所在地的税务机关填报"跨区域涉税事项报告表"。纳税人在省（自治区、直辖市和计划单列市）内跨县（市）临时从事生产经营活动的，是否实施跨区域涉税事项报验管理由各省（自治区、直辖市和计划单列市）税务机关自行确定。

（3）取消跨区域涉税事项报验管理的固定有效期。税务机关不再按照180天设置报验管理的固定有效期，改按跨区域经营合同执行期限作为有效期限。合同延期的，纳税人可向经营地或机构所在地的税务机关办理报验管理有效期限延期手续。

（4）实行跨区域涉税事项报验管理信息电子化。跨区域涉税事项报验管理的报告、报验、延期、反馈等信息，通过信息系统在机构所在地和经营地的税务机关之间传递，机构所在地的国税机关、地税机关之间，经营地的国税机关、地税机关之间均要实时共享相关信息。

2. 跨区域涉税事项报告、报验及反馈

（1）填报"跨区域涉税事项报告表"。具备网上办税条件的，纳税人可通过网上办税系统，自主填报"跨区域涉税事项报告表"。不具备网上办税条件的，纳税人向主管税务机关（办税服务厅）填报"跨区域涉税事项报告表"，并出示加载统一社会信用代码的营业执照副本（未换照的出示税务登记证副本），或加盖纳税人公章的副本复印件（以下统称"税务登记证件"）；已实行实名办税的纳税人只需填报"跨区域涉税事项报告表"。

（2）跨区域涉税事项报验。跨区域涉税事项由纳税人首次在经营地办理涉税事宜时，向经营地的税务机关报验。纳税人报验跨区域涉税事项时，应当出示税务登记证件。

（3）跨区域涉税事项信息反馈。纳税人跨区域经营活动结束后，应当结清经营地的应纳税款以及其他涉税事项，向经营地的税务机关填报"经营地涉税事项反馈表"。经营地的税务机关核对"经营地涉税事项反馈表"后，同意办结的，经营地的国税机关应当及时将相关信息反馈给机构所在地的国税机关。纳税人不需要另行向机构所在地的税务机关反馈。

（4）跨区域涉税事项反馈信息的处理。机构所在地的税务机关要设置专岗，负责将反馈信息及时以适当方式告知纳税人，并适时对纳税人已抵减税款、在经营地已预缴税款和应预缴税款进行分析、比对，发现疑点的，及时推送至风险管理部门或者稽查部门组织应对。

（六）纳税人税种登记

纳税人在办理开业或变更登记的同时应当申报填报税种登记，由税务机关根据其生产、经营范围及拥有的财产等情况，认定录入纳税人适用的税种、税目、税率、报缴税款期限、征收方式和缴库方式等。税务机关依据"纳税人税种登记表"所填写的项目，自受理之日起3日内进行税种登记。

（七）扣缴义务人扣缴税款登记

已办理税务登记的扣缴义务人应当在扣缴义务发生之日起30日内，向税务登记地税务机关申报办理扣缴税款登记。税务机关在其税务登记证件上登记扣缴税款事项，税务机关不再发给扣缴税款登记证件。

根据税收法律、行政法规的规定可不办理税务登记的扣缴义务人，应当在扣缴义务发生之日起30日内，向机构所在地税务机关申报办理扣缴税款登记，税务机关核发扣缴税款登记证件。

纳税人应提供扣缴义务人登记表、营业执照、受托加工应税消费品的相关协议、合同原件及复印件（发生本项代扣代缴义务的），向税务登记地税务机关申报办理扣缴义务人扣缴税款登记。

（八）违反税务登记规定的法律责任

纳税人未按照规定的期限申报办理税务登记、变更或者注销税务登记的，由税务机关责令限期改正，可以处2 000元以下的罚款；情节严重的，处2 000元以上1万元以下的罚款。未按规定使用税务登记证件，或者转借、涂改、损毁、买卖、伪造税务登记证件的，处2 000元以上1万元以下的罚款；情节严重的，处1万元以上5万元以下的罚款。

二、发票管理

（一）发票的概念

发票是指在购销商品、提供或者接受服务以及从事其他经营活动中，开具、收取的收付款的书面证明。它是确定经营收支行为发生的法定凭证，是会计核算的原始依据，也是税务稽查的重要依据。

为了加强发票的管理，2010年12月8日国务院第136次常务会议修改并通过了《中华人民共和国发票管理办法》（以下简称《发票管理办法》），自1993年12月23日起施行。2010年、2019年分别根据中华人民共和国国务院令第587号、第709号修改。根据国家税务总局令第25号，《中华人民共和国发票管理办法实施细则》（以下简称《发票管理办法实施细则》），自2011年2月1日起施行，2014年、2018年、2019年分别根据国家税务总局令第37号、44号、48号修改。《发票管理办法》以及《发票管理办法实施细则》对发票的印制、领购，发票的开具和保管，发票的检查以及对违反发票管理制度的处罚等作出了规定。同时，《税收征收管理法》规定，税务机关是发票的主管机关，负责发票印刷、领购、开具、取得、保管、缴销的管理和监督。

提示

财政、审计、工商行政管理、公安等有关部门在各自职责范围内，配合税务机关做好发票管理工作。

发票的基本联次为三联，第一联为存根联，由收款方或开票方留存备查；第二联为发票联，由付款方或受票方作为付款的原始凭证；第三联为记账联，由收款方或开票方作为记账原始凭证。

提示

增值税专用发票的基本联次还应包括抵扣联，收执方作为抵扣税款的凭证。除增值税专用发票外，县（市）以上税务机关根据需要可适当增减联次并确定其用途。

发票的基本内容包括发票的名称、发票代码和号码、联次及用途、客户名称、开户银行及账号、商品名称或经营项目、计量单位、数量、单价、大小写金额、开票人、开票日期、开票单位（个人）名称（章）等。有代扣、代收、委托代征税款的，其发票内容应包括代扣、代收、委托代征税种的税率和代扣、代收、委托代征的税额。

（二）发票的特征

发票具有以下 5 个方面的特征。

1. 发票的合法性

发票的合法性是指发票的确立由法律、行政法规作出规定，由法定的管理机关——国家税务总局统一监制，只有依法印制、使用，并具备法定的格式和内容的发票，才是有效的合法发票，才能作为财务收支和会计核算的合法凭证。

2. 发票的真实性

发票的真实性是指用票单位和个人必须依照法律、行政法规的规定，从客观事实出发，对经济业务进行如实、客观的记录，真正反映经济交往的原始面貌；对外来的发票进行严格的审查把关，去伪存真，确保取得发票的真实性。

3. 发票的统一性

发票的统一性是指在同一行政区域、同一时期、同一经济性质（或同一行业）的发票用户，其使用的发票种类和应遵循规则的统一。

4. 发票的时效性

发票的时效性是指填开发票必须按税务机关规定的时限进行，既不能提前也不能推后。

5. 发票的传递性

发票的传递性是指发票从印制、运输、存储、发售、开具到记账有一个复杂的传递过程。发票只有通过传递，其价值才能得以实现。

（三）发票的种类

1. 增值税专用发票

增值税专用发票是指专供增值税一般纳税人销售货物、劳务、服务、无形资产或者不动产时使用的一种发票。

（1）根据《增值税专用发票使用规定》，增值税专用发票由基本联次或者基本联次附加其他联次构成,基本联次为三联;第一联为记账联,第二联为抵扣联,第三联为发票联。记账联作为销售方核算销售收入和增值税销项税额的记账凭证;抵扣联作为购买方报送主管税务机关认证和留存备查的凭证;发票联作为购买方核算采购成本和增值税进项税额的记账凭证;其他联次的用途,由一般纳税人自行确定。

(2)根据《增值税专用发票使用规定》,一般纳税人如有下列情形的,不得领购使用增值税专用发票。①会计核算不健全,不能向税务机关准确提供增值税销项税额、进项税额、应纳税额数据及其他有关增值税税务资料的。②有《税收征收管理法》规定的税收违法行为,拒不接受税务机关处理的。③有下列行为之一,经税务机关责令限期改正而仍未改正的:a.虚开增值税专用发票;b.私自印制专用发票;c.向税务机关以外的单位和个人买取专用发票;d.借用他人专用发票;e.未按规定开具专用发票;f.未按规定保管专用发票和专用设备;g.未按规定申请办理防伪税控系统变更发行;h.未按规定接受税务机关检查。

一般纳税人销售货物或者提供应税劳务,应向购买方开具专用发票,但是商业企业一般纳税人零售的烟、酒、食品、服装、鞋帽(不包括劳保专用部分)、化妆品等消费品不得开具专用发票。

(3)专用发票实行最高开票限额管理。最高开票限额,是指单份专用发票开具的销售额合计数不得达到的上限额度。最高开票限额由一般纳税人申请,税务机关依法审批。

2.增值税普通发票

增值税普通发票,主要是增值税小规模纳税人使用的,包括增值税普通发票(折叠票)、增值税电子普通发票和增值税普通发票(卷票)。增值税一般纳税人在不能开具专用发票的情况下也可使用普通发票。

3.其他发票

其他发票包括农产品收购发票、农产品销售发票、门票、收费公路通行费电子普通发票、定额发票、客运发票和二手车销售统一发票等。

(四)发票的印制

(1)发票的种类,由省级以上税务机关确定。在全国范围内统一式样的发票,由国家税务总局确定,如增值税专用发票;省、自治区和直辖市范围内统一式样的发票,由省级税务机关确定。

(2)增值税专用发票由国务院税务主管部门确定的企业印制;其他发票,按照国务院税务主管部门的规定,由省、自治区、直辖市税务机关确定的企业印制;禁止私自印制、伪造、变造发票。

(3)印制发票应当使用国务院税务主管部门确定的全国统一的发票防伪专用品。禁止非法制造发票防伪专用品。

(4)发票应当套印全国统一发票监制章。全国统一发票监制章的式样和发票版面印刷的要求,由国务院税务主管部门规定,发票监制章由省、自治区、直辖市税务机关制作,禁止伪造发票监制章。

(5)发票应当使用中文印制。民族自治地方的发票,可以加印当地一种通用的民族文字;有实际需要的,也可以同时使用中外两种文字印制。

（6）各省、自治区、直辖市内的单位和个人使用的发票，除增值税专用发票外，应当在本省、自治区、直辖市内印制；确有必要到外省、自治区、直辖市印制的，应当由省、自治区、直辖市税务机关商印制地省、自治区、直辖市税务机关同意，由印制地省、自治区、直辖市税务机关确定的企业印制。禁止在境外印制发票。

（五）发票的领购

根据《发票管理办法》的规定：

（1）依法办理税务登记的单位和个人，在领取税务登记证件后，向主管税务机关申请领购发票。依法不需要办理税务登记的单位需要领购发票的，可以按照本办法的有关规定，向主管税务机关申请领购发票。

（2）申请领购发票的单位和个人应当提出购票申请，填写"发票领购申请审批表"，提供经办人身份证明、税务登记证件或者其他有关证明，以及财务印章或者发票专用章的印模，经主管税务机关审核后，发给发票领购簿。

提示

领购发票的单位和个人应当凭发票领购簿核准的种类、数量以及购票方式，向主管税务机关领购发票。

（3）需要临时使用发票的单位和个人，可以直接向税务机关申请办理。

（4）临时到本省、自治区、直辖市行政区域以外从事经营活动的单位或者个人，应当凭所在地税务机关的证明，向经营地税务机关申请领购经营地的发票。

提示

临时在本省、自治区、直辖市以内跨市、县从事经营活动领购发票的办法，由省、自治区、直辖市税务机关规定。

（5）税务机关对外省、自治区、直辖市来本辖区从事临时经营活动的单位和个人申请领购发票的，可以要求其提供保证人或者根据所领购发票的票面限额及数量缴纳不超过1万元的保证金，并限期缴销发票。

根据《增值税专用发票使用规定》的规定：

（1）一般纳税人应通过增值税防伪税控系统，使用专用发票。使用，包括领购、开具、缴销、认证纸质专用发票及其相应的数据电文。防伪税控系统是指经国务院同意推行的，使用专用设备和通用设备、运用数字密码和电子存储技术管理专用发票的计算机管理系统。专用设备是指金税卡、IC卡、读卡器和其他设备。通用设备是指计算机、打印机、扫描器具和其他设备。

（2）专用发票实行最高开票限额管理。最高开票限额是指单份专用发票开具的销售额合计数不得超过的上限额度。

最高开票限额由一般纳税人申请，税务机关依法审批。最高开票限额为10万元及以下的，由区县级税务机关审批；最高开票限额为100万元的，由地市级税务机关审批；最高开票限额为1 000万元及以上的，由省级税务机关审批。防伪税控系统的具体发行工作由区县级税务机关负责。

税务机关审批最高开票限额应进行实地核查。批准使用最高开票限额不超过10万元的,主管税务机关不需要事前进行实地查验;批准使用最高开票限额为 100 万元的,由地市级税务机关派人实地核查;批准使用最高开票限额为 1 000 万元及以上的,由地市级税务机关派人实地核查后将核查资料报省级税务机关审核。

(3)一般纳税人领购专用设备后,凭"最高开票限额申请表""发票领购簿"到主管税务机关办理初始发行。

初始发行是指主管税务机关将一般纳税人的下列信息载入空白金税卡和 IC 卡的行为:①企业名称;②税务登记代码;③开票限额;④购票限量;⑤购票人员姓名、密码;⑥开票机数量;⑦国家税务总局规定的其他信息。

提示

一般纳税人发生上列第①、③、④、⑤、⑥、⑦项信息变化,应向主管税务机关申请变更发行;发生第②项信息变化,应向主管税务机关申请注销发行。

(4)一般纳税人凭"发票领购簿"、IC 卡和经办人身份证明领购专用发票。

(5)一般纳税人有下列情形之一的,不得领购开具专用发票。

①会计核算不健全,不能向税务机关准确提供增值税销项税额、进项税额、应纳税额数据及其他有关增值税税务资料的。

②有《税收征收管理法》规定的税收违法行为,拒不接受税务机关处理的。

③有下列行为之一,经税务机关责令限期改正而仍未改正的。

a.虚开增值税专用发票。

b.私自印制专用发票。

c.向税务机关以外的单位和个人买取专用发票。

d.借用他人的专用发票。

e.未按《增值税专用发票使用规定》开具专用发票。

f.未按《增值税专用发票使用规定》保管专用发票和专用设备。

g.未按《增值税专用发票使用规定》申请办理防伪税控系统变更发行。

h.未按《增值税专用发票使用规定》接受税务机关检查。

有上列情形的,如已领购专用发票,主管税务机关应暂扣其结存的专用发票和 IC 卡。其中,未按《增值税专用发票使用规定》保管专用发票和专用设备,是指下列情形。

a.未设专人保管专用发票和专用设备。

b.未按税务机关要求存放专用发票和专用设备。

c.未将认证相符的专用发票抵扣联、"认证结果通知书"和"认证结果清单"装订成册。

d.未经税务机关查验,擅自销毁专用发票基本联次。

(六)发票的开具要求

(1)销售商品、提供服务及从事其他经营活动的单位和个人,对外发生经营业务收取款项,收款方应当向付款方开具发票;特殊情况下,由付款方向收款方开具发票。单位和个人在发生经营业务,确认营业收入时,才能开具发票。未发生经营业务的,一律不得开具发票。

(2)所有单位和从事生产、经营活动的个人在购买商品、接受服务及从事其他经营活动支付款项,应当向收款方取得发票时,不得要求变更品名和金额。

（3）开具发票时应按号码顺序填开，填写项目齐全、内容真实、字迹清楚、全部联次一次性复写或打印，内容完全一致，并在发票联和抵扣联加盖单位财务印章或发票专用章。

（4）使用电子计算机开具发票必须报主管税务机关批准，使用税务机关统一监制的机打发票。

（5）开具发票的时限、地点应符合规定。

（6）任何单位和个人不得转借、转让、代开发票；未经税务机关批准，不得拆本使用发票；不得自行扩大专业发票的使用范围。

（7）除国务院税务主管部门规定的特殊情形外，发票限于领购单位和个人在本省、自治区、直辖市内开具；除国务院税务主管部门规定的特殊情形外，任何单位和个人不得跨规定的使用区域携带、邮寄、运输空白发票；禁止携带、邮寄或运输空白发票出入境。

（8）开具发票的单位和个人应当建立发票使用登记制度，设置发票登记簿，并定期向主管税务机关报告发票使用情况。开具发票的单位和个人应当按照税务机关的规定妥善存放和保管发票，不得丢失。已开具的发票存根联和发票登记簿应当保存 5 年，保存期满，报经税务机关查验后销毁。发票丢失，应于丢失当日书面报告主管税务机关。

（七）违反发票管理法规的法律责任

违反《发票管理办法》的规定，有下列情形之一的，由税务机关责令改正，可以处 1 万元以下的罚款；有违法所得的予以没收。

①应当开具而未开具发票，或者未按照规定的时限、顺序、栏目、全部联次一次性开具发票，或者未加盖发票专用章的。

②使用税控装置开具发票，未按期向主管税务机关报送开具发票的数据的。

③使用非税控电子器具开具发票，未将非税控电子器具使用的软件程序说明资料报主管税务机关备案，或者未按照规定保存、报送开具发票的数据的。

④拆本使用发票的。

⑤扩大发票使用范围。

⑥以其他凭证代替发票使用。

⑦跨规定区域开具发票的。

⑧未按照规定缴销发票的。

⑨未按照规定存放和保管发票的。

三、纳税申报

纳税申报是指纳税人、扣缴义务人按照法律、行政法规的规定，在申报期限内就纳税事项向税务机关书面申报的一种法定手续。纳税申报是纳税人履行纳税义务、界定法律责任的主要依据。

纳税人必须依照法律、行政法规的规定或者税务机关依照法律、行政法规的规定在确定的申报期限内办理纳税申报。临时取得应税收入或发生应税行为的纳税人，在发生纳税义务之后，应立即向经营地税务机关办理纳税申报和缴纳税款。扣缴义务人应当在规定的申报期限内办理代扣代缴、代收代缴税款的申报手续。纳税人在纳税期内没有应纳税款的，也应当按照规定办理纳税申报;纳税人享受减税、免税待遇的,在减税、免税期间也应当按照规定办理纳税申报。

(一)纳税申报的对象

纳税人必须依照法律、行政法规规定或者税务机关依照法律、行政法规的规定确定的申报期限、申报内容如实办理纳税申报。纳税人在纳税期内没有应纳税款的,也应当按照规定办理纳税申报。纳税人享受减税、免税待遇的,在减税、免税期间应当按照规定办理纳税申报,扣缴义务人必须依照法律、行政法规的规定或者税务机关依照法律、行政法规的规定确定的申报期限、申报内容如实报送代扣代缴、代收代缴税款的申报手续。

纳税人、扣缴义务人、代征人按照规定的期限办理纳税申报或者报送代扣代缴、代收代缴税款报告表、委托代征税款报告表确有困难,需要延期的,应当在规定的申报期限内向主管国家税务机关提出书面延期申请,经主管国家税务机关核准,在核准的期限内办理。纳税人、扣缴义务人、代征人因不可抗力情形,不能按期办理纳税申报或者报送代扣代缴、代收代缴税款或委托代征税款报告的,可以延期办理,但是,应当在不可抗力情形消除后立即向主管国家税务机关报告。

(二)纳税申报的内容

纳税人、扣缴义务人的纳税申报或者代扣代缴、代收代缴税款报告表的内容,主要包括:税种,税目,应纳税项目或者应代扣代缴、代收代缴税款项目,计税依据,扣除项目及标准,适用税率或者单位税额,应退税项目及税额,应减免税项目及税额,应纳税额或者应代扣代缴、代收代缴税额,税款所属期限,延期缴纳税款、欠税、滞纳金等。

扣缴义务人必须依照法律、行政法规规定或者税务机关依照法律、行政法规的规定确定的申报期限、申报内容如实报送代扣代缴、代收代缴税款报告表以及税务机关根据实际需要要求扣缴义务人报送的其他有关资料。

纳税人办理纳税申报时,应当如实填写纳税申报表,并根据不同的情况相应报送下列有关证件、资料。

(1)财务会计报表及其说明材料。

(2)与纳税有关的合同、协议书及凭证。

(3)税控装置的电子报税资料。

(4)外出经营活动税收管理证明和异地完税凭证。

(5)境内或者境外公证机构出具的有关证明文件。

(6)税务机关规定应当报送的其他有关证件、资料。

(三)纳税申报的方式

1. 直接申报

直接申报也称上门申报,是指纳税人、扣缴义务人按照规定的期限自行到主管税务机关(报税大厅)办理纳税申报手续。这是传统的纳税申报方式。

2. 邮寄申报

邮寄申报是指经税务机关批准,纳税人、扣缴义务人使用统一规定的纳税申报特快专递专用信封,通过邮政部门办理交寄手续,并向邮政部门索取收据作为申报凭据的方式。邮寄申报以寄出地的邮政局邮戳日期为实际申报日期。这种申报方式比较适宜边远地区的纳税人。

3. 数据电文申报

数据电文申报是指经税务机关批准的纳税人或扣缴义务人经由电子手段、光学手段或类似手段生成、储存或传递信息的方式。这些手段包括电子数据交换、电子邮件、电报、电传或传真等。例如,目前纳税人的网上申报就属于数据电文申报的一种形式。采用数据电文申报的,收件人指定特定系统接收数据电文的,该数据电文进入特定系统的时间,视为申报、报送到达的时间;未指定特定系统的,该数据电文进入收件人的任何系统的首次时间,视为到达时间。

采用数据电文方式进行纳税申报或者报送代扣代缴、代收代缴报告表的,还应在申报结束后,在规定的时间内,将电子数据的材料书面报送(邮寄)税务机关;或者按税务机关的要求保存,必要时按税务机关的要求出具。税务机关收到的纳税人数据电文与报送的书面资料不一致时,应以书面数据为准。

4. 简易申报

简易申报是指由实行定期定额征收方式的个体工商户(或个人独资企业)在税务机关规定的期限内按照法律、行政法规的规定缴清应纳税款,当期(纳税期)可以不办理申报手续的方式。在定额执行期结束后,再将每月实际发生的经营额、所得额一并向税务机关申报。这种方法既节省了时间,降低了纳税成本,也符合及时、足额征收税款的原则。

5. 其他方式

其他方式是指纳税人或扣缴义务人采用直接办理、邮寄办理、数据电文办理以外的方式向税务机关办理纳税申报或者报送代扣代缴、代收代缴报告表,如纳税人或扣缴义务人委托他人代理向税务机关办理纳税申报或者报送代扣代缴、代收代缴报告表等。

(四)违反纳税申报规定的法律责任

税款征收是税务机关依照税收法律、法规的规定将纳税人应当缴纳的税款组织入库的一系列活动的总称。税款征收是税收征收管理工作的中心环节,在整个税收征收管理工作中占有极其重要的地位。

四、税款征收

税款征收是税务机关依照税收法律、法规的规定将纳税人应当缴纳的税款组织入库的一系列活动的总称。税款征收是税收征收管理工作的中心环节,在整个税收征收管理工作中占有极其重要的地位。

(一)税款征收原则

(1)税务机关是征税的唯一行政主体。《税收征收管理法》第二十九条规定,除税务机关、税务人员以及经税务机关依照法律、行政法规委托的单位和人员外,任何单位和个人不得进行税款征收活动。第四十一条同时规定,采取税收保全措施、强制执行措施的权力,不得由法定的税务机关以外的单位和个人行使。

(2)税务机关只能依照法律、行政法规的规定征收税款。《税收征收管理法》第二十八条规定,税务机关依照法律、行政法规的规定征收税款,不得违反法律、行政法规的规定开征、停征、多征、少征、提前征收、延缓征收或者摊派税款。

(3)税务机关征收税款必须遵守法定权限和法定程序。《税收征收管理法》第四十二条规定,税务机关采取税收保全措施和强制执行措施必须依照法定权限和法定程序,不得查封、扣押纳税人个人及其所扶养家属维持生活必需的住房和用品。

(4)税务机关扣押或查封商品、货物或者其他财产时,必须向纳税人开具完税凭证或者开付收据或清单。《税收征收管理法》第三十四条规定,税务机关征收税款时,必须给纳税人开具完税凭证。扣缴义务人代扣、代收税款时,纳税人要求扣缴义务人开具代扣、代收税款凭证的,扣缴义务人应当开具。第四十七条规定,税务机关扣押商品、货物或者其他财产时,必须开付收据;查封商品、货物或者其他财产时,必须开付清单。

(5)税款、滞纳金、罚款统一由税务机关上缴国库。《税收征收管理法》第五十三条规定,国家税务总局和地方税务局应当按照国家规定的税收征收管理范围和税款入库预算级次,将征收的税款缴入国库。对审计机关、财政机关依法查出的税收违法行为,税务机关应当根据有关机关的决定、意见书,依法将应收的税款、滞纳金按照税款入库预算级次缴入国库,并将结果及时回复有关机关。

(6)税款优先。《税收征收管理法》第四十五条规定,税务机关征收税款,税收优先于无担保债权,法律另有规定的除外;纳税人欠缴的税款发生在纳税人以其财产设定抵押、质押或者纳税人的财产被留置之前的,税收应当先于抵押权、质权、留置权执行。纳税人欠缴税款,同时又被行政机关决定处以罚款、没收违法所得的,税收优先于罚款、没收违法所得。

提示

税款优先说明了税款征收在纳税人支付各种款项和偿还各种债务时的优先原则,税收先于无担保债权、抵押权、质权、留置权和罚款、没收违法所得。

(二)税款征收方式

1. 查账征收

查账征收是指税务机关对财务健全的纳税人,依据其报送的纳税申报表、财务会计报表和其他有关纳税资料,计算应纳税款,填写缴款书或完税证明,由纳税人到银行划解税款的征收方式。这种税款征收方式较为规范,适合于经营规模较大、财务制度健全、能够如实核算和提供生产经营状况、正确计算应纳税款的纳税人。

2. 查定征收

查定征收是指对账务资料不全,但能控制其材料、产量或进销货物的纳税单位或个人,由税务机关依据正常条件下的生产能力对其生产的应税产品查定产量、销售额,然后依照税法规定的税率征收的一种税款征收方式。这种征收方式适用于生产经营规模较小、产品零星、税源分散、会计账册不健全但能控制原材料或进销货的小型厂矿和作坊。

3. 查验征收

查验征收是指税务机关对纳税人的应税产品,通过查验数量,按市场一般销售单价计算其销售收入,并据以计算应纳税款的一种征收方式。这种征收方式适用于经营品种比较单一、经营地点、时间和商品来源不固定的纳税人。

4.定期定额征收

定期定额征收是指对小型个体工商户在一定经营地点、一定经营时期、一定经营范围内的应纳税经营额(包括经营数量)或所得额(简称"定额")进行核定,并以此为计税依据,确定其应纳税额的一种征收方式。这种征收方式适用于生产经营规模小,又确无建账能力,经主管税务机关审核批准可以不设置账簿或暂缓建账的小型纳税人。

5.核定征收

核定征收是税务机关对不能完整、准确提供纳税资料的纳税人采用特定方式确定其应纳税收入或应纳税额,纳税人据以缴纳税款的一种方式。

(1)核定应纳税额的适用范围

根据《税收征收管理法》第三十五条的规定,纳税人(包括单位纳税人和个人纳税人)有下列情形之一的,税务机关有权核定其应纳税额。

①依照法律、行政法规的规定可以不设置账簿的。

②依照法律、行政法规的规定应当设置账簿但未设置的。

③擅自销毁账簿或者拒不提供纳税资料的。

④虽设置账簿,但账目混乱或者成本资料、收入凭证、费用凭证残缺不全,难以查账的。

⑤发生纳税义务,未按照规定的期限办理纳税申报,经税务机关责令限期申报,逾期仍不申报的。

⑥纳税人申报的计税依据明显偏低,又无正当理由的。

(2)核定应纳税额的方法

税务机关有权采用下列任何一种方法核定其应纳税额。

①参照当地同类行业或者类似行业中经营规模和收入水平相近的纳税人的税负水平核定。

②按照营业收入或者成本加合理的费用和利润的方法核定。

③按照耗用的原材料、燃料、动力等推算或者测算核定。

④按照其他合理方法核定。

提示

采用以上所列一种方法不足以正确核定应纳税额时,可以同时采用两种以上的方法核定。纳税人对税务机关采取本条规定的方法核定的应纳税额有异议的,应当提供相关证据,经税务机关认定后,调整应纳税额。

6.代扣代缴

代扣代缴是指按照税法规定,负有扣缴税款的单位和个人,负责对纳税人应纳的税款进行代扣代缴的一种方式,即由支付人在向纳税人支付款项时,从所支付的款项中直接扣收税款的方式。其目的是对零星分散、不易控制的税源实行源泉控制。

7.代收代缴

代收代缴是指按照税法规定,负有收缴税款的单位和个人,负责对纳税人应纳的税款进行代收代缴的一种方式,即由与纳税人有经济业务往来的单位和个人向纳税人收取款项时,依照税收的规定收取税款。这种方式同样适用于对零星分散、不易控制的税源实行源泉控制,如受托加工应缴消费税的消费品,由受托方代收代缴消费税。

8.委托代征

委托代征是指受托单位按照税务机关核发的代征证书的要求,以税务机关的名义向纳税人征收一些零散税款的一种税款征收方式。这种方式适用于零星、分散和流动性较大的税款征收,如集贸市场税款的征收。

9.其他方式

其他方式包括邮寄申报纳税、自计自填自缴、自报核缴等方式。

(三)税收保全措施

1.税收保全措施的适用情形

税收保全是指税务机关在规定的纳税期限之前,对由于纳税人的行为或者某种客观原因,致使以后的税款征收不能保证或难以保证而采取的限制纳税人处理或转移商品、货物或其他财产的措施。税务机关有根据认为从事生产、经营的纳税人有逃避纳税义务的行为的,可以在规定的纳税期之前,责令限期缴纳税款;在限期内发现纳税人有明显的转移、隐匿其应纳税的商品、货物以及其他财产或者应纳税额的收入的迹象的,税务机关可以责成纳税人提供纳税担保。如果纳税人不能提供纳税担保,经县以上税务局(分局)局长批准,税务机关可以采取税收保全措施。

2.税收保全的措施

(1)书面通知纳税人开户银行或者其他金融机构冻结纳税人的金额相当于应纳税款的存款。

(2)扣押、查封纳税人的价值相当于应纳税款的商品、货物或者其他财产。其他财产是指纳税人的房地产、现金、有价证券等不动产和动产。

3.税收保全的解除

纳税人在税务机关采取税收保全措施后,按照税务机关规定期限缴纳税款的,税务机关应按规定在收到税款或银行转回的完税凭证之日起1日内解除税收保全。

(四)税收强制执行

1.税收强制执行的适用情形

税收强制执行是指当事人不履行法律、行政法规规定的义务,有关国家机关告诫和限期缴纳无效的情形下,采用法定的强制手段,强迫当事人履行义务的行为。税收强制执行是行政强制执行的一种,是税务机关对纳税人拖欠税款的行为采取的一种行政强制执行措施。从事生产、经营的纳税人、扣缴义务人未按照规定的期限缴纳或者解缴税款,纳税担保人未按照规定的期限缴纳所担保的税款,由税务机关责令限期缴纳,逾期仍未缴纳的,经县以上税务局(分局)局长批准,税务机关可以采取强制执行措施。

2.税收强制执行措施的形式

(1)书面通知其开户银行或其他金融机构从其存款中扣缴税款。

(2)扣押、查封、依法拍卖或变卖其价值相当于应纳税款的商品、货物或其他财产,以拍卖或变卖所得抵缴税款。

税务机关采取强制执行措施时,对相应纳税人、扣缴义务人、纳税担保人未缴纳的滞纳金同时强制执行。

提示

个人及其所扶养家属维持生活必需的住房和用品，不在强制执行措施的范围之内。税务机关对单价 5 000 元以下的其他生活用品，不采取税收保全措施和强制执行措施。

（五）税款的追缴与退还

在实际工作中，税款的课征难免有多征或少征的情形，为体现税收法定原则，对纳税人多缴的税款要予以退还，对纳税人少缴的税款要予以追缴。

（1）纳税人多缴税款的，税务机关发现后应当立即退还；纳税人自结算缴纳税款之日起 3 年内发现的，可以向税务机关要求退还多缴的税款并加算银行同期存款利息，税务机关及时查实后应当立即退还。纳税人在结清缴纳税款之日起 3 年后向税务机关提出退还多缴税款要求的，税务机关不予受理。

（2）因税务机关的责任，致使纳税人、扣缴义务人未缴或者少缴税款的，税务机关在 3 年内可以要求纳税人、扣缴义务人补缴税款，但是不得加收滞纳金。

因纳税人、扣缴义务人计算错误等失误，未缴或者少缴税款的，税务机关在 3 年内可以追征税款、滞纳金；有特殊情况的，追征期可以延长到 5 年。所谓"特殊情况"，是指纳税人或者扣缴义务人因计算错误等失误，未缴或者少缴、未扣或者少扣、未收或者少收税款，累计数额在 10 万元以上的。补缴和追征税款、滞纳金的期限，自纳税人、扣缴义务人应缴未缴或者少缴税款之日起计算。

提示

对偷税、抗税、骗税的，税务机关追征其未缴或者少缴的税款，滞纳金或者所骗取的税款，不受前款规定期限的限制，即税务机关可以无限期追征。

（六）延期纳税

纳税人、扣缴义务人应按照法律、行政法规的规定或者税务机关依照法律、行政法规的规定在确定的期限，缴纳或者解缴税款。纳税人因有特殊困难，不能按期缴纳税款的，经省、自治区、直辖市税务局批准，可以延期缴纳税款，但是最长不得超过 3 个月。

上述特殊困难是指：①因不可抗力，导致纳税人发生较大损失，正常生产经营活动受到较大影响的；②当期货币资金在扣除应付职工工资、社会保险费后，不足以缴纳税款的。

纳税人需要延期缴纳税款的，应当在缴纳税款期限届满前提出申请，并报送下列材料：申请延期缴纳税款报告，当期货币资金余额情况及所有银行存款账户的对账单，资产负债表，应付职工工资和社会保险费等税务机关要求提供的支出预算。税务机关应当自收到申请延期缴纳税款报告之日起 20 日内作出批准或者不予批准的决定；不予批准的，从缴纳税款期限届满之日起加收滞纳金。

（七）加收滞纳金

纳税人未按照规定期限缴纳税款的、扣缴义务人未按规定期限解缴税款的，税务机关除责令限期缴纳外，从滞纳税款之日起，按日加收滞纳税款 0.5‰ 的滞纳金。《税收征收管理法》规定的加收滞纳金的起止时间，为法律、行政法规规定或者税务机关依照法律、行政法规的规定确定的税款缴纳期限届满次日起至纳税人、扣缴义务人实际缴纳或者解缴税款之日止。

（八）阻止出境

欠缴税款的纳税人或者其法定代表人在出境前未按规定结清应纳税款、滞纳金或者提供纳税担保的，税务机关可以通知出境管理机关阻止其出境。

五、涉税专业服务

（一）涉税专业服务机构

涉税专业服务机构，是指税务师事务所和从事涉税专业服务的会计师事务所、律师事务所、代理记账机构、税务代理机构、财税类咨询公司等机构。

（1）税务机关对税务师事务所实施行政登记管理。未经行政登记不得使用"税务师事务所"名称，不能享有税务师事务所的合法权益。

（2）从事涉税专业服务的会计师事务所和律师事务所，依法取得会计师事务所执业证书或律师事务所执业许可证，视同行政登记。

（二）业务范围

（1）纳税申报代理。对纳税人、扣缴义务人提供的资料进行归集和专业判断，代理纳税人、扣缴义务人进行纳税申报准备和签署纳税申报表、扣缴税款报告表以及相关文件。

（2）一般税务咨询。对纳税人、扣缴义务人的日常办税事项提供税务咨询服务。

（3）专业税务顾问。对纳税人、扣缴义务人的涉税事项提供长期的专业税务顾问服务。

（4）税收策划。对纳税人、扣缴义务人的经营和投资活动提供符合税收法律法规及相关规定的纳税计划、纳税方案。

（5）涉税鉴证。按照法律、法规以及依据法律、法规制定的相关规定要求，对涉税事项真实性和合法性出具鉴定和证明。

（6）纳税情况审查。接受行政机关、司法机关委托，依法对企业纳税情况进行审查，作出专业结论。

（7）其他税务事项代理。接受纳税人、扣缴义务人的委托，代理建账记账、发票领用、减免退税申请等税务事项。

（8）其他涉税服务。

前款第（3）项至第（6）项涉税业务，应当由具有税务师事务所、会计师事务所、律师事务所资质的涉税专业服务机构从事，相关文书应由税务师、注册会计师、律师签字，并承担相应的责任。

（三）税务机关对涉税专业服务机构的监管

税务机关建立行政登记、实名制管理、业务信息采集、检查和调查、信用评价、公告与推送等制度，同时加强对税务师行业协会的监督指导，建立与其他相关行业协会的工作联系制度，推动行业协会加强自律管理，形成较为完整的涉税专业服务监管制度体系。

税务机关视情节轻重，对违反法律法规及相关规定的涉税专业服务机构及其涉税服务人员采取以下处理措施：责令限期改正或予以约谈；列为重点监管对象；降低信用等级或纳入信用记录；暂停受理或不予受理其所代理的涉税业务；纳入涉税服务失信名录；予以公告并向社会信用平台推送。此外,对税务师事务所还可以宣布"税务师事务所行政登记证书"无效,提请市场监督管理部门吊销其营业执照,提请全国税务师行业协会取消税务师职业资格证书登记,收回其职业资格证书并向社会公告;对其他涉税专业服务机构及其涉税服务人员还可由税务机关提请其他行业主管部门及行业协会予以相应处理。

六、税收检查

税务检查又称纳税检查,是指税务机关根据税收法律、行政法规的规定,对纳税人履行纳税义务,扣缴义务人履行扣缴义务,及其他有关税务事项进行监督、审查的活动。税务检查是税收征收管理的重要内容,也是税务监督的重要组成部分。做好税务检查,对于加强依法治税、保证国家财政收入有着十分重要的意义。

（一）税收检查的内容

根据《税收征收管理法》的规定,税务检查包括以下内容。

（1）检查纳税人的账簿、记账凭证、报表和有关资料,检查扣缴义务人代扣代缴、代收代缴税款账簿、记账凭证和有关资料。

（2）到纳税人的生产、经营场所和货物存放地检查纳税人应纳税的商品、货物或者其他财产,检查扣缴义务人与代扣代缴、代收代缴税款有关的经营情况。

（3）责成纳税人、扣缴义务人提供与纳税或者代扣代缴、代收代缴税款有关的文件、证明材料和有关资料。

（4）询问纳税人、扣缴义务人与纳税或者代扣代缴、代收代缴税款有关的问题和情况。

（5）到车站、码头、机场、邮政企业及其分支机构检查纳税人托运、邮寄应纳税商品、货物或者其他财产的有关单据、凭证和有关资料。

（6）经县以上税务局（分局）局长批准,凭全国统一格式的检查存款账户许可证明,查询从事生产、经营的纳税人、扣缴义务人在银行或者其他金融机构的存款账户。税务机关在调查税收违法案件时,经设区的市、自治州以上税务局（分局）局长批准,可以查询案件涉嫌人员的储蓄存款。税务机关查询所获得的资料,不得用于税收以外的用途。

（二）法律责任

法律责任是由特定法律事实所引起的对损害予以补偿、强制履行或接受惩罚的特殊义务。税收法律责任,是指税收法律关系的主体因违反税收法律规范所应承担的法律后果。根据《税收征收管理法》及其实施细则的有关规定,税务法律关系中的主体如出现违法行为,应当依法承担税务违法责任。

根据税收征收管理的性质和特点,税收违法行为承担的法律责任的形式包括行政法律责任和刑事法律责任两类。

1. 税务违法的行政处罚

行政处罚是指具有行政处罚权的行政主体为维护公共利益和社会秩序,保护公民、法人或其他组织的合法权益,依法对行政相对人违反行政法律、法规而尚未构成犯罪的行政行为所实施的法律制裁。涉及税务领域的具体行政处罚种类有以下5种。

（1）责令限期改正,是指行政主体责令违法行为人停止和纠正违法行为,以恢复原状、维持法定的秩序或者状态,具有事后救济性。

(2)罚款,是指行政主体强制违法者承担一定金钱给付义务,要求违法者在一定期限内缴纳一定数量货币的处罚。

(3)没收非法所得、没收非法财产。

(4)收缴未用发票和暂停供应发票。

(5)停止出口退税权。

提示

对非经营活动中的违法行为设定罚款不超过1 000元。对经营活动的违法行为:①有违法所得的,设定罚款不得超过违法所得3倍,且最高不得超过30 000元;②没有违法所得的,设定罚款不超过10 000元,超过限额,应当报国务院批准。

2.税务违法的刑事处罚

刑事处罚是指违反刑法,应当受到刑法的制裁。根据我国刑法的规定,刑事处罚包括主刑和附加刑两部分。主刑有:管制、拘役、有期徒刑、无期徒刑和死刑。附加刑有:罚金、剥夺政治权利和没收财产;此外还有适用于犯罪的外国人的驱逐出境。

根据《税收征收管理法》的规定,情节严重的下列行为,构成犯罪的,应当追究刑事责任。

(1)纳税人伪造、变造、隐匿、擅自销毁账簿、记账凭证,或者在账簿上多列支出或者不列、少列收入,或者经税务机关通知申报而拒不申报或者进行虚假的纳税申报,不缴或者少缴应纳税款的。

(2)扣缴义务人采取前款所列手段,不缴或者少缴已扣、已收税款。

(3)纳税人欠缴应纳税款,采取转移或者隐匿财产的手段,妨碍税务机关追缴欠缴的税款的。

(4)以假报出口或者其他欺骗手段,骗取国家出口退税款。

(5)以暴力、威胁方法拒不缴纳税款的。

(6)非法印制发票的。

(7)税务人员徇私舞弊,对依法应当移交司法机关追究刑事责任的不移交,情节严重的。

(8)税务人员与纳税人、扣缴义务人勾结,唆使或者协助纳税人、扣缴义务人偷税、骗税、逃税等行为,构成犯罪的。

(9)税务人员徇私舞弊或者玩忽职守,不征或者少征应征税款,致使国家税收遭受重大损失,构成犯罪的。

(10)税务人员利用职务上的便利,收受或者索取纳税人、扣缴义务人财物或者谋取其他不正当利益,构成犯罪的。

(11)税务人员对控告、检举税收违法违纪行为的纳税人、扣缴义务人以及其他检举人进行打击报复,构成犯罪的。

3.税务行政复议

税务行政复议是指当事人(纳税人、扣缴义务人、纳税担保人及其他税务当事人)对税务机关及其工作人员做出的税务具体行政行为不服,依法向法定的上一级税务机关(复议机关)提出复议申请,复议机关依法对该具体行政行为的合法性、合理性作出裁决。它是公民、法人或其他组织通过行政救济途径解决行政争议的一种方法。为了进一步发挥行政复议解决税务行政争议的作用,保护公民、法人和其他组织的合法权益,监督和保障税务机关依法行使职权,根据国家税务总局令第21号,2009年12月15日国家税务总局第2次局务会议审议通过《税务行政复议规则》,该规则自2010年4月1日起施行,2018年分别根据国家税务总局令第21号、第44号修改。

纳税人、扣缴义务人、纳税担保人同税务机关在纳税上发生争议时,必须先依照税务机关的纳税决定缴纳或者解缴税款及滞纳金或者提供相应的担保,然后可以依法申请行政复议;对行政复议决定不服的,可以依法向人民法院起诉。

当事人对税务机关的处罚决定、强制执行措施或者税收保全措施不服的,可以依法申请行政复议,也可以依法向人民法院起诉。

当事人对税务机关的处罚决定逾期不申请行政复议也不向人民法院起诉,又不履行的,作出处罚决定的税务机关可以采取强制执行措施,或者申请人民法院强制执行。

(1)税务行政复议管辖。

①对各级国家税务总局的具体行政行为不服的向其上一级国家税务总局申请行政复议。

②对国家税务总局作出的具体行政行为不服的,向国家税务总局申请行政复议。对行政复议决定不服,申请人可以向人民法院提起行政诉讼,也可以向国务院申请裁决,国务院的裁决为终局裁决。

③对下列税务机关的具体行政行为不服的,按照下列规定申请行政复议。

a. 对计划单列市国家税务总局的具体行政行为不服的,向国家税务总局申请行政复议。

b. 对税务所、各级税务局的稽查局做出的具体行政行为不服的,向其所属税务局申请行政复议。

c. 对两个以上税务机关共同做出的具体行政行为不服的,向共同上一级税务机关申请行政复议;对税务机关与其他行政机关共同做出的具体行政行为不服的,向其共同上一级行政机关申请行政复议。

d. 对被撤销的税务机关在撤销以前所做出的具体行政行为不服的,向继续行使其职权的税务机关的上一级税务机关申请行政复议。

e. 对税务机关作出逾期不缴纳罚款加处罚款的决定不服的,向作出行政处罚决定的税务机关申请行政复议。但是对已处罚款和加处罚款都不服的,一并向作出行政处罚决定的税务机关的上一级税务机关申请行政复议。

提示

上述b、c、d、e项所列情形之一的,申请人也可以向具体行政行为发生地的县级地方人民政府提交行政复议申请,由接受申请的县级地方人民政府依法转送。

(2)税务行政复议审查和决定。

①复议机关应当自受理申请之日起60日内作出行政复议决定。情况复杂,不能在规定期限内作出行政复议决定的,经复议机关负责人批准,可以适当延长,并告知申请人和被申请人;但延长期限最多不超过30日。

②税务行政复议的中止与终止的情形。

③行政复议决定书一经送达,即发生法律效力。

(3)税务行政复议和解与调解。申请人和被申请人在行政复议机关作出行政复议决定以前可以达成和解,行政复议机关也可以调解。

①行使自由裁量权做出的具体行政行为,如行政处罚、核定税额、确定应税所得率等。

②行政赔偿。

③行政奖励。

④存在其他合理性问题的具体行政行为。

行政复议审理期限在和解、调解期间中止计算。

4.违反税收征收管理规定的具体法律责任

(1)偷税。纳税人伪造、变造、隐匿、擅自销毁账簿、记账凭证,或者在账簿上多列支出或者不列、少列收入,或者经税务机关通知申报而拒不申报或者进行虚假的纳税申报,不缴或者少缴应纳税款的,属于偷税。对纳税人偷税的,由税务机关追缴其不缴或者少缴的税款、滞纳金,并处不缴或者少缴的税款50%以上5倍以下的罚款;构成犯罪的,依法追究刑事责任。

(2)逃税。纳税人欠缴应纳税款,采取转移或者隐匿财产的手段,妨碍税务机关追缴欠缴的税款的,由税务机关追缴欠缴的税款、滞纳金,并处欠缴税款50%以上5倍以下的罚款;构成犯罪的,依法追究刑事责任。

(3)抗税。以暴力、威胁方法拒不缴纳税款的,属于抗税。对于抗税,除由税务机关追缴其拒缴的税款、滞纳金外,依法追究刑事责任。情节轻微,未构成犯罪的,由税务机关追缴其拒缴的税款、滞纳金,并处拒缴税款1倍以上5倍以下的罚款。

(4)欠税。纳税人、扣缴义务人在规定期限内不缴或者少缴应纳或者应解缴的税款,经税务机关责令限期缴纳,逾期仍未缴纳的,税务机关除采取强制执行措施追缴其不缴或者少缴的税款外,可以处不缴或者少缴税款50%以上5倍以下的罚款。

(5)骗税。纳税人以假报出口或者其他欺骗手段,骗取国家出口退税款的,由税务机关追缴其骗取的退税款,并处骗取税款1倍以上5倍以下的罚款;构成犯罪的,依法追究刑事责任。对骗取国家出口退税款的,税务机关可以在规定期间内停止为其办理出口退税。

【职业能力判断与选择】

一、单项选择题

1.下列各项中,属于税收法律关系客体的是(   )。

    A.纳税人　　　　　　　　　　B.税率

    C.课税对象　　　　　　　　　D.纳税义务

2.按照税收的征收权限和收入支配权限分类,可以将我国的税种分为中央税、地方税和中央地方共享税。下列各项中,属于地方税的是(   )。

    A.增值税　　　　　　　　　　B.土地增值税

C. 企业所得税　　　　　　　　　　D. 资源税

3. 下列各项中,属于税收程序法的是(　　)。

A.《消费税暂行条例》

B.《个人所得税法》

C.《税收征收管理法》

D.《企业所得税法》

4. 下列税法构成要素中,衡量纳税义务人税收负担轻重与否的重要标志是(　　)。

A. 计税依据　　　　　　　　　　B. 减税免税

C. 税率　　　　　　　　　　　　D. 征税对象

5. 某酒厂为一般纳税人,3月份向一小规模纳税人销售白酒,开具普通发票上注明含税金额为93 600元;同时收取包装物押金2 000元,此业务该酒厂应计算的销项税额为(　　)元。

A.13 600.00　　　　　　　　　　B.13 890.60

C.15 011.32　　　　　　　　　　D.15 301.92

6. 下列各项中,按从价定率和从量定额复合计税方法计征消费税的是(　　)。

A. 汽车轮胎　　　　　　　　　　B. 化妆品

C. 白酒　　　　　　　　　　　　D. 珠宝玉石

7. 下列各项中属于免税收入的是(　　)。

A. 国债利息收入

B. 非营利组织的收入

C. 依据收取并纳入财政管理的行政事业性收费、政府性基金

D. 财政拨款

8. 在税务登记中,下列有关外出经营报验登记的说法错误的是(　　)。

A. 从事生产、经营的纳税人到外县(市)进行生产经营的,应当向主管税务机关申请开具外出经营活动税收管理证明

B. 主管税务机关按照一地一证的原则核发"外管证"

C. 纳税人可以在到达经营地进行生产、经营后向经营地税务机关申请报验登记

D. 外出经营活动结束,纳税人应当向经营地税务机关填报"外出经营活动情况申报表",并按规定结清税款、缴销未使用完的发票

9. 某大学教授受某企业邀请,为该企业中层干部进行管理培训讲座,从企业取得报酬5 000元。该笔报酬在缴纳个人所得税时适用的税目是(　　)。

A. 工资薪金所得　　　　　　　　B. 劳务报酬所得

C. 稿酬所得　　　　　　　　　　D. 偶然所得

10. 实行定期定额征收方式的个体工商户,需要停业的,应当在停业前办理停业登记,纳税人的停业期限不得超过(　　)。

A.6个月　　　　　　　　　　　　B.1年

C.2年　　　　　　　　　　　　　D.3个月

11. 纳税人税务登记内容发生变化的,应当向(　　)申报办理变更税务登记。

A.地(市)级税务机关　　　　B.县(市)级税务机关

C.原税务登记机关　　　　　D.原工商登记机关

12.发票的种类、联次、内容及使用范围由(　　　)规定。

A.财政部　　　　　　　　　B.国家税务总局

C.省税务局　　　　　　　　D.县级以上税务局

13.下列有关增值税专用发票的表述中,不正确的是(　　　)。

A.增值税专用发票是指专门用于结算销售货物和提供加工、修理修配劳务使用的一种发票

B.只有经国家税务机关认定为增值税一般纳税人的才能领购增值税专用发票,小规模纳税人和法定情形的一般纳税人不得领购使用

C.增值税专用发票由省、自治区、直辖市税务机关指定的企业统一印刷

D.增值税专用发票应当使用防伪税控系统开具

14.(　　　)是指国家征税以法律形式预先规定课税对象、征收比例,便于征纳双方共同遵守。

A.强制性　　　　　　　　　B.固定性

C.无偿性　　　　　　　　　D.自愿性

15.下列各项中,不需要办理税务登记的是(　　　)。

A.从事生产经营的事业单位

B.取得工资、薪金的个人

C.企业在外地设立的分支机构

D.个体工商户

16.下列各项中不属于流转税的是(　　　)。

A.消费税　　　　　　　　　B.增值税

C.关税　　　　　　　　　　D.车辆购置税

二、多项选择题

1.下列属于税收作用的有(　　　)。

A.税收是国际经济交往中维护国家利益的可靠保证

B.税收是国家调控经济运行的重要手段

C.税收是国家组织财政收入的主要形式

D.税收有助于维护国家政权

2.下列各项中属于税收实体法的有(　　　)。

A.《税收征收管理法》

B.《个人所得税法》

C.《企业所得税法》

D.《增值税暂行条例》

3.按照税法法律级次划分,可将税法分为(　　　)。

A. 税收法律　　　　　　　　　　B. 税收行政法规

C. 税收规章　　　　　　　　　　D. 税收规范性文件

4. 下列各项中属于税法基本要素的有(　　)。

A. 征税人　　　　　　　　　　　B. 纳税义务人

C. 征税对象　　　　　　　　　　D. 法律责任

5. 下列各项中,应计入增值税的应税销售额的有(　　)。

A. 向购买者收取的包装物租金

B. 向购买者收取的销项税额

C. 因销售货物向购买者收取的手续费

D. 因销售货物向购买者收取的代收款项

6. 根据个人所得税法律制度的规定,可以将个人所得税的纳税义务人区分为居民纳税义务人和非居民纳税义务人,其依据的标准有(　　)。

A. 境内有无住所　　　　　　　　B. 境内工作时间

C. 取得收入的工作地　　　　　　D. 境内居住时间

7. 下列各项关于发票开具要求的表述中,正确的有(　　)。

A. 未发生经营业务一律不得开具发票

B. 发票联和抵扣联盖单位财务印章或发票专用章

C. 填写发票可使用外国文字

D. 可自行拆本使用发票

8. 下列关于增值税纳税地点的表述中,正确的有(　　)。

A. 固定业户应当向其机构所在地的主管税务机构申报纳税

B. 固定业户到外县(市)销售货物或应税劳务应当向劳务发生地的主管税务机关申报纳税

C. 非固定业户销售货物应当向销售地的主管税务机关申报纳税

D. 进口货物应当向机构所在地海关申报纳税

9. 企业不得有(　　)的行为。

A. 拆本使用发票　　　　　　　　B. 转借发票

C. 代开发票　　　　　　　　　　D. 转让发票

10. 下列关于设立税务登记的说法中,正确的有(　　)。

A. 从事生产、经营的纳税人未办理工商营业执照但经有关部门批准设立的,应当自有关部门批准设立之日起 30 日内申报办理税务登记,税务机关核发税务登记证及副本

B. 从事生产、经营的纳税人未办理工商营业执照也未经有关部门批准设立的,应当自纳税义务发生之日起 30 日内申报办理税务登记,税务机关核发临时税务登记证及副本

C. 境外企业在中国境内承包建筑、安装、装配、勘探工程和提供劳务的,应当自项目合同或协议签订之日起 30 日内,向项目所在地税务机关申报办理税务登记,税务机关核发临时税务登记证及副本

D.已办理税务登记的扣缴义务人应当自扣缴义务发生之日起 30 日内,向税务登记
地税务机关申报办理扣缴税款登记,税务机关核发扣缴税款登记证件

三、不定项选择题

1.下列各项可以在税前列支的有(　　)。
A.消费税　　　　　　　　　　　B.向投资者支付的股息
C.赞助支出　　　　　　　　　　D.罚金

2.居民企业所得税的纳税地点为(　　)。
A.登记注册地或实际管理机构所在地
B.登记注册地
C.机构所在地
D.扣缴义务人所在地

3.某商业企业属于增值税一般纳税人,在其零售的下列产品中,不得开具增值税专用发
票的有(　　)。
A.烟　　　　　B.酒　　　　　C.服装　　　　　D.化妆品

4.下列行为属于未按规定开具发票的有(　　)。
A.转借、转让、代开发票
B.向他人提供发票或者借用他人发票
C.自行填开发票入账
D.未按规定报告发票使用情况

5.纳税人有(　　)情形之一的,税务机关有权核定其应纳税额。
A.依照法律、行政法规的规定可以不设置账簿的
B.依照法律、行政法规的规定应当设置账簿但未设置的
C.发生纳税义务,未按照规定的期限办理纳税申报的
D.纳税人申报的计税依据明显偏低,又无正当理由的

四、判断题

1.税收是国家为实现国家职能,凭借政治权力,按照法律规定的标准,有偿取得财政收
入的一种特定分配方式。　　　　　　　　　　　　　　　　　　　　　　(　　)

2.委托个体经营者加工的应税消费品,由受托方向其机构所在地或居住地主管税务机
关申报缴纳消费税。　　　　　　　　　　　　　　　　　　　　　　　　(　　)

3.纳税人销售货物或应税劳务的,其纳税义务发生时间为收讫销售款项或取得索取销
售款项凭据的当天,先开具发票的为开具发票的当天。　　　　　　　　　　(　　)

4.企业所得税的纳税年度,自公历 1 月 1 日起至 12 月 31 日止。　　　　(　　)

5.增值税专用发票只限于增值税小规模纳税人领购使用。　　　　　　　(　　)

6.凡有法律、法规规定的应税收入、应税财产或者应税行为的各类纳税人,均应当按照
法律规定办理税务登记。　　　　　　　　　　　　　　　　　　　　　　(　　)

7. 课税对象的数额超过起征点的,只就减除起征点后的剩余部分计征税款。 （ ）

8. 下岗职工王某开办了一个商品经营部,按规定享受一定期限内的免税优惠,他认为既然免税就不需要办理税务登记,此观点正确。 （ ）

第四章 财政法律基础知识

【思维导图】

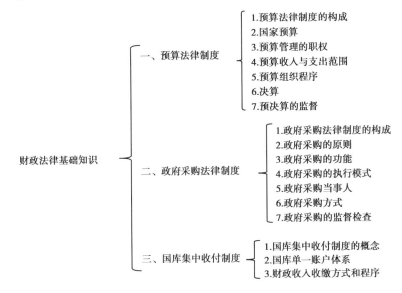

【学习目标】

1. 了解预算法律制度的构成。

2. 了解国库集中收付制度的概念。

3. 了解政府采购法律制度的构成和原则。

4. 掌握国家预算的级次划分和构成、预算管理的职权、预算组织的程序及预决算的监督。

5. 掌握政府采购的执行模式和方式。

6. 掌握国库单一账户体系的构成及财政收支的方式。

【案例导入】

财政部在第十三届全国人民代表大会第五次会议上作出关于2021年中央和地方预算执行情况与2022年中央和地方预算草案的报告。报告中提到2022年中央一般公共预算安排如下。

中央一般公共预算收入 94 880 亿元,比 2021 年执行数增长 3.8%。加上从中央预算稳定调节基金调入 2 765 亿元,从中央政府性基金预算、中央国有资本经营预算调入 9 900 亿元,收入总量为 107 545 亿元。中央一般公共预算支出 134 045 亿元,增长 14.3%。收支总量相抵,中央财政赤字 26 500 亿元,比 2021 年减少 1 000 亿元。

2022 年中央一般公共预算支出分中央本级支出、对地方转移支付、中央预备费反映。

(1)中央本级支出 35 570 亿元,增长 3.9%。落实过紧日子要求,扣除中央国防武警支出、国债发行付息支出、储备支出后,中央部门支出下降 2.1%。在连续多年严控中央部门支出基础上,继续压减非刚性非重点项目支出,同时,全力保障部门履职需要,教育、科技不纳入压减范围。中央本级主要支出项目具体情况是:一般公共服务支出 1 507.82 亿元,下降 1.9%;外交支出 502.66 亿元,增长 2.4%;国防支出 14 504.5 亿元,增长 7.1%;公共安全支出 1 949.93 亿元,增长 4.7%;教育支出 1 525.78 亿元,与上年持平(加上地方支出后,全国教育支出增长 10.6%);科学技术支出 3 187.27 亿元,与上年持平(加上地方支出后,全国科学技术支出增长 7.2%);粮油物资储备支出 1 136.47 亿元,增长 2.3%;债务付息支出 6 382 亿元,增长 8.8%。

(2)对地方转移支付 89 975 亿元,增长 8.4%。其中,一般性转移支付 82 138.92 亿元,增长 8.7%,主要是增加地方可用财力,推进基本公共服务均等化,兜牢基层"三保"底线;专项转移支付(包含中央预算内投资)7 836.08 亿元,增长 4.7%,主要是加大生态保护、产业转型升级、区域协调发展等领域支出。加上通过特定国有金融机构和专营机构上缴利润一次性安排的支持基层落实减税降费和重点民生等专项转移支付 8 000 亿元,转移支付总规模为 97 975 亿元,增长 18%。

(3)中央预备费 500 亿元,与 2021 年预算持平。预备费执行中根据实际用途分别计入中央本级支出和对地方转移支付。

第一节　预算法律制度

一、预算法律制度的构成

我国预算法律制度由《中华人民共和国预算法》(以下简称《预算法》)、《中华人民共和国预算法实施条例》(以下简称《预算法实施条例》)及有关国家预算管理的其他法律制度构成,指调整国家在进行预算资金的筹措、分配、使用和管理的过程中发生的经济关系的法律规范的总称。预算法律制度在财政法律体系中处于核心地位。

《预算法》于 1994 年 3 月 22 日由第八届全国人民代表大会第二次会议通过。新修订的《预算法》由第十二届人民代表大会常务委员会第十次会议于 2014 年 8 月 31 日通过,自 2015 年 1 月 1 日起施行。在我国财政法律体系中,《预算法》是第一部财政基本法律,是我国国家预算管理工作的根本性法律及制定其他预算法律的基本依据。

二、国家预算

（一）国家预算的概念

国家预算是政府的基本财政收支计划，即经法定程序批准的国家年度财政收支计划，所以也称为政府预算。国家预算是实现财政职能的基本手段，反映国家的施政方针和社会经济政策，规定政府活动的范围和方向。

提示

资本主义国家预算是维护资产阶级统治的手段，预算收入主要来自各阶层人民缴纳的税款收入，预算支出主要用于军政费用。我国社会主义国家预算是具有法律效力的基本财政计划，是国家为了实现政治经济任务，有计划地集中和分配一部分国民收入的重要工具，是国家经济政策的反映。

国家预算的编制必须遵循一定的原则。国家预算原则是指国家选择预算形式和体系应遵循的指导思想，也就是制定政府财政收支计划的方针，其主要有公开性、可靠性、完整性、统一性和年度性。

1. 公开性

国家预算反映政府的活动范围、方向和政策，与全体公民的切身利益息息相关。因此，国家预算及其执行情况必须采取一定的公开形式，让民众了解情况，并置于民众的监督之下。

2. 可靠性

每一收支项目的数字指标必须运用科学的方法，依据充分确实的资料，并总结出规律性，进行计算，不得假定或估算，更不能任意编造。

3. 完整性

应该列入国家预算的一切财政收支都要列在预算中，不得打埋伏、造假账、预算外另列预算。国家允许的预算外收支，也应在预算中有所反映。

4. 统一性

虽然一级政府设立一级预算，但所有地方预算连同中央预算共同组成统一的国家预算。因此，要求设立统一的预算科目，每个科目都应按统一的口径、程序计算和填列。

5. 年度性

政府必须按照法定预算年度编制国家预算，这一预算要反映全年的财政收支活动，同时不允许将不属于本年度财政收支的内容列入本年度的国家预算之中。

（二）国家预算的作用

国家预算的作用主要体现在以下4个方面。

（1）确定政府可获得的资源，有利于全面安排支出。通过预算的编制，事先进行预测，使我们能掌握一年内能筹集到多少收入，并根据财力的多少和支出的需要确定支出，也就是我们常说的要量入为出。

（2）反映政府的活动范围和方向。预算上的一收一支，绝不仅仅是数字的排列，它必然要反映在政府的各项活动上。从预算收入安排上看,每一笔收入都必须落实到项目上,在某一个收入项目上增多少收入,减多少收入,能反映出政府的政策取向。如在2004年的预算中,确定减征农业税,就反映出国家要通过减轻种粮农户的负担来鼓励农民种粮的政策。从支出安排上看,国家对哪些方面增加投入,反映出国家鼓励哪些方面的发展。如近些年来,国家每年都加大对教育、农业、科技的投入,就反映出国家重视农业、重视科教兴国的政策。

（3）有利于人民参与对国家事务的管理。对预算的讨论决定和对预算执行的监督是人民参与国家事务管理的重要体现。预算草案编出后要送由人民代表组成的权力机关进行审查,经其批准后预算才能成立。倘若预算草案不符合人民的意愿,权力机关有权进行修改,有权不予批准。国家权力机关对预算的批准,实质上是对政府工作安排的批准,体现权力机关授权政府可以干哪些事。当预算经国家权力机关批准后,其执行还要受到权力机关的监督。政府在年度终了要向权力机关报告执行结果,权力机关对执行结果还要进行审查,并决定是否批准。

（4）有利于政府活动的有序进行。由于预算对政府一年要做哪些事,做某件事要给多少钱都事先作出了安排,在新的年度开始后,征收部门按法律规定组织收入,财政部门按预算拨付资金,相关职能部门得到资金后按事先安排开展工作。这样就能有利于政府及其部门对所要干的事情能早做准备,按计划开展工作,避免工作的盲目性。

（三）国家预算级次的划分

一般来讲,我国预算分为中央预算和地方预算两类。如果按照财政法原理中的"一级政权,一级财政"原则,那么可以将预算划分为以下5个级次。

（1）中央预算。

（2）省级（省、自治区、直辖市）预算。

（3）地市级（设区的市、自治州）预算。

（4）县市级（县、自治县、不设区的市、市辖区）预算。

（5）乡镇级（乡、民族乡、镇）预算。

提示

对于不具备设立预算条件的乡、民族乡、镇,经省、自治区、直辖市政府确定,可以暂不设立预算。县级以上地方政府的派出机关,根据本级政府授权进行预算管理活动,但是不作为一级预算。

（四）国家预算的构成

我国预算级次的划分按照不同的方式可以划分为中央预算和地方预算、总预算和部门单位预算或一般公共预算、政府性基金预算、国有资本经营预算、社会保险基金预算。

1. 按照政府级次不同划分

（1）中央预算（全称"中央政府预算"）。中央预算是国家一级预算,主要承担国家安全、外交和中央国家机关运转所需经费、调整国民经济结构、协调地区发展、实施宏观调控所必需的支出以及由中央直接管理的事业发展支出。

具体包括:国防费,武警经费,外交和援外支出,中央级行政管理费,中央统管的基本建设投资,中央直属企业的技术改造和新产品试制费,地质勘探费,由中央财政安排的支农支出,由中央负担的国内外债务还本付息支出,以及中央本级负担的公检法支出和文化、教育、卫生、科学等各项事业费支出。

(2)地方预算。地方预算是各级地方政府财政收支计划的统称,包括下级政府向上级政府上解的收入数额和上级政府对下级政府返还或者给予补助的数额。

其中,本级各部门是指与本级财政部门直接发生预算缴款、拨款关系的地方国家机关、政党组织和社会团体;直属单位是指与本级财政部门直接发生预算缴款、拨款关系的企事业单位。

地方预算支出根据地方政府的职能划分,主要包括地方行政管理费、公检法支出、地方统筹的基本建设投资、支农支出、地方文教卫生事业费支出、地方上解支出等。地方预算收入主要有地方固定收入,共享收入的地方收入部分,中央对地方的返还收入、补助收入等。

提示

下一级只有本级预算的,下一级总预算即指下一级本级预算。没有下一级预算的,总预算即指本级预算。

2.按照收支管理范围划分

(1)总预算。总预算是指政府的财政汇总预算。根据国家实行一级政府一级预算的原则,可划分为各级次的总预算,如中央总预算、省(自治区、直辖市)总预算、市总预算、县总预算等。各级总预算都是由本级政府预算和汇总的下一级总预算组成的;下一级只有本级预算的,下一级总预算是指下一级的本级总预算;没有下一级预算的,总预算是指本级预算。

(2)部门单位预算。部门单位预算是指部门、单位的收支预算。各部门预算由本部门所属各单位预算组成。单位预算是指列入部门预算的国家机关、社会团体和其他单位的收支预算。部门单位预算是总预算的基础,其预算收支项目比较详细、具体,它由各级预算部门和单位编制。

3.按照收支的内容划分

(1)一般公共预算。一般公共预算是对以税收为主体的财政收入,安排用于保障和改善民生、推动经济社会发展、维护国家安全、维持国家机构正常运转等方面的收支预算。主要包括税收收入、行政事业性收费收入、国有资源(资产)有偿使用收入、转移性收入和其他收入。

(2)政府性基金预算。政府性基金预算是对依照法律、行政法规的规定在一定期限内向特定对象征收、收取或者以其他方式筹集的资金,专项用于特定公共事业发展的收支预算。政府性基金预算应当根据基金项目收入情况和实际支出需要,按基金项目编制,做到以收定支。

(3)国有资本经营预算。国有资本经营预算是对国有资本收益作出支出安排的收支预算。国有资本经营预算应当按照收支平衡的原则编制,不列赤字,并安排资金调入一般公共预算。

(4)社会保险基金预算。社会保险基金预算是指社会保险经办机构根据社会保险制度的实施计划和任务编制的、经规定程序审批的年度基金财务收支计划。

三、预算管理的职权

我国预算管理体制实行"统一领导、分级管理"的原则,《预算法》明确规定了各级人民代表大会及其常务委员会,各级政府、各级财政部门和各部门、各单位的预算职权。按照预算管理职权主体的层次不同可以分为中央预算管理职权和地方预算管理职权。

其中,全国人民代表大会的预算管理职权、全国人民代表大会常务委员会的预算管理职权、国务院的预算管理职权、国务院财政部门的预算管理职权、中央各部门的预算管理职权和中央各单位的预算管理职权属于中央预算管理职权。地方各级权力机关的预算管理职权、地方各级政府的预算管理职权、地方各级政府财政部门的预算管理职权、地方各预算部门的预算管理职权和地方各预算单位的预算管理职权属于地方预算管理职权。

(一)各级人民代表大会及其常务委员会的职权

1. 全国人民代表大会及其常务委员会的职权

全国人民代表大会是最高国家权力机关,实施预算管理是全国人民代表大会的一项基本职权。根据我国《预算法》的规定,全国人民代表大会的预算管理职权具体包括以下内容。

(1)审查中央和地方预算草案及中央和地方预算执行情况的报告。

(2)批准中央预算和中央预算执行情况的报告。

(3)改变或者撤销全国人民代表大会常务委员会关于预算、决算的不适当的决议。

全国人民代表大会常务委员会作为全国人民代表大会的常设机构,其职权具体包括以下内容。

(1)监督中央和地方预算的执行。

(2)审查和批准中央预算的调整方案。

(3)审查和批准中央决算。

(4)撤销国务院制定的同宪法、法律相抵触的关于预算、决算的行政法规、决定和命令。

(5)撤销省、自治区、直辖市人民代表大会及其常务委员会制定的同宪法,法律和行政法规相抵触的关于预算、决算的地方性法规和决议。

2. 县级以上地方各级人民代表大会及其常务委员会的职权

县级以上地方各级人民代表大会的预算管理职权具体包括以下内容。

(1)审查本级总预算草案及本级总预算执行情况的报告。

(2)批准本级预算和本级预算执行情况的报告。

(3)改变或撤销本级人民代表大会常务委员会关于预算、决算的不适当的决议、命令和决定。

(4)撤销本级政府关于预算、决算的不适当的决定和命令。

县级以上人民代表大会常务委员会的职权具体包括以下内容。

(1)监督本级总预算的执行。

(2)审查和批准本级预算的调整方案。

(3)审查和批准本级政府决算。

(4)撤销本级政府和下一级人民代表大会及其常务委员会关于预算、决算的不适当的决定、命令和决议。

3. 乡、民族乡、镇的人民代表大会的职权

设立预算的乡、民族乡、镇的人民代表大会的预算管理职权主要有以下5项。

(1)审查和批准本级预算和本级预算执行情况的报告。

(2)审查和批准本级预算的调整方案。

(3)审查和批准本级决算。

(4)监督本级预算的执行。

(5)撤销本级政府关于预算、决算的不适当的决定和命令。

提示

设区的市、自治州以上各级人民代表大会有关专门委员会进行初步审查、常务委员会有关工作机构研究提出意见时,应当邀请本级人民代表大会代表参加。

(二)**各级政府的职权**

各级政府是预算管理的国家行政机关,是国家行政管理的主体,其职权主要包括编制权、执行权、报告权、决定权、监督权和撤销权等。

1. 国务院的职权

国务院的预算管理职权包括以下内容。

(1)编制中央预算、决算草案。

(2)向全国人民代表大会作出关于中央和地方预算草案的报告。

(3)将省、自治区、直辖市政府报送备案的预算汇总后报全国人民代表大会常务委员会备案。

(4)组织中央和地方预算的执行。

(5)决定中央预算预备费的动用。

(6)编制中央预算调整方案。

(7)监督中央各部门和地方政府的预算执行。

(8)改变或者撤销中央各部门和地方政府关于预算、决算的不适当的决定、命令。

(9)向全国人民代表大会、全国人民代表大会常务委员会报告中央和地方预算的执行情况。

2. 县级以上地方各级政府的职权

县级以上地方各级政府的预算管理职权包括以下内容。

(1)编制本级预算、决算草案。

(2)向本级人民代表大会作关于本级总预算草案的报告。

(3)将下一级政府报送备案的预算汇总后报本级人民代表大会常务委员会备案。

(4)组织本级总预算的执行。

(5)决定本级预算预备费的动用。

(6)编制本级预算的调整方案。

(7)监督本级各部门和下级政府的预算执行。

(8)改变或者撤销本级各部门和下级政府关于预算、决算的不适当的决定、命令。

(9)向本级人民代表大会、本级人民代表大会常务委员会报告本级总预算的执行情况。

3. 乡、民族乡、镇政府的职权

乡、民族乡、镇政府的预算管理职权包括以下内容。

(1)编制本级预算、决算草案。

(2)向本级人民代表大会作出关于本级预算草案的报告。

(3)组织本级预算的执行。

(4)决定本级预算预备费的动用。

(5)编制本级预算的调整方案。

(6)向本级人民代表大会报告本级预算的执行情况。

(三)各级财政部门的职权

1. 国务院财政部门的职权

国务院财政部门代表国务院具体行使财政职能,其预算管理职权主要包括以下内容。

(1)具体编制中央预算、决算草案。

(2)具体编制中央预算的调整方案。

(3)具体组织中央和地方预算的执行。

(4)提出中央预算预备费动用方案。

(5)定期向国务院报告中央和地方预算的执行情况。

2. 地方各级财政部门的职权

地方各级财政部门代表本级政府具体行使财政职能,其预算管理职权主要包括以下内容。

(1)具体编制本级预算、决算草案。

(2)具体编制本级预算的调整方案。

(3)具体组织本级总预算的执行。

(4)提出本级预算预备费动用方案。

(5)定期向本级政府和上一级政府财政部门报告本级总预算的执行情况。

(四)各部门、各单位的职权

1. 各部门的职权

根据《预算法》的规定,与地方财政部门直接发生预算缴款、拨款关系的国家机关、军队、政党组织和社会团体等各部门的预算管理职权包括以下内容。

(1)负责编制本部门预算、决算草案。

(2)组织和监督本部门预算的执行。

(3)定期向本级财政部门报告预算的执行情况。

2. 各单位的职权

根据《预算法》的规定,与地方财政部门直接发生预算缴款、拨款关系的企事业单位的预算管理职权包括以下内容。

(1)编制本单位的预算、决算草案。

(2)按照国家规定上缴预算收入。

（3）安排预算支出，并接受国家有关部门的监督。

提示

各部门、各单位是预算的具体执行单位。预算的执行状况如何，在很大程度上取决于部门、单位预算管理工作的优劣。因此，各部门、各单位都要依法加强预算管理，严格执行预算，保证预算任务的实现。

四、预算收入与支出范围

我国预算由预算收入和预算支出组成。

（一）预算收入

预算收入是指通过一定的形式和渠道集中起来的由政府集中掌握使用的货币资金。世界各国取得预算收入的主要形式都是税收。除此之外，其他非税收收入形式，则视各国的政治制度、经济结构和财政制度的不同而有所区别。

1. 按来源划分

（1）税收收入。税收收入是国家预算收入的重要组成部分，在很多国家的财政收入中，税收收入占其预算收入总额的 90% 以上，中国也概莫能外。税收收入主要包括工商税收（包括商品税、所得税、财产税等）、海关税收（包括相关的进出口税收）等税收收入。目前，我国税收收入涉及 18 个税种，分为流转税、所得税、资源税、行为税、财产税等。

（2）行政事业性收费收入。行政事业性收费，是指国家机关、事业单位、代行政府职能的社会团体及其他组织根据法律、行政法规、地方性法规等有关规定，依照国务院规定程序批准，在向公民、法人提供特定服务的过程中，按照成本补偿和非营利原则向特定服务对象收取的费用。

（3）国有资源（资产）有偿使用收入。国有资源的有偿使用收入，包括土地出让金收入，新增建设用地土地有偿使用费，海域使用金，探矿权和采矿权使用费及价款收入，场地和矿区使用费收入，出租汽车经营权、公共交通线路经营权、汽车号牌使用权等有偿出让取得的收入，政府举办的广播电视机构占用国家无线电频率资源取得的广告收入，排污权有偿使用收入，采矿权拍卖所得，探矿权出让所得，土地指标调剂收入，以及利用其他国有资源取得的收入。而国有资产有偿使用收入，包括国家机关、实行公务员管理的事业单位、代行政府职能的社会团体以及其他组织的固定资产和无形资产出租、出售、出让、转让等取得的收入，世界文化遗产保护范围内实行特许经营项目的有偿出让收入和世界文化遗产的门票收入，利用政府投资建设的城市道路和公共场地设置停车泊位取得的收入，以及利用其他国有资产取得的收入。

（4）转移性收入。转移性收入是指上级税收返还和转移支付，下级上解收入、调入资金，以及按照财政部规定列入转移性收入的无隶属关系政府的无偿援助。

（5）其他收入。除上述各类收入以外的收入，主要包括规费收入、罚没收入、捐赠收入等。

2. 按归属划分

（1）中央预算收入。中央预算收入是指按照分税制财政管理体制，纳入中央预算、地方不参与分享的收入,包括中央本级收入和地方按照规定向中央上解的收入。

(2)地方预算收入。地方预算收入是指按照分税制财政管理体制,纳入地方预算、中央不参与分享的收入,包括地方本级收入和中央按照规定返还或者补助地方的收入。

(3)中央和地方预算共享收入。中央和地方预算共享收入是指按照分税制财政管理体制,中央预算和地方预算对同一税种的收入,按照一定划分标准或者比例分享的收入。

提示

政府性基金预算、国有资本经营预算和社会保险基金预算的收支范围,按照法律、行政法规和国务院的规定执行。

(二)预算支出

预算支出是国家对集中的预算收入有计划地分配和使用而安排的支出。预算支出是财政分配活动的重要环节,它反映了政府的政策,规定了政府活动的范围和方向,从而也就鲜明地体现了不同社会制度下财政的特殊本质。

(1)预算支出按功能可分为:①一般公共服务支出;②外交、公共安全、国防支出;③农业、环境保护支出;④教育、科技、文化、卫生、体育支出;⑤社会保障及就业支出;⑥其他支出。

(2)预算支出按经济性质可分为:①工资福利支出;②商品和服务支出;③资本性支出;④其他支出。

中央预算与地方预算有关收入和支出项目的划分、地方向中央上缴收入、中央对地方返还或者转移支付的具体办法,由国务院制定,报全国人民代表大会常务委员会备案。上级政府不得在预算外调用下级政府预算的资金,下级政府不得挤占或者截留属于上级政府预算的资金。

五、预算组织程序

预算组织程序是指国家在预算管理方面依序进行的各个工作环节所构成的有秩序活动的总体,包括预算的编制、预算的审查、预算的执行和预算的调整。

(一)预算的编制

我国预算年度采取公历年制,自公历 1 月 1 日起至 12 月 31 日。

各级预算收入的编制,应当与经济社会发展水平相适应,与财政政策相衔接。各级政府、各部门、各单位应当依照本法规定,将所有政府收入全部列入预算,不得隐瞒、少列。各级预算支出应当依照预算法规定,按其功能和经济性质分类编制。各级预算支出的编制,应当贯彻勤俭节约的原则,严格控制各部门、各单位的机关运行经费和楼堂馆所等基本建设支出。

(二)预算的审查

全国人民代表大会和地方各级人民代表大会对预算草案及其报告、预算执行情况的报告重点审查下列内容。

(1)上一年预算执行情况是否符合本级人民代表大会预算决议的要求。

(2)预算安排是否符合《预算法》的规定。

（3）预算安排是否贯彻国民经济和社会发展的方针政策,收支政策是否切实可行。

（4）重点支出和重大投资项目的预算安排是否适当。

（5）预算的编制是否完整,是否细化。

（6）对下级政府的转移性支出预算是否规范、适当。

（7）预算安排举借的债务是否合法、合理,是否有偿还计划和稳定的偿还资金来源。

（8）与预算有关重要事项的说明是否清晰。

（三）预算的执行

各级预算由本级政府组织执行,具体工作由本级政府财政部门负责。各部门、各单位是本部门、本单位的预算执行主体,负责本部门、本单位的预算执行,并对执行结果负责。

预算收入征收部门和单位,必须依照法律、行政法规的规定,及时、足额征收应征的预算收入,不得违反法律、行政法规规定,多征、提前征收或者减征、免征、缓征应征的预算收入,不得截留、占用或者挪用预算收入。各级政府不得向预算收入征收部门和单位下达收入指标。

各级政府财政部门必须依照法律、行政法规和国务院财政部门的规定,及时、足额地拨付预算支出资金,加强对预算支出的管理和监督。

各级政府、各部门、各单位的支出必须按照预算执行,不得虚假列支。各级政府、各部门、各单位应当对预算支出情况开展绩效评价。

（四）预算的调整

经全国人民代表大会批准的中央预算和经地方各级人民代表大会批准的地方各级预算,在执行中出现下列情况之一的,应当进行预算调整。

（1）需要增加或者减少预算总支出的。

（2）需要调入预算稳定调节基金的。

（3）需要调减预算安排的重点支出数额的。

（4）需要增加举债债务数额的。

在预算执行中,各级政府对于必须进行的预算调整,应当编制预算调整方案。预算调整方案应当说明预算调整的理由、项目和数额。

提示

只有法律规定有预算执行权的主体,才能依法执行预算。不同的预算执行主体享有不同的权力,担负不同的责任。

六、决算

决算,指根据年度预算执行结果而编制的年度会计报告,是预算执行的总结。当国家预算执行进入终结阶段,要根据年度执行的最终结果编制国家决算。决算反映年度国家预算收支的最终结果,是国家经济活动在财政上的集中反映。决算收入表明国家建设资金的主要来源、构成和资金积累水平,决算支出体现了国家各项经济建设和社会发展事业的规模和速度。

（一）决算草案的编制

决算草案由各级政府、各部门、各单位在每一预算年度终了后按国务院规定的时间编制，具体事项由国务院财政部门部署。各部门对所属单位的决算草案，应当审核并汇总编制本部门的决算草案，在规定的期限内报本级政府财政部门审核。

编制决算草案，必须符合法律、行政法规的规定，做到收支真实、数额准确、内容完整、报送及时。决算草案应当与预算相对应，按预算数、调整预算数、决算数分别列出。一般公共预算支出应当按其功能分类编列到项，按其经济性质分类编列到款。

提示

决算草案应当与预算相对应，按预算数、调整预算数、决算数分别列出。

（二）决算草案的审批

国务院财政部门编制中央决算草案，经国务院审计部门审计后，报国务院审定，由国务院提请全国人民代表大会常务委员会审查和批准。

县级以上地方各级政府财政部门编制本级决算草案，经本级政府审计部门审计后，报本级政府审定，由本级政府提请本级人民代表大会常务委员会审查和批准。

乡、民族乡、镇政府编制本级决算草案，提请本级人民代表大会审查和批准。

国务院财政部门应当在全国人民代表大会常务委员会举行会议审查和批准中央决算草案的30日前，将上一年度中央决算草案提交全国人民代表大会财政经济委员会进行初步审查。

省、自治区、直辖市政府财政部门应当在本级人民代表大会常务委员会举行会议审查和批准本级决算草案的30日前，将上一年度本级决算草案提交本级人民代表大会有关专门委员会进行初步审查。

设区的市、自治州政府财政部门应当在本级人民代表大会常务委员会举行会议审查和批准本级决算草案的30日前，将上一年度本级决算草案提交本级人民代表大会有关专门委员会进行初步审查，或者送交本级人民代表大会常务委员会有关工作机构征求意见。

县、自治县、不设区的市、市辖区政府财政部门应当在本级人民代表大会常务委员会举行会议审查和批准本级决算草案的30日前，将上一年度本级决算草案送交本级人民代表大会常务委员会有关工作机构征求意见。

全国人民代表大会财政经济委员会和省、自治区、直辖市、设区的市、自治州人民代表大会有关专门委员会，向本级人民代表大会常务委员会提出关于本级决算草案的审查结果报告。

县级以上各级人民代表大会常务委员会和乡、民族乡、镇人民代表大会对本级决算草案，重点审查下列内容。

（1）预算收入情况。

（2）支出政策实施情况和重点支出、重大投资项目资金的使用及绩效情况。

（3）结转资金的使用情况。

（4）资金结余情况。

（5）本级预算调整及执行情况。

（6）财政转移支付安排执行情况。

（7）经批准举借债务的规模、结构、使用、偿还等情况。

（8）本级预算周转金规模和使用情况。

（9）本级预备费使用情况。

（10）超收收入安排情况，预算稳定调节基金的规模和使用情况。

（11）本级人民代表大会批准的预算决议落实情况。

（12）其他与决算有关的重要情况。

县级以上各级人民代表大会常务委员会应当结合本级政府提出的上一年度预算执行和其他财政收支的审计工作报告，对本级决算草案进行审查。

（三）决算草案的批复

各级决算经批准后，财政部门应当在 20 日内向本级各部门批复决算。各部门应当在接到本级政府财政部门批复的本部门决算后 15 日内向所属单位批复决算。

地方各级政府应当将经批准的决算及下一级政府上报备案的决算汇总，报上一级政府备案。县级以上各级政府应当将下一级政府报送备案的决算汇总后，报本级人民代表大会常务委员会备案。

国务院和县级以上地方各级政府对下一级政府依照《预算法》第八十一条的规定报送备案的决算，认为有同法律、行政法规相抵触或者有其他不适当之处，需要撤销批准该项决算的决议的，应当提请本级人民代表大会常务委员会审议决定；经审议决定撤销的，该下级人民代表大会常务委员会应当责成本级政府依照本法规定重新编制决算草案，提请本级人民代表大会常务委员会审查和批准。

七、预决算的监督

预决算的监督是指国家权力机关、政府行政机关和职能机关对各级政府预算编制、执行、调整乃至决算等活动的合法性和有效性进行的监督。它主要表现为对国民收入的核算和审计，对国民经济综合平衡的监督和制约，对国家机关、社会组织、企事业单位和财政、税务等部门贯彻执行国家财政政策、法律法规的情况进行检查和督促，以保证预算收支任务的实现。

（一）预决算的作用

预决算的作用在于促使各部门和行政机关改善管理，加强经济核算，努力增收节支，对预算编制及执行中违反预算管理的行为进行监督检查，实现预算收支平衡，保证国家预算基金的合理使用，圆满完成预算收支任务。预算监督是国家预算的重要职能之一，是国家利用价值形式对社会产品的生产、分配、交换和消费实行全面监督的一个重要方面。

（二）按监督主体划分监督方式

各级国家权力机关即各级人民代表大会及其常务委员会对预决算进行监督。全国人民代表大会及其常务委员会对中央和地方预决算进行监督。县级以上地方各级人民代表大会及其常务委员会对本级和下级政府预决算进行监督。乡、民族乡、镇人民代表大会对本级预算、决算进行监督。各级立法机关的监督职权主要是组织调查权和询问质询权。

提示

预决算的监督,有广义和狭义之分。狭义的是指立法机关对其进行的监督。广义的是指包括立法机关、各级政府、各级政府财政部门、审计部门以及社会中介机构、社会新闻媒介在内的各监督主体对中央和地方的预算和决算所进行的监督。其中至关重要的是权力机关和审计机关对其进行的外部监督,尤其是这二者结合起来所进行的监督,效果最好。

第二节　政府采购法律制度

一、政府采购法律制度的构成

我国政府采购法律制度由《中华人民共和国政府采购法》(以下简称《政府采购法》)、国务院各部门特别是财政部颁布的一系列行政法规和部门规章,以及政府采购地方性法规和政府规章组成。

1. 政府采购

政府采购是指各级国家机关、事业单位和团体组织,使用财政性资金采购依法制定的集中采购目录以内的或者采购限额标准以上的货物、工程和服务的行为。政府采购有助于实现国家的经济和社会发展政策目标,包括保护环境、扶持不发达地区和少数民族地区、促进中小企业发展等。

2. 政府采购法

《政府采购法》于2002年6月29日,由第九届全国人民代表大会常务委员会第二十八次会议通过,自2003年1月1日起施行,根据全国人民代表大会常务委员会第十次会议《关于修改〈中华人民共和国保险法〉等五部法律的决定》修正。《政府采购法》共九章八十八条,除总则和附则外,分别对政府采购当事人、政府采购方式、政府采购程序、政府采购合同、质疑和投诉、监督检查、法律责任等问题,作了较为全面的规定。《政府采购法》是我国政府采购法律制度中效力最高的法律文件,是制定其他规范性文件的依据。《政府采购法》的颁布与实施,规范了政府采购行为,提高了政府采购资金的使用效益,促进了政府采购改革与发展,保护了政府采购当事人的合法权益,维护了国家利益和社会公共利益。

3. 政府采购的主体范围

政府采购的主体即采购人,是指依法进行政府采购的国家机关、事业单位和团体组织。

国家机关是指各级党务机关、政府机关、人大机关和政协机关等;事业单位是指依法设立的履行公共事业发展职能的机构和单位,如学校、医院和科研机构等;社会团体是指依法设立的由财政供养的从事公共社会活动的团体组织,如企业联合会、有关行业协会和民主党派等。

提示

国有企业、个人、私营企业和股份公司的采购没有被纳入政府采购制度的约束范围之内。

4.政府采购的资金来源

采购资金的性质是确定采购行为是否属于政府采购制度规范范围的重要依据。《政府采购法》明确规定,政府采购资金为财政性资金。财政性资金是指预算内资金和预算外资金及与财政资金相配套的单位自筹资金的总和。国家机关、事业单位和社会团体使用财政性资金购买货物、服务和工程活动都属于政府采购制度的约束范围。

5.政府采购限额标准

政府采购限额标准实行分级管理。属于中央预算的政府采购项目,由国务院确定公布;属于地方预算的政府采购项目,由省、自治区、直辖市人民政府或者其授权的机构确定并公布。

6.政府集中采购目录

政府采购目录是有关政府采购主管部门依据提高采购质量、降低采购成本的原则,对一些通用的、大批量的采购对象应纳入政府采购管理和进行集中采购而确定的、并由政府部门公布的货物、工程、服务的范围和具体的名称清单。

政府采购目录可分为政府集中采购目录和部门集中采购目录。属于中央预算的政府采购项目,其政府采购目录由国务院确定并公布;属于地方预算的政府采购项目,其政府采购目录由省、自治区、直辖市人民政府或者授权的机构确定并公布。

二、政府采购的原则

(一)公开透明原则

公开透明原则即与政府采购所进行的相关的活动必须公开进行,是政府采购必须遵循的基本原则之一。主要公开范围及主体包含如下。

(1)采购项目信息,包括采购项目公告、采购文件、采购项目预算金额、采购结果等信息,由采购人或者其委托的采购代理机构负责公开。

(2)监管处罚信息,包括财政部门作出的投诉、监督检查等处理决定,对集中采购机构的考核结果,以及违法失信行为记录等信息,由财政部门负责公开。

(3)法律、法规和规章规定应当公开的其他政府采购信息,由相关主体依法公开。

以上内容按照层级的不同也有不同的公开渠道,中央预算单位的政府采购信息应当在财政部指定的媒体上公开,地方预算单位的政府采购信息应当在省级(含计划单列市,下同)财政部门指定的媒体上公开。财政部指定的政府采购信息发布媒体包括中国政府采购网(www.ccgp.gov.cn)、《中国政府采购报》、《中国政府采购》、《中国财政》等。省级财政部门应当将中国政府采购网地方分网作为本地区指定的政府采购信息发布媒体之一。

(二)公平竞争原则

公平竞争原则是市场经济运行的重要法则,是政府采购的基本规则。它包括两个方面的内容:一是机会均等,即政府采购应允许所有有兴趣参加投标的供应商参与竞争,政府采购主体不能无故将希望参加政府采购的供应商排除在外;二是待遇平等,即政府采购应对所有的参加者一视同仁,给予其同等的待遇。公平竞争要求在竞争的前提下公平地开展政府采购活动。首先,要将竞争机制引入采购活动中,实行优胜劣汰,让采购人通过优中选优的方式,获得价廉物美的货物、工程或者服务,提高财政性资金的使用效益。其次,竞争必须公平,不能设置妨碍充分竞争的不正当条件。

(三)公正原则

公正原则主要指政府采购要按照事先约定的条件和程序进行,对所有供应商一视同仁,不得有歧视条件和行为,任何单位或个人无权干预采购活动的正常开展。它是为采购人与供应商之间在政府采购活动中处于平等地位而确立的。为了实现公正,《政府采购法》要求评标委员会以及有关的小组成员必须有一定的数量,要有各方面代表,相关人员要回避,而且人数必须为单数;同时规定了保护供应商的合法权益及方式。

(四)诚实信用原则

诚实信用原则原本属于民事活动的基本原则,由于政府采购既包括民事因素也包括公共管理的因素,因此也应遵守民事活动的基本原则。诚实信用原则要求政府采购各方都应当诚实守信,不得有欺骗背信的行为,要以善意的方式行使权力,尊重他人利益和公共利益,切实地履行约定义务。

三、政府采购的功能

(一)节约财政支出,提高采购资金的使用效益

政府集中采购引入竞争机制,吸引多数供应商参与,形成买方市场,既能节约采购成本,又可以在保证产品性能与质量的前提下,压低产品与劳务的价格。同时政府采购实行国库支付,将采购资金直接拨付给供应商,减少了资金流通环节。因此,通过政府采购可以以尽量少的财政投入获得最大的产出,从而有利于提高财政资金的使用效益。

(二)强化宏观调控

政府采购作为财政支出的重要组成部分,是实现财政支出政策的重要工具。政府在政府采购市场中处于有利地位,可以通过调整采购规模、采购时间、采购项目、采购规则等方式来实现特定的宏观调控目标。比如,政府可以通过调整采购总量来调控社会总需求,进而促进社会总供给和总需求的平衡;可以通过调整采购品种数量和频率等影响国民经济产业结构和产品结构;可以通过对采购地区的选择以平衡地区间的经济发展。

提示

《政府采购法》明确规定,政府采购应当有助于实现国家的经济和社会发展政策目标,包括保护环境,扶持不发达地区和少数民族地区,促进中小企业发展等。

(三)活跃市场经济

政府采购必须遵循公开、公平、公正的原则,在竞标过程中执行严密、透明的"优胜劣汰"机制,所有这些都会调动供应商参与政府采购的积极性,并能够促使供应商不断提高产品质量、降低生产成本或改善售后服务,以使自己能够赢得政府的订单。由于供应商是市场上最活跃的因素,所以,供应商竞争能力的提高又能带动整个国内市场经济的繁荣。从国际竞争

的角度看,政府采购又有助于供应商迈出国门、走向国际市场,提高我国产品在国际市场上的竞争能力,并早日进入国际政府采购市场。

(四)推进反腐倡廉

政府采购作为一项制度安排可以从两方面推进政府的反腐倡廉工作。首先,政府采购中的采购人、采购代理机构和供应商三者之间在各自内在利益驱动下所形成的内在相互监督机制,可以促进反腐倡廉;其次,实行政府采购制度的同时也建立了一套外在的监督机制,如法律监督,政府采购主管部门的监督,各级纪检、监察、审计等部门的监督等,这些监督都最大限度地增加了政府采购的透明度,尽可能避免腐败现象的发生。

(五)保护民族产业

政府采购原则上应该采购本国产品,担负起保护民族产业的重要职责。我国《政府采购法》规定,除极少数法定情形外,政府采购应当采购本国货物、工程和服务。这一规定体现了国货优先原则,这说明政府采购具有保护民族产业的功能。

四、政府采购的执行模式

根据《政府采购法》的规定,政府采购的执行模式为实行集中采购和分散采购相结合。

(一)集中采购

集中采购是将纳入政府采购范围内的各行政事业单位分散的、同类的项目集中起来统一采购的方式。按照《政府采购法》的规定,集中采购必须委托集中采购机构代理采购。设区的市、自治州以上人民政府根据本级政府采购项目组织集中采购的需要设立集中采购机构。

集中采购的范围由省级以上人民政府公布的集中采购目录确定。属于中央预算的政府采购项目,其集中采购目录由国务院确定并公布;属于地方预算的政府采购项目,其集中采购目录由省、自治区、直辖市人民政府或其授权的机构确定并公布。

提示

采购人采购纳入集中采购目录的政府采购项目,应当实行集中采购。实行集中采购有利于取得规模效益,降低采购成本、保证采购质量、贯彻落实政策采购有关政策取向,便于实施统一的管理和监督。缺点表现在难以适应紧急情况采购、难以满足用户多样性需求、采购程序复杂及采购周期较长。

(二)分散采购

分散采购是指由各使用单位自行进行的政府采购模式。根据《政府采购法》的规定,分散采购所采购的对象是集中采购目录以外,采购限额标准以上的货物、工程和服务。分散采购可以由预算单位自行采购,也可以委托集中采购机构在委托的范围内代理采购。

实行分散采购的优点主要体现在采购权与使用者、采购权与使用权的合一,有利于采购及时性和多样性的需求,手续简单。缺点在于失去了规模效益,加大了采购成本,不便于监督管理,容易滋生腐败等。

五、政府采购当事人

政府采购当事人是指在政府采购活动中享有权利和承担义务的各类主体,包括采购人、供应商和采购代理机构等。

（一）采购人

采购人是依法进行政府采购的国家机关、事业单位和团体组织。采购人是政府采购的需求方和采购活动的发起人，是重要的政府采购当事人。

1.采购人的权利

（1）采购人有权自主选择采购代理机构。

（2）采购人有权要求采购代理机构遵守委托协议约定。

（3）采购人有权委托集中采购机构以外的采购代理机构在委托范围内办理政府采购事宜。

（4）采购人有权审查政府采购供应商资格。

（5）采购人有权依法确定中标供应商。

（6）采购人有权签订采购合同并参与对供应商履约验收。

（7）采购人有权在特殊情况下提出特殊要求。

（8）其他合法权利。

2.采购人的义务

（1）采购人应当遵守政府采购的各项法律、法规和规章制度。

（2）采购人应当接受和配合政府采购监督管理部门的监督检查，同时还要接受和配合审计机关的审计监督以及检察机关的监察。

（3）采购人应当尊重供应商的正当合法权益。

（4）采购人应当遵守采购代理机构的工作秩序。

（5）采购人应当在规定时间内与中标供应商签订政府采购合同。

（6）采购人应当在指定媒体及时向社会发布政府采购信息、招标结果。

（7）采购人应当依法答复供应商的询问和质疑。

（8）采购人应当妥善保存反映每项采购活动的采购文件。

（9）其他法定义务。

（二）供应商

供应商是指向采购人提供货物、工程或服务的法人、其他组织或自然人。供应商是政府采购对象的供给方，也是重要的政府采购当事人。供应商参加政府采购活动应当具备的条件包括：具有独立承担民事责任的能力；具有良好的商业信誉和健全的财务会计制度；具有履行合同所必需的设备和专业技术能力；有依法缴纳税收和社会保障资金的良好记录；参加政府采购活动前三年内，在经营活动中没有重大违法记录；法律、行政法规规定的其他条件。

1.供应商的权利

（1）供应商有权平等地取得政府采购供应商资格。

（2）供应商有权平等地获得政府采购信息。

（3）供应商有权自主、平等地参加政府采购竞争。

（4）供应商有权就政府采购活动事项提出询问、质疑和投诉。

（5）供应商有权自主、平等地签订政府采购合同。

（6）供应商有权要求采购人或采购代理机构保守其商业秘密。

（7）供应商有权监督政府采购依法公开、公正进行。

（8）其他合法权利。

2.供应商的义务

（1）供应商应当遵守政府采购的各项法律、法规和规章制度。

（2）供应商应当按规定接受供应商资格审查，并在资格审查中客观、真实地反映自身情况。

（3）供应商应当在政府采购活动中，满足采购人或采购代理机构的正当要求。

（4）供应商应当投标中标后，按规定程序签订政府采购合同并严格履行合同义务。

（5）其他法定义务。

提示

两个以上的自然人、法人或者其他组织可以组成一个联合体，以一个供应商的身份共同参加政府采购。

（三）采购代理机构

采购代理机构是指根据采购人的委托代理政府采购事宜的机构，包括集中采购机构和一般采购代理机构。

集中采购机构是政府集中采购的法定代理机构，由设区的市、自治州以上人民政府根据本级政府采购项目组织集中采购的需要设立。集中采购机构应当独立设置，不得与行政机关存在隶属关系或其他利益关系。一般采购代理机构的资格由国务院有关部门或省级人民政府有关部门认定，主要负责分散采购的代理业务，主要是指商业性社会招标代理公司。两者主要区别在于以下两方面。

一是机构性质不同。集中采购机构属于非营利事业单位，一般采购代理机构属于企业，是从事采购代理业务的社会中介机构。

二是二者采购范围不尽相同。纳入集中采购目录的项目如果适合批量采购一般要由集中采购机构实行批量集中采购，利用量大的优势和充分竞争获取价格上的优惠，提高性价比。对于没有纳入集中采购目录的政府采购项目，可以自行采购，可以委托集中采购机构在委托的范围内代理采购，也可委托集中采购机构以外的代理机构在委托范围内代理采购。

六、政府采购方式

政府采购的方式主要可分为招标方式和非招标方式。其中，招标方式主要为公开招标、邀请招标；非招标方式包括竞争性谈判、单一来源采购、询价、国务院政府采购监督管理部门认定的其他采购方式。

（一）公开招标

公开招标是政府采购的主要方式，指采购人或其委托的政府采购代理机构以招标公告的方式邀请不特定的供应商参加投标，从中择优选择中标供应商的采购方式。

采购人采购货物或者服务应当采用公开招标方式的，其具体数额标准，属于中央预算的采购项目，由国务院规定。公开招标在公开程度、竞争性等方面具有很大的优势，能够使供应商广泛地参与投标竞争,有利于采购人从中选出最具有性价比的产品和服务。但公开招标具有严格的程序规定和时限要求,同时由于投标人众多,耗时较长,需要花费的成本也较高,不适合本身标的较小或采购任务相对急迫的项目。

提示

公开招标应作为政府采购的主要采购方式。

（二）邀请招标

邀请招标是指招标采购单位依法从符合相应资格条件的供应商中随机邀请 3 家以上供应商,并以投标邀请书的方式,邀请其参加投标。采用邀请招标方式采购的,招标单位应当在省级以上人民政府财政部门指定的政府采购信息媒体发布资格预审公告,公布投标人资格条件,并从评审合格的投标人中以随机方式选择 3 家以上的投标人,并向其发出投标邀请书。邀请招标相对于公开招标而言,公开程度要小一些。采用邀请招标方式采购的法定情形有以下两种。

（1）具有特殊性,只能从有限范围的供应商处采购的。

（2）采用公开招标方式的费用占政府采购项目总价值的比例过大的。

（三）竞争性谈判

竞争性谈判是指谈判小组与符合资格条件的供应商就采购货物、工程和服务事宜进行谈判,供应商按照谈判文件的要求提交响应文件和最后报价,采购人从谈判小组提出的成交候选人中确定成交供应商的采购方式。采用竞争性谈判采购的法定情形有以下 4 种。

（1）招标后没有供应商投标或者没有合格标的或者重新招标未能成立的。

（2）技术复杂或性质特殊,不能确定详细规格或具体要求的。

（3）采用招标所需时间不能满足用户紧急需要的。

（4）不能事先计算出价格总额的。

（四）单一来源采购

单一来源采购是指采购人从某一特定供应商处采购货物、工程和服务的采购方式。采用单一来源采购的法定情形有以下 3 种。

（1）只能从唯一供应商处采购的。

（2）发生了不可预见的紧急情况不能从其他供应商处采购的。

（3）必须保证原有采购项目一致性或服务配套的要求,需要继续从原供应商处添购,且添购资金总额不超过原合同采购金额 10% 的。

（五）询价

询价是指询价小组向符合资格条件的供应商发出采购货物询价通知书,要求供应商一次报出不得更改的价格,采购人从询价小组提出的成交候选人中确定成交供应商的采购方式。

七、政府采购的监督检查

政府采购监督是指对政府采购的各主体在采购过程中发生的行为进行监督的行为和活动。政府采购的监督检查可分为专门机构的监督检查和有关机关的监督检查、外部的监督检查和内部的监督检查。

1.政府采购监督管理部门的监督检查

根据《政府采购法》的规定,各级人民政府财政部门是负责政府采购监督管理的部门,依法履行对政府采购活动的监督检查职责。监督检查的主要内容包括以下3个方面。

(1)有关政府采购的法律、行政法规和规章的执行情况。

(2)采购范围、采购方式和采购程序的执行情况。

(3)政府采购人员的职业素质和专业技能。

2.集中采购机构的内部监督

(1)集中采购机构应当建立健全内部监督管理制度。采购活动的决策和执行程序应当明确,并相互监督、相互制约。

(2)集中采购机构采购人员应当具有相关职业素质和专业技能,符合专业岗位任职要求。

(3)集中采购机构对其工作人员应当加强教育和培训,对采购人员的专业水平、工作实绩和职业道德状况定期进行考核。经考核不合格的采购人员不得继任。

3.采购人员的内部监督

(1)采购人员必须按照《政府采购法》规定的采购方式和采购程序进行采购。

(2)政府采购项目的采购标准应当公开;采购活动完成后,结果也应公布。

4.政府有关部门的监督检查

依照法律、行政法规的规定对政府采购负有行政监督职责的政府部门,应当按照其职责分工,加强对政府采购活动的监督。这主要表现在以下两个方面。

(1)审计机关对政府采购进行审计监督。

(2)监察机关对参与政府采购活动的国家机关、国家公务员和国家行政机关任命的其他人员实施监察。

5.政府采购活动的社会监督

任何单位和个人对政府采购活动中的违法行为,都有权控告和检举,有关部门、机关应当依照各自职责及时处理。

提示

政府采购监督管理部门不得设置集中采购机构,不得参与政府采购项目的采购活动。采购代理机构与行政机关不得存在隶属关系或者其他利益关系。

第三节 国库集中收付制度

一、国库集中收付制度的概念

国库集中收付制度一般也称为国库单一账户制度,包括国库集中支付制度和收入收缴管理制度。它是指由财政部门代表政府设置国库单一账户体系,所有的财政性资金都纳入国库单一账户体系收缴、支付和管理的制度。

财政收入通过国库单一账户体系,直接缴入国库;财政支出通过国库单一账户体系,以财政直接支付和财政授权支付的方式,将资金支付到商品和劳务供应者或用款单位,即预算单位使用资金但见不到资金;未支用的资金均保留在国库单一账户,由财政部门代表政府进行管理运作,降低政府筹资成本,为实现宏观调控政策提供可选择的手段。

二、国库单一账户体系

(一)国库单一账户体系的概念

国库单一账户体系是指以财政国库存款账户为核心的各类财政性资金账户的集合。所有财政性资金的收入、支付、存储及资金清算活动均在该账户体系内运行。

(二)国库单一账户体系的构成

国库单一账户体系包括国库单一账户、财政部门零余额账户、预算单位零余额账户、预算外资金财政专户和特设专户。

1. 国库单一账户

国库单一账户是指将所有的政府资金包括预算内资金和预算外资金集中于一家银行的账户,即财政部门在中国人民银行开设的国库存款账户,同时所有的财政支出包括预算内和预算外支出均能通过这一账户进行。取消各预算部门、预算单位及其他相关部门在商业银行开设的预算内资金账户和预算外资金账户。各部门、各单位发生的支出,直接从国库单一账户支付给个人或商品供应商及劳务提供者。

2. 财政部门零余额账户

财政部门在商业银行开设的零余额账户,用于财政直接支付和与国库单一账户进行清算。该账户每日发生的支付,于当日营业终了前与国库单一账户清算;营业中单笔支付额在5 000万元人民币以上的(含5 000万元),应当及时与国库单一账户清算。财政部门零余额账户在国库会计中使用。

3. 预算单位零余额账户

财政部门在商业银行为预算单位开设的零余额账户,用于财政授权支付和与国库单一账户进行清算。该账户每日发生的支付,于当日营业终了前由代理银行在财政部门批准的用款额度内与国库单一账户清算;营业中单笔支付额在5 000万元人民币以上的(含5 000万元),应当及时与国库单一账户清算。

4. 预算外资金财政专户

财政部门在商业银行开设的预算外资金财政专户,用于记录、核算和反映预算外资金的收入和支出活动,并用于预算外资金日常收支清算。预算外资金财政专户在财政部门设立和使用。

5. 特设专户

经国务院或国务院授权财政部门批准为预算单位在商业银行开设的特殊专户,用于记录、核算和反映预算单位的特殊专项支出活动,并与国库单一账户清算。预算单位不得将特设专户的资金转入本单位其他账户,也不得将其他账户资金转入本账户核算。

提示

预算单位零余额账户可以办理转账、提取现金等结算业务,可以向本单位按账户管理规定保留的相应账户划拨工会经费、住房公积金及提租补贴,以及经财政部门批准的特殊款项,不得违反规定向本单位其他账户和上级主管单位、所属下级单位账户划拨资金。预算单位零余额账户在行政单位和事业单位会计中使用。

三、财政收入收缴方式和程序

(一)财政收入的收缴方式和程序

1. 收缴方式

财政国库管理制度改革后,将财政收入的收缴分为直接缴库和集中汇缴两种方式。

(1)直接缴库是指由缴款单位和缴款人按规定直接将收入缴入国库单一账户,属预算外资金的,则直接缴入预算外资金专户,不再设立各类过渡性账户。

(2)集中汇缴是由征收机关和依法享有征收权限的单位,按规定将所收取的应缴收入汇总直接缴入国库单一账户;属预算外资金的,则直接缴入预算外资金专户,不通过过渡性账户收缴。

2. 收缴程序

(1)直接缴库程序。直接缴库的税收收入,由纳税人或税务代理人提出纳税申报,经征收机关审核无误后,由纳税人通过开户银行将税款缴入国库单一账户。直接缴库的其他收入,比照上述程序缴入国库单一账户或预算外资金财政专户。

(2)集中汇缴程序。小额零散税收和法律另有规定的应缴收入,由征收机关于收缴收入的当日汇总缴入国库单一账户。非税收入中的现金缴款,比照本程序缴入国库单一账户或预算外资金财政专户。

(二)财政支出的支付方式和程序

财政支出总体上分为购买性支出和转移性支出。根据支付管理需要,购买性支出具体分为:工资支出,即预算单位的工资性支出;购买支出,即预算单位除工资支出、零星支出外的购买服务、货物、工程项目等支出;零星支出,即预算单位购买支出中的日常小额部分,除《政府采购品目分类目录》所列品目外的支出,或虽列入《政府采购品目分类目录》所列品目,但未达到规定数额的支出。转移性支出,即拨付给预算单位或下级财政部门,未指明具体用途的支出,包括拨付企业补贴和未指明具体用途的资金、中央对地方的一般性转移支付等。

1. 支付方式

财政性资金的支付方式实行财政直接支付和财政授权支付两种。

(1)财政直接支付是由财政部门向中国人民银行和代理银行签发支付指令,代理银行根据支付指令通过国库单一账户体系直接将财政资金支付给收款人(即商品和劳务供应商等)或用款单位账户。

(2)财政授权支付是预算单位按照财政部门授权,自行向代理银行签发支付指令,代理银行根据支付指令,在财政部门批准的预算单位的用款额度内,通过国库单一账户体系将资金支付到收款人账户。实行财政授权支付的支出包括未实行财政直接支付的购买支出和零星支出。

2. 支付程序

（1）财政直接支付程序。预算单位实行财政直接支付的财政性资金包括工资支出、工程采购支出、物品和服务采购支出。

财政直接支付的申请由一级预算单位汇总，填写"财政直接支付汇总申请书"，报财政部门国库支付执行机构。财政部门国库支付执行机构对一级预算单位提出的支付申请审核无误后，开具"财政直接支付汇总清算额度通知单"和"财政直接支付凭证"，经财政部门国库管理机构加盖印章签发后，分别送中国人民银行和代理银行。代理银行根据"财政直接支付凭证"及时将资金直接支付给收款人或用款单位。

（2）财政授权支付程序。财政授权支付程序适用于未纳入工资支出、工程采购支出、物品和服务采购支出管理的购买支出和零星支出。其包括单件物品或单项服务购买额不足 10 万元人民币的购买支出；年度财政投资不足 50 万元人民币的工程采购支出；特别紧急的支出和经财政部门批准的其他支出。财政部门根据批准的一级预算单位用款计划中月度授权支付额度，每月 25 日前以"财政授权支付汇总清算额度通知单"和"财政授权支付额度通知单"的形式分别通知中国人民银行和代理银行。代理银行在收到财政部门下达的"财政授权支付额度通知单"时，向相关预算单位发出"财政授权支付额度到账通知书"。基层预算单位凭据"财政授权支付额度到账通知书"所确定的额度支用资金；代理银行凭据"财政授权支付额度通知单"受理预算单位财政授权支付业务，控制预算单位的支付金额，并与国库单一账户进行资金清算。预算单位支用授权额度时，填制财政部门统一制定的"财政授权支付凭证"送代理银行；代理银行根据"财政授权支付凭证"，通过零余额账户办理资金支付。

【职业能力判断与选择】

一、单项选择题

1. 下列选项中，不属于我国国家预算体系的是（   ）。

    A. 中央预算

    B. 省级（省、自治区、直辖市）预算

    C. 县市级（县、自治县、不设区的市、市辖区）预算

    D. 县级以上地方政府的派出机关预算

2. 下列关于预算体系组成的表述，错误的是（   ）。

    A. 地方预算由省、自治区、直辖市预算组成

    B. 部门单位预算是指部门、单位的收支预算

    C. 总预算包括本级预算和本级政府行政隶属的下一级政府的总预算

    D. 预算组成不受限制，可随意编制

3. 根据我国的政权结构，可以把我国的预算分为（   ）。

    A. 6 级   B. 3 级

C.4 级　　　　　　　　　　　　　　D.5 级

4.根据我国《预算法》的规定,不属于国务院财政部门预算职权的是(　　)。

A.具体编制中央预算、决算草案　　　B.具体组织中央和地方预算的执行

C.审查和批准中央预算的调整方案　　D.具体编制中央预算的调整方案

5.按照分享程度划分,我国的预算收入(　　)。

A.仅包括中央预算收入

B.仅包括中央预算收入和地方预算收入

C.仅包括中央和地方共享收入

D.包括中央预算收入、地方预算收入以及中央和地方预算共享收入

6.我国国家预算收入的最主要部分是(　　)。

A.税收收入　　　　　　　　　　　　B.依照规定应当上缴的国有资产收益

C.专项收入　　　　　　　　　　　　D.其他收入

7.根据我国《预算法》的规定,不属于全国人民代表大会常务委员会负责的是(　　)。

A.监督中央和地方预算的执行　　　　B.审查和批准中央预算的调整方案

C.审查和批准中央预决算　　　　　　D.具体组织中央和地方预算的执行

8.乡级政府编制的决策草案,由(　　)审批。

A.国务院　　　　　　　　　　　　　B.县级以上人民政府

C.本级人大　　　　　　　　　　　　D.县级人大

9.下列选项中,不属于政府采购当事人的是(　　)。

A.采购人　　　　　　　　　　　　　B.保证人

C.供应商　　　　　　　　　　　　　D.采购代理机构

10.下列选项中,不属于我国政府采购主体的是(　　)。

A.国家机关　　　　　　　　　　　　B.事业单位

C.从事公共社会活动的团体组织　　　D.国有企业

11.政府采购要按照事先约定的条件和程序进行,对所有供应商一视同仁,任何单位和个人无权干预采购活动的正常开展,这体现了(　　)。

A.公开透明原则　　　　　　　　　　B.公平竞争原则

C.公正原则　　　　　　　　　　　　D.诚实信用原则

12.根据《政府采购法》的有关规定,招标后没有供应商投标或者没有合格标的或者重新招标未能成立的,其适用的政府采购方式是(　　)。

A.询价方式　　　　　　　　　　　　B.邀请招标方式

C.公开招标方式　　　　　　　　　　D.竞争性谈判方式

13.根据政府采购法律制度的规定,采用邀请招标方式的,采购人应当从符合相应资格条件的供应商中随机邀请(　　)以上的供应商,并以投标邀请书的方式,邀请其参加投标。

A.3 家　　　　　　　　　　　　　　B.5 家

C.10 家　　　　　　　　　　　　　D.15 家

14.对本级各部门、各单位和下级政府的预算执行、决算实施审计监督的部门是(　　)。

　　A.各级政府财政部门　　　　　　　　B.各级政府

　　C.各级政府审计部门　　　　　　　　D.上一级政府财政部门

15.用于记录、核算和反映纳入预算管理的财政收入和支出的账户是(　　)。

　　A.国库单一账户　　　　　　　　　　B.财政部门零余额账户

　　C.预算外资金账户　　　　　　　　　D.特设账户

16.财政支出支付方式中,由财政部向中国人民银行和代理银行签发支付指令,代理银行根据支付指令通过国库单一账户体系将资金直接支付到收款人或用款单位账户的方式称为(　　)。

　　A.财政直接支付　　　　　　　　　　B.财政授权支付

　　C.财政委托支付　　　　　　　　　　D.财政集中支付

17.财政收入收缴方式中,由征收机关(有关法定单位)按有关法律法规规定,将所收的应缴收入汇总缴入国库单一账户或预算外资金财政专户的方式是(　　)。

　　A.分次汇缴　　　　　　　　　　　　B.直接缴库

　　C.集中汇缴　　　　　　　　　　　　D.汇总缴纳

二、多项选择题

1.根据我国《预算法》的规定,不属于全国人民代表大会预算职权的是(　　)。

　　A.批准中央预算和中央预算执行情况的报告

　　B.审查和批准中央预算的调整方案

　　C.监督中央和地方预算的执行

　　D.改变或者撤销全国人民代表大会常务委员会关于预算、决算的不适当的决议

2.下列关于中央预算的表述中,正确的有(　　)。

　　A.由中央各部门(含直属单位)的预算组成

　　B.中央预算包括地方向中央上解的收入数额

　　C.中央预算不包括中央对地方返还或者给予补助的数额

　　D.中央预算不包括企业和事业单位的预算

3.下列属于全国人民代表大会的职权的有(　　)。

　　A.批准中央预算执行情况的报告

　　B.审查中央预算草案

　　C.审查地方预算草案

　　D.审查地方预算执行情况的报告

4.我国《预算法》规定的预算支出形式包括(　　)。

　　A.经济建设支出　　　　　　　　B.教育、科学、文化、卫生、体育等事业发展支出

　　C.国家管理费用支出　　　　　　D.国防支出

5.下列选项中,属于各级政府编制年度预算草案的依据的有(　　)。

　　A.法律、法规

　　B.国民经济和社会发展计划、财政中长期计划以及有关的财政经济政策

C.本级政府的预算管理职权和财政管理体制确定的预算收支范围

D.上一年度预算执行情况和本年度预算收支变化因素

6.下列关于预算的审批,说法正确的有(   )。

A.中央预算由全国人民代表大会审查和批准

B.地方各级政府预算由本级人民代表大会审查和批准

C.中央预算和地方各级政府预算均由全国人民代表大会审查和批准

D.中央预算和地方各级政府预算均由本级人民代表大会审查和批准

7.下列有关各部门预算管理职权的表述中,不正确的有(   )。

A.编制本部门预算、决算草案

B.组织和监督本部门预算的执行

C.定期向上级政府财政部门报告预算的执行情况

D.不定期向本级政府财政部门报告预算的执行情况

8.下列选项中,可以作为政府采购当事人中采购人的有(   )。

A.中华人民共和国商务部   B.人民教育出版社

C.中国红十字会   D.甲个人独资企业

9.根据政府采购法律制度的规定,下列情形中,采购人可以采用竞争性谈判方式采购的有(   )。

A.采用招标方式所需时间不能满足用户紧急需要的

B.不能事先计算出价格总额的

C.采用公开招标方式的费用占政府采购项目总价值的比例过大的

D.技术复杂或者性质特殊,不能确定详细规格或者具体要求的

10.根据《政府采购法》的规定,政府采购采用的方式包括(   )等。

A.公开招标   B.邀请招标

C.竞争性谈判   D.单一来源

11.国库单一账户体系包括(   )。

A.预算外资金专户   B.特设专户

C.国库单一账户   D.财政部零余额账户

12.财政授权支付程序适用于(   )。

A.单件物品或单项服务购买额不足 10 万元人民币的购买支出

B.单件物品或单项服务购买额不足 50 万元人民币的购买支出

C.年度财政投资不足 50 万元的工程采购支出

D.特别紧急的支出

三、判断题

1.我国实行一级政府一级预算。   (   )

2.我国的预算分为中央预算和地方预算,而中央预算是由各地方预算组成的。 (   )

3.无论乡、民族乡、镇是否有设立预算条件,都一定要设立预算。   (   )

4. 每一收支项目的数字指标必须运用科学的方法,依据充分确实的资料,并总结出规律性进行计算,不得假定、估算,更不能任意变造,体现了国家预算的完整性原则。　　　（　　）

5. 国务院财政部门编制中央决算草案,报国务院审定后,由国务院提请全国政协常委会审查和批准。　　　（　　）

6. 单一来源方式,是指采购人向唯一供应商进行采购的方式。　　　（　　）

7. 邀请招标应作为政府采购的主要采购方式。　　　（　　）

8. 采购人不得将应当以公开招标方式采购的货物或者服务化整为零来规避公开招标采购。　　　（　　）

9. 政府集中采购目录和采购限额标准由县级以上人民政府确定并公布。　　　（　　）

第五章　会计职业道德

【思维导图】

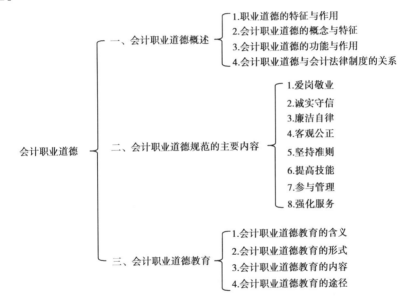

会计职业道德

一、会计职业道德概述
- 1.职业道德的特征与作用
- 2.会计职业道德的概念与特征
- 3.会计职业道德的功能与作用
- 4.会计职业道德与会计法律制度的关系

二、会计职业道德规范的主要内容
- 1.爱岗敬业
- 2.诚实守信
- 3.廉洁自律
- 4.客观公正
- 5.坚持准则
- 6.提高技能
- 7.参与管理
- 8.强化服务

三、会计职业道德教育
- 1.会计职业道德教育的含义
- 2.会计职业道德教育的形式
- 3.会计职业道德教育的内容
- 4.会计职业道德教育的途径

【学习目标】

1. 了解职业道德的功能。

2. 熟悉会计职业道德的含义。

3. 熟悉加强会计职业道德教育的途径。

4. 掌握会计职业道德规范的主要内容。

【案例导入】

"安然"的神话

1985 年 7 月美国休斯顿天然气公司与奥马哈的安然天然气公司合并,成立了后来的安然石油天然气公司。15 年以后,该公司成为美国乃至全球的头号能源交易商,其市值曾高达 700 亿美元、年收入达 1 000 亿美元。2000 年 12 月 28 日,安然公司的股票价格达到 84.87 美元。2001 年初,被美国《财富》杂志连续四年评为美国"最具创新精神的公司"。

　　谁知美梦苦短,一瞬间"安然"大厦轰然倒地:2001年10月16日,"安然"公布其第三季度亏损6.38亿美元;11月,"安然"向美国证券交易委员会承认,自1997年以来,共虚报利润5.86亿美元;当月29日,"安然"股价一天之内猛跌超过75%,创下纽约股票交易所和纳斯达克市场有史以来的单日下跌之最;次日,"安然"股票暴跌至每股0.26美元,成为名副其实的垃圾股,其股价缩水近360倍! 两天后,即12月2日,"安然"向纽约破产法院申请破产保护,其申请文件中开列的资产总额为468亿美元。"安然"又创造两个之最——美国有史以来最大宗的破产申请记录;最快的破产速度。

　　"安然"到底做了什么? 一是在财务报表上隐瞒并矫饰公司的真实财务状况;二是利用错综复杂的关联方交易虚构利润,利用现行财务规则漏洞"不进入资产负债表"隐藏债务,以回避法律和规则对其提出的信息披露要求;三是采取夸大公司业绩并向投资者隐瞒公司业务等违法手段来误导投资者。世界"五大"会计师公司之一的安达信公司为其提供了不实的审计报告,从而使"安然"神话套上了"皇帝的新衣"。

　　请问:"安然"轰倒的根本原因是什么?

第一节　会计职业道德概述

一、职业道德的特征与作用

　　职业道德是指人们在职业生活中应遵循的具有自身职业特征的道德准则和规范的总称。职业道德有广义和狭义之分。广义的职业道德是指从业人员在职业活动中应该遵循的行为准则,涵盖了从业人员与服务对象、职业与职工、职业与职业之间的关系。狭义的职业道德是指在一定职业活动中应遵循的、体现一定职业特征的、调整一定职业关系的职业行为准则和规范。

　　(一)职业道德的特征

　　1.职业性(行业性)

　　职业道德的内容与职业实践活动密切相关,反映着特定职业活动对从业人员的行为要求。职业道德规范行业性很强,只适用于一定的职业活动领域,不具有全社会普遍的适用性。行业性是职业道德最显著的特点。

　　2.实践性

　　职业道德的作用是调整职业关系,对从业人员职业活动的具体行为进行规范,并解决职业实践活动中的具体道德冲突,因此职业道德具有较强的实践性。一般采取规章制度和法律规范等形式,对行业内外人员(包括服务对象)进行检查、监督。

　　提示

　　《中国注册会计师职业道德基本准则》是以财政部部门规范性文件的形式颁布的,可以直接指导、规范注册会计师的职业活动。

3.继承性

职业道德作为社会意识形态的一种特殊形式,受社会经济关系决定,即随着社会经济关系的变化而改变。同时,由于职业道德是与职业活动紧密结合的,在不同的社会经济环境下,同一种职业因为职业服务对象、服务手段、职业利益、职业责任和义务相对稳定,所以其职业行为道德要求的核心内容会被继承和发扬。因此,职业道德具有较强的相对稳定性和历史继承性的特点。如,教师"教书育人"、医生"救死扶伤"等职业道德要求,在代代相传中得到了丰富和发展。

4.多样性

随着社会的不断进步,科学技术的快速发展,社会分工也向着多样化方向发展,社会分工越来越细。社会分工的多样性,决定了职业道德的多样性。可以说,有多少种分工就有多少种职业道德。虽然道德的基本精神在最高的理论层次上也是可以相通的,但是不同的职业有不同的职业道德标准。例如,经商有"商德",行医有"医德",执教有"师德"。即使同一行业,不同岗位的职业道德要求也不尽相同。

(二)职业道德的作用

1.调节职业交往中从业人员内部以及从业人员与服务对象间的关系

职业道德的基本职能是调节职能。它一方面可以调节从业人员内部的关系,即运用职业道德规范约束职业内部人员的行为,促进职业内部人员的团结与合作;另一方面,职业道德又可以调节从业人员和服务对象之间的关系。

2.有助于维护和提高本行业的信誉

提高行业的信誉主要靠产品的质量和服务质量,而从业人员职业道德水平高是产品质量和服务质量的有效保证。若从业人员职业道德水平不高,则很难生产出优质的产品和提供优质的服务。

3.促进本行业的发展

行业、企业的发展有赖于较高的经济效益,而较高的经济效益源于较高的员工素质。员工素质主要包含知识、能力、责任心三个方面,其中责任心是最重要的。而职业道德水平高的从业人员有责任心是必要的,因此,职业道德能促进本行业的发展。

4.有助于提高全社会的道德水平

职业道德一方面涉及每个从业者如何对待职业,如何对待工作,同时也是一个从业人员的生活态度、价值观念的表现,是一个人的道德意识、道德行为发展的成熟阶段,具有较强的稳定性和连续性;另一方面,职业道德也是一个职业集体,甚至一个行业全体人员的行为表现,如果每个行业、每个职业集体都具备优良的道德,对整个社会道德水平的提高肯定会发挥重要作用。

二、会计职业道德的概念与特征

(一)会计职业道德的概念

会计职业道德是指在会计职业活动中应当遵循的、体现会计职业特征的、调整会计职业关系的职业行为准则和规范,其含义包括以下 3 个方面。

1. 会计职业道德是调整会计职业活动中各种利益关系的手段

会计工作的性质决定了在会计职业活动中要处理方方面面的经济关系,包括单位与单位、单位与国家、单位与投资者、单位与债权人、单位与职工、单位内部各部门之间及单位与社会公众之间的经济关系,这些经济关系的实质是经济利益关系。在我国社会主义市场经济建设中,当各经济主体的利益与国家利益、社会公众利益发生冲突时,会计职业道德不允许通过损害国家和社会公众利益而获取违法利益,但允许个人和各经济主体获取合法的自身利益。会计职业道德可以配合国家法律制度,调整职业关系中的经济利益关系,维护正常的经济秩序。

2. 会计职业道德具有相对稳定性

会计是一种专业技术性很强的职业。在其对单位经济事项进行确认、计量、记录和报告中,会计标准的设计、会计政策的制定、会计方法的选择,都必须遵循其内在的客观经济规律和要求。由于人们面对的是共同的客观经济规律,因此,会计职业道德在社会经济关系不断的变迁中,始终保持自己的相对稳定性。在会计职业活动中诚实守信、客观公正等是对会计人员的普遍要求。没有任何一个社会制度能够容忍虚假会计信息,也没有任何一个经济主体会允许会计人员私自向外界提供或泄露单位的商业秘密。

3. 会计职业道德具有广泛的社会性

会计职业道德的社会性是由会计职业活动所生成的产品决定的。特别是在所有权和经营权分离的情况下,会计不但要为政府机构、企业管理层、金融机构等提供符合质量要求的会计信息,而且要为投资者、债权人及社会公众服务,因其服务对象涉及面很广,提供的会计信息是公共产品,所以会计职业道德的优劣将影响国家和社会公众利益。因此,会计职业道德必然受到社会关注,具有广泛的社会性。

(二)会计职业道德的特征

会计作为社会经济活动中的一种特殊职业,除具有职业道德的一般特征外,还具有一定的强制性和较多关注公众利益的特征。

1. 具有一定的强制性

为了强化会计职业道德的调整职能,我国会计职业道德中的许多内容都被纳入了会计法律、法规,如《会计法》《会计基础工作规范》等,均对会计职业道德的内容和要求作出了规定。因此,会计职业道德体现出一定的强制性。当然,会计职业道德还有许多非强制性内容,如提高技能、强化服务、参与管理等,但其直接影响会计人员的专业胜任能力、会计信息质量和会计职业的声誉,因此也要求会计人员遵守。

2. 较多关注公众利益

会计人员在遵循会计职业道德的过程中,往往会受到利益因素的驱动。由于会计人员的利益取决于经济主体的利益,当个人利益、经济主体利益与国家利益、社会公众利益出现矛盾时,如果会计人员与经济主体利益协调一致,而忽视国家利益和社会公众利益,便会产生会计职业道德危机。因此,会计职业的社会公众利益性,要求会计人员客观公正,在会计职业活动中,发生道德冲突时要坚持准则,把国家利益、社会公众利益放在第一位。

三、会计职业道德的功能与作用

（一）会计职业道德的功能

1. 指导功能

指导功能是指会计职业道德指导会计人员会计行为的功能。行为由个人的内心信念支配，会计职业道德是会计人员共同遵守的行为准则和规范，属于意识形态范畴。它不仅规范和约束会计人员的职业行为，而且通过规范性的要求正确引导、规范和约束会计人员树立良好的职业观念，遵循职业道德要求，从而达到规范会计行为的目的。

2. 评价功能

评价功能是指对会计人员的行为，根据会计职业道德标准进行客观评判和认定的功能。通过"评价—命令"方式，对遵守职业道德行为的主体进行赞扬和褒奖，使其产生自豪感和荣誉感，进而激发从业人员内在的积极性和主动性；对违反职业道德行为的主体进行批评和谴责，使其产生羞愧感和内疚感，促进从业人员进行自我完善和发展。因此，道德评价是一种巨大的社会力量和人们内在的意志力量，是人以评价来把握现实的一种方式，它通过把周围社会现象划分为"善"与"恶"而实现。

3. 教化功能

教化功能是指会计职业道德对会计人员具有教育和感化的功能。人们常把道德比作催人奋进的引路人，说的就是道德对人的这种教育和感化功能。会计职业道德不仅明确了会计人员会计行为方面的要求，还明确了会计人员自身素质方面的要求，这种内在要求对会计人员能起到积极的教育和引导作用，并且将规范延伸至日常工作和生活中，从而树立正确的道德观念和道德意识，养成高尚的道德品质。

（二）会计职业道德的作用

1. 会计职业道德是规范会计行为的基础

法律制度是道德的最低要求，道德是法律规范的重要补充。动机是行为的先导，有什么样的动机就有什么样的行为。会计职业道德对会计的行为动机提出了相应的要求，如诚实守信、客观公正等，引导、规劝、约束会计人员树立正确的职业观念，建立良好的职业品行，从而达到规范会计行为的目的。

2. 会计职业道德是实现会计目标的重要保证

从会计职业关系角度讲，会计目标就是为会计职业关系中的各个服务对象提供真实、可靠的会计信息。由于会计职业活动既是技术性的处理过程，同时又涉及对多种经济利益关系的调整，会计目标能否顺利实现，既取决于会计从业者的专业技能水平，也取决于会计从业者能否严格履行职业行为准则。如果会计从业者故意或非故意地提供了不真实、不可靠的会计信息，就会导致服务对象的决策失误，甚至导致社会经济秩序混乱。因此，依靠会计职业道德规范约束会计从业者的职业行为，是实现会计目标的重要保证。

3. 会计职业道德是对会计法律制度的重要补充

在现实生活中，人们的很多行为很难由法律作出规定。如会计法律只能对会计人员不得违法的行为作出规定，不宜对他们如何爱岗敬业、诚实守信和提高技能等提出具体要求，但是,如果会计人员缺乏爱岗敬业的热情和态度,缺乏诚实守信的做人准则,没有必要的职业技能,就很难保证会计信息达到真实、完整的法定要求。很显然,会计职业道德是其他会计法律制度所不能替代的。会计职业道德是对会计法律规范的重要补充。

4.会计职业道德是提高会计人员职业素养的内在要求

社会的进步和发展,对会计职业者的素质要求越来越高。会计职业道德是会计人员素质的重要体现。一个高素质的会计人员应当做到爱岗敬业、提高专业胜任能力,这不仅是会计职业道德的主要内容,也是会计职业者遵循会计职业道德的可靠保证。倡导会计职业道德,加强会计职业道德教育,并结合会计职业活动,引导会计职业者进一步加强自我修养,提高专业胜任能力,有利于促进会计职业者整体素质的不断提高。

四、会计职业道德与会计法律制度的关系

(一)会计职业道德与会计法律制度的联系

1.两者在作用上相互补充、相互渗透

在规范会计行为时,既需要会计法律制度的强制功能,又需要会计职业道德的教化功能。因此,会计法律制度和会计职业道德在功能上是相互补充的,会计职业道德是会计法律制度的重要补充。

2.两者在内容上相互借鉴、相互吸收

起初的会计职业道德规范就是对会计职业行为约定俗成的基本要求,后来在会计立法过程中吸收了这些基本要求,便形成了会计法律制度。一方面,会计法律制度中含有会计职业道德规范的内容;另一方面,会计职业道德规范中也包含会计法律制度的某些条款。

(二)会计职业道德与会计法律制度的区别

1.两者的性质不同

会计法律制度是由国家立法部门或行政管理部门颁布的对会计人员的工作行为进行约束的具体规定,通过国家机关来强制执行,具有很强的法律性。会计职业道德主要是从品行角度对会计人员的会计行为作出规范,主要依靠会计人员的自觉性,并依靠社会舆论、传统习惯和良心来实现,具有很强的自律性。

2.两者的作用范围不同

会计法律制度侧重于调整会计人员的外在行为和结果的合法化,具有很强的客观性。会计职业道德不仅要求调整会计人员的外在行为,还要调整会计人员的内心精神世界,主要靠自律,具有较强的主观性。

3. 两者的表现形式不同

会计法律制度是通过一定的程序由国家立法机关或行政管理机关制定的,其表现形式是具体的、明确的、成文的规定。会计职业道德则出自会计人员的职业生活和职业实践,其表现形式既有明确的成文规定,也有不成文的规范,依靠社会舆论、道德教育、传统习俗和道德评价来实现。

4.两者的实施保障机制不同

会计法律制度由国家强制力保障实施,既包括法律规范内容中明确的制裁和处罚条款,

又包括设有与之相配合的权威的制裁和审判机关。会计职业道德既有国家法律的相应要求，也需要会计人员的自觉遵守，当人们对会计职业道德上的权利与义务发生争议时，由于没有权威机构对其中的是非曲直作出明确的裁定，或者即使有裁定也是舆论性质的，缺乏权威机构对裁定执行的保障。

5. 两者的评价标准不同

会计法律制度要求的是"必须"，评价的标准是对和错，对违反会计法律制度的行为，应对其后果进行禁止性追究，并视情节轻重予以不同程度的惩罚。会计职业道德要求的是"应该"，评价标准是善和恶，是一个价值判断，对违背会计职业道德规范的行为应予以舆论谴责，并引起行为人对违背良心的行为的反思。

第二节　会计职业道德规范的主要内容

《会计法》规定，会计人员应当遵守职业道德，提高业务素质。会计职业道德规范是指在一定社会经济条件下，对会计职业行为及职业活动的系统要求或明文规定，是会计人员处理职业活动中各种关系的行为准则，是职业道德在会计职业行为和会计职业活动中的具体体现。我国会计职业道德规范的主要内容为爱岗敬业、诚实守信、廉洁自律、客观公正、坚持准则、提高技能、参与管理和强化服务。

一、爱岗敬业

（一）爱岗敬业的含义

爱岗敬业是指忠于职守的事业精神，这是会计职业道德的基础。爱岗就是会计人员应该热爱自己的本职工作，安心于本职岗位，稳定持久地在会计天地中耕耘，恪尽职守地做好本职工作。敬业就是会计人员应该充分认识本职工作在社会经济活动中的地位和作用，认识本职工作的社会意义和道德价值，具有会计职业的荣誉感和自豪感，在职业活动中具有高度的劳动热情和创造性，以强烈的事业心、责任感从事会计工作。

（二）爱岗敬业的基本要求

1. 正确认识会计职业，树立职业荣誉感

会计人员只有正确地认识会计本质，明确会计在经济管理工作中的地位和重要性，树立职业荣誉感，才有可能爱岗敬业。这是做到爱岗敬业的前提，也是首要要求。

2. 热爱会计工作，敬重会计职业

会计人员只要树立了"干一行爱一行"的思想，就会发现会计职业中的乐趣；只有树立"干一行爱一行"的思想，才会刻苦钻研会计业务技能，才会努力学习会计业务知识，才会发现在会计核算、企业理财领域有许多值得人们去研究探索的东西。有了对本职工作的热爱，就会激发一种敬业精神，自觉自愿地执行职业道德的各种规范，不断改进自己的工作，在平凡的岗位上做出不平凡的业绩。

3. 安心工作,任劳任怨

安心本职工作,就是以从事会计工作为"乐",而不是"这山望着那山高"。只有安心本职工作,才能潜下心来"勤学多思,勤问多练",才能对会计工作中不断出现的新问题去探索和研究,也才能真正做到敬业。任劳任怨,要求会计人员具有不怕吃苦的精神和不计较个人得失的思想境界。会计人员在进行会计事项的处理中,有时会处于两难的境地,当集体利益与职工个人利益或国家利益与单位利益发生冲突时,会计人员如果维护了国家利益或集体利益,就可能不被人们理解甚至抱怨;反之,则会有道德危机。会计职业道德要求会计人员既任劳也任怨。

4. 严肃认真,一丝不苟

会计工作是一项严肃细致的工作,没有严肃认真的工作态度和一丝不苟的工作作风,就容易出现偏差。对一些损失、浪费、违法乱纪的行为和一切不合法、不合理的业务开支,要严肃认真地对待,把好费用支出关。严肃认真、一丝不苟的职业作风贯穿于会计工作的始终,不仅要求数字计算准确,手续清楚完备,而且绝不能有"都是熟人不会错"的麻痹思想和"马马虎虎"的工作作风。

5. 忠于职守,尽职尽责

忠于职守就是忠实地履行自身的岗位职责,主要表现在忠实于服务主体、忠实于社会公众、忠实于国家。尽职尽责表现为会计人员对自己承担的责任和义务所表现出的责任感和义务感,包括两方面内容:一是社会或他人对会计人员规定的责任;二是会计人员对社会或他人所负的道义责任。

(三)爱岗敬业的地位

(1)爱岗敬业是所有职业道德规范的共同要求、基本要求。

(2)爱岗敬业是会计职业道德的基础(出发点)。

二、诚实守信

(一)诚实守信的含义

诚实是指言行跟内心思想一致,不弄虚作假,不欺上瞒下,做老实人,说老实话,办老实事。守信就是遵守自己所作出的承诺,讲信用,重信用,信守诺言,保守秘密。诚实守信是做人的基本准则,是人们在古往今来的交往中产生的最根本的道德规范,也是会计职业道德的精髓。

诚实与守信具有内在的因果联系,一般来说,诚实即为守信,守信就是诚实。有诚无信,道德品质得不到推广和延伸;有信无诚,信就失去了根基,德就失去了依托。诚实必须守信。

(二)诚实守信的基本要求

1. 做老实人,说老实话,办老实事,不搞虚假

做老实人,要求会计人员言行一致,表里如一,光明正大。说老实话,要求会计人员说话诚实,是一说一,是二说二,不夸大,不缩小,不隐瞒,如实反映和披露单位经济业务事项。办老实事,要求会计人员工作踏踏实实,不弄虚作假,不欺上瞒下。总之,会计人员应言行一

致,实事求是,如实反映单位经济业务活动情况,不为个人和小集团利益伪造账目,弄虚作假,损害国家和社会公众利益。

2. 保密守信,不为利益所惑

所谓保守秘密就是指会计人员在履行自己的职责时,应树立保密观念,做到保守商业秘密,对机密资料不外传、不外泄,守口如瓶。会计人员因职业特点经常接触到单位和客户的一些商业秘密,如单位的财务状况、经营情况、成本资料及重要单据、经济合同等。因而,会计人员应依法保守单位秘密,这是会计人员应尽的义务,也是诚实守信的具体体现。

3. 执业谨慎,信誉至上

诚实守信,要求注册会计师在执业中始终保持应有的谨慎态度,对客户和社会公众尽职尽责,形成"守信光荣,失信可耻"的氛围,以维护职业信誉。首先,注册会计师在选择客户时应谨慎,不要一味地追求营业收入,迎合客户不正当要求,接受违背职业道德的附加条件。其次,注意评估自身的业务能力,正确判断自身的知识、经验和专业能力能否胜任所承担的委托业务。再次,严格按照独立审计准则和执业规范、程序实施审计,对审计中发现的违反国家统一的会计制度及国家相关法律制度的经济业务事项,应当按照规定在审计报告中予以充分反映。最后,在接受委托业务后,应积极完成所委托的业务,认真履行合同,维护委托人的合法权益,以免当事人的利益受到损害。

（三）诚实守信的地位

（1）诚实守信是做人的基本准则,也是会计职业道德的精髓。

（2）诚实守信是会计职业道德的基本工作准则。

三、廉洁自律

（一）廉洁自律的含义

廉洁就是不贪污钱财,不收受贿赂,保持清白。自律是指自律主体按照一定的标准,自己约束自己,自己控制自己的言行和思想的过程。廉洁自律是会计职业道德的前提,也是会计职业道德的内在要求,这是由会计工作的特点决定的。

自律的核心就是用道德观念自觉抵制自己的不良欲望。一个能自律的人,能保持清醒的头脑,把持住自我不迷失方向;而不能自律的人则头脑昏昏,丧失警惕,终将成为权、财的奴隶。惩治腐败,打击会计职业活动中的各种违法活动和违反职业道德的行为,除了依靠法制手段,建立健全法律制度外,会计人员严格自律,防微杜渐,构筑思想道德防线,也是防止腐败和违反职业道德行为的有效手段。

会计人员的廉洁是会计职业道德自律的基础,而自律是廉洁的保证。自律性不强就很难做到廉洁,不廉洁就谈不上自律。

（二）廉洁自律的基本要求

1. 树立正确的人生观和价值观

廉洁自律,首先要求会计人员必须加强世界观的改造,树立正确的人生观和价值观。人生观是人们对人生的目的和意义的总的观点和看法。价值观是指人们对于价值的根本观点和看法,它是世界观的一个重要组成部分,包括对价值的本质、功能、创造、认识和实现等有关价值的一系列问题的基本观点和看法。会计人员应树立科学的人生观和价值观,自觉抵制享乐主义、个人主义和拜金主义等错误的思想,这是在会计工作中做到廉洁自律的思想基础。

2.公私分明,不贪不占

公私分明就是指严格划分公与私的界限,公是公,私是私。如果公私分明,就能够廉洁奉公,一尘不染,做到"常在河边走,就是不湿鞋"。如果公私不分,就会出现以权谋私的腐败现象,甚至出现违法违纪行为。不贪不占是指会计人员不贪图金钱和物质享受,不利用职务之便贪污受贿。

3.遵纪守法,一身正气

遵纪守法要求会计人员不仅要遵纪守法,不违法乱纪、以权谋私,做到廉洁自律,而且要敢于、善于运用法律所赋予的权利,尽职尽责,勇于承担职业责任,履行职业义务,保证廉洁自律。会计人员应当一身正气,维护职业声望,这既关系到行业利益,也关系到每个从业人员的切身利益,同时也是反映社会对不同职业的认可程度的依据。

（三）**廉洁自律的地位**

（1）廉洁自律是会计职业道德的前提,这既是会计职业道德的内在要求,也是会计职业声誉的"试金石"。

（2）廉洁自律不仅是会计人员的行为准则,也是会计职业道德的灵魂。

四、客观公正

（一）**客观公正的含义**

客观是指按事物的本来面目去反映,不夹杂个人的主观意愿,也不为他人意见所左右。公正就是平等、公平、正直,没有偏失。但公正是相对的,世上没有绝对的公正。客观公正是会计职业道德所追求的理想目标。

对于会计职业活动而言,客观主要包括两层含义:一是真实性,即以实际发生的经济活动为依据,对会计事项进行确认、计量、记录和报告;二是可靠性,即会计核算要准确,记录要可靠,凭证要合法。

"公正"主要包括三层含义:一是国家的会计准则、制度要公正;二是执行会计准则、制度的人应当公正地从事会计核算和会计监督工作;三是注册会计师在进行审计鉴证时应当公平、公正地判断和评价。

（二）**客观公正的基本要求**

1.依法办事

依法办事,认真遵守法律、法规,是会计工作保证客观公正的前提。当会计人员有了端正的态度和专业知识技能之后,必须依据法律、法规和制度的规定进行会计业务处理,并对复杂疑难的经济业务,作出客观的会计职业判断。总之,只有熟练掌握并严格遵守会计法律、法规,才能客观公正地处理会计业务。

2.实事求是

社会经济是复杂多变的,会计法律制度不可能对所有的经济事项作出规范,那么会计人员对经济事项的职业判断,就可能会出现偏差。因此,客观公正是会计工作和会计人员追求的目标,通过不断提高专业技能,正确理解、把握并严格执行会计准则与制度,不断消除非客观、非公正因素的影响,最大限度做到客观公正。

3. 如实反映

各单位必须根据实际发生的经济业务事项进行会计核算,填制会计凭证,登记会计账簿,编制财务会计报告。任何单位不得以虚假的经济业务事项或者资料进行会计核算,所以,会计人员不论是记账、算账,还是报账,都应该做到内容真实、数字准确、手续完备、账目清楚,不为他人左右,更不为谋取个人私利而歪曲事实、弄虚作假。

(三)客观公正的地位

客观公正是会计职业道德所追求的理想目标。

五、坚持准则

(一)坚持准则的含义

坚持准则是指会计人员在处理业务的过程中,要严格按照会计法律制度办事,不为主观或他人意志左右。这里所说的"准则",不仅指会计准则,还包括会计法律、法规、国家统一的会计制度及与会计工作相关的法律制度。坚持准则是会计职业道德的核心。会计人员在进行核算和监督的过程中,只有坚持准则,才能以准则作为自己的行动指南。在发生道德冲突时,应坚持准则,以维护国家利益、社会公众利益和正常的经济秩序。注册会计师在进行审计业务时,应严格按照独立审计准则的有关要求和国家统一会计制度的规定,出具客观公正的审计报告。

(二)坚持准则的基本要求

1. 熟悉准则

熟悉准则是指会计人员应熟悉会计法和国家统一的会计制度及与会计相关的法律制度,这是遵循准则、坚持准则的前提。只有熟悉准则,才能按准则办事,才能遵纪守法,才能保证会计信息的真实性、完整性。

2. 遵循准则

遵循准则即执行准则。准则是会计人员开展会计工作的外在标准和参照物。会计人员在会计核算和监督时要自觉地严格遵守各项准则,将单位具体的经济业务事项与准则相对照,作出是否合法合规的判断,对不合法的经济业务不予受理。在实际工作中,由于经济的发展和社会环境的变化,会计业务日趋复杂,所以准则规范的内容也在不断变化和完善。这就要求会计人员不仅要经常学习,掌握准则的最新变化,了解本部门、本单位的实际情况,准确地理解和执行准则,还要在面对经济活动中出现的新情况、新问题及准则未涉及的经济业务或事项时,通过运用所掌握的会计专业理论和技能,作出客观的职业判断,予以妥善地处理。

3. 敢于同违法行为作斗争

市场经济是利益经济,在会计工作中,常常由于各种利益的交织,引起会计人员道德上的冲突。如果会计人员为了自己的个人利益,放弃原则,就会使会计工作偏离准则,会计信息的真实性、完整性就无法保证。如果会计人员坚持准则,往往会受到单位负责人和其他方面的阻挠、刁难甚至打击报复。

为了切实维护会计人员的合法权益,《会计法》强化了单位负责人对单位会计工作的法律责任,赋予了会计人员相应的权力,改善了会计人员的执法环境。会计人员应认真执行国家统一的会计制度,依法履行会计监督职责,发生冲突时,应坚持准则,对法律负责,对国家和社会公众负责,敢于同违反会计法律、法规和财务制度的现象作斗争,确保会计信息的真实性和完整性。

（三）坚持准则的地位

坚持准则是会计职业道德的核心,是会计人员履行会计职责的标准和依据。

六、提高技能

（一）提高技能的含义

提高技能就是指会计人员通过学习、培训和实践等途径,持续提高职业技能,以达到和维持足够的专业胜任能力的活动。遵守会计职业道德客观上需要不断提高会计职业技能。职业技能,也可称职业能力,是人们进行职业活动、承担职业责任的能力和手段。就会计职业而言,职业技能包括会计理论水平、会计实务操作能力、职业判断能力、自动更新知识能力、提供会计信息的能力、沟通交流能力及职业经验等。

会计人员在对会计事项进行确认、计量、记录和报告及对单位内部会计控制制度设计中都需要有扎实的理论功底和丰富的实践经验;在进行具体业务处理时,对会计处理方法的选择、会计估计的变更、会计信息化的处理、网络化传输等技术性很强的工作,没有娴熟的专业技能,是无法开展会计工作、履行会计职责的。特别是我国加入世界贸易组织以后,我国经济逐渐融入全球经济体系,要求会计准则、会计制度与国际会计惯例充分协调,需要会计人员不断学习新的会计理论和新的准则制度,熟悉和掌握新的法律法规。会计人员只有不断地学习,才能保持专业胜任能力、职业判断能力和交流沟通能力,不断地提高会计专业技能,以适应我国深化会计改革和会计国际化的要求。

（二）提高技能的基本要求

1.具有不断提高会计专业技能的意识和愿望

当今社会对会计人才的要求越来越高,会计人才之间的竞争也越来越激烈。会计人员要想生存和发展,就必须具有不断提高会计专业技能的自觉性和紧迫感,只有这样,才会主动地求知、求学、钻研,使自身的专业技能不断提高,使自己的专业知识不断更新,从而掌握过硬的本领,在会计人才的竞争中立于不败之地。

2.具有勤学苦练的精神和科学的学习方法

专业技能的提高和学习不是一劳永逸的,必须持之以恒,不间断地学习、充实和提高,"活到老学到老"。只有锲而不舍地"勤学",同时掌握科学的学习方法,在学中思,在思中学,在实践中不断锤炼,才能不断提高自己的业务水平,才能推动会计工作和会计职业的发展,以适应不断变化的新形势和新情况的需要。

谦虚好学、刻苦钻研、锲而不舍,是练就高超的专业技术和过硬本领的唯一途径,也是衡量会计人员职业道德水准高低的重要标志之一。

（三）提高技能的地位

不断地提高职业技能既是会计人员的义务,也是会计人员在职业活动中做到客观公正、坚持准则的基础,是参与管理的前提。

七、参与管理

（一）参与管理的含义

参与管理就是间接参加管理活动,为管理者当参谋,为管理活动服务。会计管理是企业管理的重要组成部分,在企业管理中具有十分重要的作用。但会计工作的性质决定了会计在企业管理活动中更多的是从事间接管理活动。

参与管理要求会计人员积极主动地向单位领导反映本单位的财务、经营状况及存在的问题,主动提出合理化建议,积极地参与市场调研和预测,参与决策方案的制订和选择,参与决策的执行、检查和监督,为领导的经营管理和决策活动,当好助手和参谋。如果没有会计人员的积极参与,企业的经营管理就会出现问题,决策就可能出现失误。会计人员特别是会计部门的负责人,必须强化自己参与管理、当好参谋的角色意识和责任意识。

（二）参与管理的基本要求

（1）努力钻研业务,熟悉财经法规和相关制度,提高业务技能,为参与管理打下坚实的基础。娴熟的业务、精湛的技能,是会计人员参与管理的前提。会计人员只有努力钻研业务,不断提高业务技能,深刻领会财经法规和相关制度,才能有效地参与管理,为改善经营管理、提高经济效益服务。钻研业务,提高技能,首先,要求会计人员要有扎实的基本功,掌握会计的基本理论、基本方法和基本技能,做好会计核算的各项基础性工作,确保会计信息真实、完整;其次,要充分利用掌握的大量会计信息,运用各种管理分析方法,对单位的经营管理活动进行分析、预测,找出经营管理中的问题和薄弱环节,提出改进意见和措施,把管理结合在日常工作之中,从而使会计的事后反映变为事前的预测和事中的控制,真正起到当家理财的作用,成为决策层的参谋助手。

（2）熟悉服务对象的经营活动和业务流程,使管理活动更具针对性和有效性。会计人员应当了解本单位的整体情况,特别是要熟悉本单位的生产经营、业务流程和管理情况,掌握单位的生产经营能力、技术设备条件、产品市场及资源状况等情况。唯有如此,才能充分利用会计工作的优势,更好地满足经营管理的需要,才能在参与管理的活动中有针对性地拟订可行性方案,从而提高经营决策的合理性和科学性,更有效地服务于单位的总体发展目标。

八、强化服务

（一）强化服务的含义

强化服务就是要求会计人员具有文明的服务态度、强烈的服务意识和优良的服务质量。服务态度是服务者的行为表现,"文明服务,以礼待人",不仅是对服务行业提出的道德要求,而且是对所有职业活动提出的道德要求。在人们的社会生活中,各岗位的就业者都处于服务他人和接受他人服务的地位。在服务他人的过程中,人们承担对他人的责任和义务的同时，也接受他人的服务。

强化服务的结果，就是奉献社会。任何职业的利益，职业劳动者个人的利益都必须服从社会的利益、国家的利益。如果说爱岗敬业是职业道德的出发点，那么，强化服务、奉献社会就是职业道德的归宿点。

（二）强化服务的基本要求

1. 强化服务意识

会计人员要树立强烈的服务意识，为管理者服务、为所有者服务、为社会公众服务、为人民服务。不论服务对象的地位高低，都要摆正自己的工作位置，管钱管账是自己的工作职责，参与管理是自己的义务。只有树立了强烈的服务意识，才能做好会计工作，履行会计职能，为单位和社会经济的发展做出应有的贡献。

2. 提高服务质量

强化服务的关键是提高服务质量。单位会计人员的服务质量表现在，是否真实地记录单位的经济活动，向有关方面提供可靠的会计信息；是否积极主动地向单位领导反映经营活动的情况和存在的问题，提出合理化建议，协助领导决策，参与经营管理活动。注册会计师的服务质量表现在，是否以客观、公正的态度正确评价委托单位的财务状况、经营成果，出具恰当的审计报告，为社会公众及信息使用者提供优质的服务。

第三节　会计职业道德教育

一、会计职业道德教育的含义

会计职业道德教育，是指根据会计工作的特点，有目的、有组织、有计划地对会计人员施加系统的会计职业道德影响，促使会计人员形成会计职业道德品质，履行会计职业道德义务的活动。会计职业道德教育是会计职业道德活动的一项重要内容。一方面，大中专院校或会计培训机构等会计人才的培养单位、会计工作的管理部门、会计职业的自律组织、单位负责人都有教导和督促会计人员加强学习会计职业道德规范的责任；另一方面，会计人员自身也有不断提高会计职业道德修养的义务，使外在的会计职业道德规范转化为会计人员内在的品质与行为。

二、会计职业道德教育的形式

（一）接受教育（外在教育）

接受教育即外在教育，是指通过学校或培训单位对会计人员进行以职业责任、职业义务为核心内容的正面灌输，以规范其职业行为，维护国家和社会公众利益的教育。接受教育具有导向作用，行业部门或行业协会通常是职业道德教育的组织者，由其对从业人员开展正面的职业道德教育,因此接受教育是一种被动学习、被动接受教育。

（二）自我修养（内在教育）

自我修养即内在教育,是指会计人员自我学习、自我改造和自身道德修养的行为活动。自我教育是把外在的职业道德的要求,逐步转变为会计人员内在的职业道德情感、职业道德意志和职业道德信念。要大力提倡和引导会计人员的自我教育,在社会实践中不断加强职业道德修养,养成良好的道德行为,从而实现道德境界的升华。

三、会计职业道德教育的内容

（一）会计职业道德观念教育

会计职业道德观念教育,是指在社会上大力宣传会计职业道德的基本常识,增强会计人员的职业义务感和职业荣誉感,培养良好的会计职业节操,形成"遵守会计职业道德光荣,违背会计职业道德可耻"的道德风尚。

加强会计职业义务感的教育,有助于会计人员系统掌握职业道德的内容,知晓会计职业道德对会计信息质量、社会经济秩序的影响,提高会计人员对会计工作社会责任的认识,使会计人员具有强烈的职业道德义务感,能够做到在没有社会舆论压力、没有他人监督的情况下,也能很好地履行自己应尽的职业道德义务。

加强会计职业荣誉感的教育,有助于会计人员充分认识到本职工作在社会经济活动中的重要社会地位和职业价值,从而逐步形成对自己所从事职业的光荣感、自豪感和幸福感。会计职业节操是指不惧压力,不为利诱,在任何时候、任何情况下都能以诚信为本、以操守为重,坚持准则,廉洁自律,严格把关,尽职尽责。

（二）会计职业道德规范教育

会计职业道德规范教育就是指对会计人员开展以会计职业道德规范为内容的教育。会计职业道德规范的主要内容包括爱岗敬业、诚实守信、廉洁自律、客观公正、坚持准则、提高技能、参与管理和强化服务等。这是会计职业道德教育的核心内容,应贯穿于会计职业道德教育的始终。

（三）会计职业道德警示教育

会计职业道德警示教育就是指通过开展对违反会计职业道德行为和对违法会计行为典型案例的讨论和剖析,给会计人员以启发和警示,从而可以提高会计人员的法律意识和会计职业道德观念,提高会计人员辨别是非的能力。

（四）其他与会计职业道德相关的教育

与会计职业道德相关的其他教育主要有形势教育、品德教育、法制教育等。

（1）形势教育的重点是贯彻"以德治国"重要思想和"诚信为本、操守为重、坚持准则、不做假账"的指示精神,进一步全面、系统地加强会计职业道德培训,提高广大会计人员的政治水平和思想道德水平。

（2）品德教育的重点是引导会计人员自觉用会计职业道德规范指导和约束自己的行为,提高职业道德自律能力,从而形成良好的、稳定的道德品行。

（3）法制教育的重点是引导会计人员了解和熟悉不同历史时期的会计法律、法规,学会运用法律的手段处理会计事务。

四、会计职业道德教育的途径

（一）接受教育的途径

1.岗前职业道德教育

岗前职业道德教育,是指对将要从事会计职业的人员进行的道德教育,包括会计学历教育及从事会计工作前的职业道德教育。教育的侧重点应放在职业观念、职业情感及职业规范等方面。

（1）会计学历教育中的职业道德教育。《公民道德建设实施纲要》指出:"学校是进行系统道德教育的重要阵地,各级各类学校必须认真贯彻党的教育方针,全面推进素质教育,把教书与育人紧密结合起来。"在我国,大专院校是培养各类专门人才的基地,其中会计类专业就读的学生,是会计队伍的预备人员,他们当中大部分将走入会计队伍,从事会计工作。会计学历教育阶段是他们的会计职业情感、道德观念和是非善恶判断标准初步形成的时期,所以会计专业类大专院校是会计职业道德教育的重要阵地,是会计人员岗前道德教育的主要场所,在会计职业道德教育中具有基础性地位。

（2）从事会计工作前的职业道德教育。在我国,财政部门对各单位从事会计工作的人员的专业能力和遵守职业道德实施监督,因此在从事会计工作前,不仅要对其专业能力进行教育,而且要对职业道德进行教育。德才兼备,两者相辅相成,缺一不可。

2.岗位职业道德继续教育

继续教育是指从业人员在完成某一阶段的工作和学习后,重新接受一定形式的、有组织的、知识更新的教育和培训活动。会计人员继续教育是强化会计职业道德教育的有效形式。

会计职业道德教育应贯穿于整个会计人员继续教育的始终。在职业道德的继续教育中应体现社会经济的发展变化对道德的要求,也就是说,在不同的阶段,道德教育的侧重点应有所不同。就现阶段而言,会计人员继续教育中的会计职业道德教育目标是适应新的市场经济形势的发展变化,在不断更新、补充、拓展会计人员业务能力的同时,使其政治素质、职业道德水平不断提高,具体包括形势教育、品德教育、专业理论教育和法制教育四个方面。

（二）自我修养

1.会计职业道德自我修养环节

（1）会计职业道德自我修养的环节一般包括道德认知、道德情感、道德信念和道德行为等方面,它们之间相互联系,不可缺少,形成一个完整的体系。

（2）形成正确的会计职业道德认知。会计职业道德认知,是指对会计职业道德的准则、行为及其意义的认识、理解和掌握,这是会计职业道德自我修养的前提和首要环节。没有一定的会计职业道德认知,就不可能形成良好的会计职业道德的行为和习惯。因此,会计人员必须加强会计职业道德知识的学习,正确理解和掌握会计职业道德规范的内容,提高对会计职业道德理想、品质等方面的认识,增强履行职责和道德义务的自觉性。

（3）培养高尚的会计职业道德情感。会计职业道德情感,是指会计人员依据一定的会计职业道德标准,对现实的道德关系和自己或他人的道德行为等所产生的情绪体验。职业道德情感主要表现为责任感、自豪感、荣誉感、成就感等,而会计职业道德情感的培养能使会计人员把自己所从事的职业与整个社会的经济建设联系起来,把个人自我价值实现与社会价值有机地统一起来,引导会计人员增强职业责任感,具有热爱会计职业、献身会计事业的崇高理想。

(4)树立坚定的会计职业道德信念。会计职业道德信念,是指会计人员对会计职业道德义务具有的强烈责任感和对会计职业的理想目标的坚定信仰,这是会计职业道德自我修养的核心内容。会计人员如果树立坚定的会计职业道德信念,那么必然会对自己的职业充满热情,就能自觉形成遵守会计职业道德规范的意识,从而以实际行动来履行自己的义务,切实贯彻和落实法律法规,努力做好本职工作。

(5)养成良好的会计职业道德行为。会计职业道德行为,是指会计人员在会计职业道德规范的指引和约束下所具有的从事会计职业时始终自觉遵守规范的行为习惯。这不仅是会计职业道德自我修养的重要环节,也是终极目标。只有当会计人员把遵守会计职业道德规范当成是自觉的行为习惯时,会计秩序才能稳定,会计工作也才会健康发展。因此,会计人员在会计职业道德自我修养中,要特别重视会计职业道德行为的培养,努力养成良好的职业习惯。

2.会计职业道德自我修养的途径

(1)慎独慎欲。会计职业道德修养的最高境界在于做到"慎独",即在一个人单独处事、无人监督的情况下,也应该自觉地按照道德准则去办事。慎独的前提是具有坚定的职业信念和职业良心。会计职业道德修养讲"慎独",就是要求每个会计人员严格要求自己,在履行职责时自律谨慎,不管财经法规、制度是否有漏洞,也不管是否有人监督,领导管理是否严格,都按照职业道德的要求去办。慎欲,就是指用正当的手段获得物质利益。会计人员做到慎欲,一是要把国家、社会公众和集体利益放在首位,在追求自身利益时,不损害国家和他人利益;二是做到节欲,对利益的追求要适度适当,要合理合法,反对用不正当的手段达到利己的目的。

(2)慎省慎微。会计工作是一项非常细致而又复杂的工作,经常与钱、财、物打交道,稍有差错就可能产生严重的后果。因此,会计人员在处理每一笔会计业务时,对是否符合国家法律、法规,是否真实、准确,都需要认真自省,不断修正错误,树立正确的职业道德观念,培养高尚的道德品质,提高自己的精神境界。慎微,就是指在微处、小处自律,从微处、小处着眼,积小善成大德。慎微,首先要求从微处自律,俗话说"千里之堤,溃于蚁穴";其次要求从小事着手,从一点一滴的小事做起,日积月累,就能获得良好的信誉。

(3)自警自励。自警就是要随时警醒、告诫自己,要警钟长鸣,防止各种不良思想对自己的侵袭。自励就是要以崇高的会计职业道德理想、信念激励自己、教育自己。经常用会计职业道德规范这把标尺,认真度量自己在职业实践中的一切言行,树立正确的会计职业道德观。

【职业能力判断与选择】

一、单项选择题

1. 职业道德的本质是由(   )决定的。

    A. 社会实践   B. 经济基础

    C. 社会经济关系   D. 上层建筑

2. 职业道德具有职业性、继承性和(   )。

    A. 强制性   B. 实践性   C. 统一性   D. 不变性

3. 会计人员热爱会计工作,安心本职岗位,忠于职守,尽心尽力,尽职尽责,这是会计职业道德中(   )的具体体现。

    A. 爱岗敬业   B. 诚实守信   C. 提高技能   D. 强化服务

4. 勤学苦练、不断进取是会计人员遵守(   )职业道德的基本要求。

    A. 参与管理   B. 提高技能   C. 廉洁自律   D. 强化服务

5. 要求会计人员熟悉国家法律、法规和国家统一的会计制度,始终保持按法律、法规和国家统一的会计制度的要求进行会计核算,实施会计监督,这是会计职业道德中(   )的具体体现。

    A. 廉洁自律   B. 坚持准则   C. 客观公正   D. 提高技能

6. 要求会计人员树立服务意识,提高服务质量,努力维护和提升会计职业的良好社会形象,这是会计职业道德中(   )的具体体现。

    A. 爱岗敬业   B. 客观公正   C. 提高技能   D. 强化服务

7. "常在河边走,就是不湿鞋"这句话体现的会计职业道德要求是(   )。

    A. 诚实守信   B. 廉洁自律   C. 坚持准则   D. 提高技能

8. 下列关于会计职业道德与会计法律制度联系的说法中,不正确的是(   )。

    A. 两者有共同的目标、相同的调整对象,承担同样的职责

    B. 两者在内容上相互渗透、相互重叠

    C. 两者在地位上相互转化、相互吸收

    D. 两者在实现形式上都是具体的、明确的和成文的

9. "坚持好制度胜于做好事,制度大于天,人情薄如烟",这句话体现了(   )的会计职业道德内容要求。

    A. 参与管理   B. 提高技能   C. 坚持准则   D. 强化服务

10. 下列各种观点中,符合会计职业道德要求的是(   )。

    A. 既然《会计法》已明确规定单位负责人应当保证财务会计报告真实、完整,会计人员就应该听领导的,在自己不贪不占的前提下,领导让干什么就干什么

    B. 公司生产经营决策是领导的事,会计人员没有必要参与,也没有必要过问

    C. 会计人员应保守公司的商业秘密,在任何情况下,都不能向外界提供或泄露单位的会计信息

D. 会计人员应该按照国家统一的会计制度记账、算账、报账,如实反映单位的经济业务活动情况

二、多项选择题

1. 对认真执行《会计法》,忠于职守,坚持原则,做出显著成绩的会计人员进行奖励的方式有( )。

    A. 晋升工资   B. 发放奖金

    C. 授予荣誉称号   D. 颁发荣誉证书

2. ( )对会计职业道德建设的组织和实施须健全制度和机制,齐抓共管,保证会计职业道德建设的各项任务和要求落到实处。

    A. 各财政部门   B. 会计职业个体

    C. 机关   D. 企业事业单位

3. 下列属于职业道德特点的有( )。

    A. 职业性   B. 实践性   C. 继承性   D. 合法性

4. 会计职业道德的特征有( )。

    A. 会计人员自身必须廉洁   B. 具有一定的强制性

    C. 具有一定的他律性   D. 较多关注公众利益

5. 会计职业道德规范的主要内容有( )。

    A. 诚实守信   B. 办事公道   C. 遵纪守法   D. 参与管理

6. 爱岗敬业的基本要求有( )。

    A. 安心工作,任劳任怨   B. 严肃认真,一丝不苟

    C. 保密守信,不弄虚作假   D. 忠于职守,尽心尽责

7. 下列各项中,体现"提高技能"这一道德要求的有( )。

    A. 安心工作,任劳任怨   B. 勤学苦练,刻苦钻研

    C. 不断进取,精益求精   D. 忠于职守,尽心尽责

8. 下列关于会计职业道德调整对象的表述中,正确的有( )。

    A. 调整会计职业关系

    B. 调整会计职业中的经济利益关系

    C. 调整会计职业内部从业人员之间的关系

    D. 调整与会计活动有关的所有关系

9. 提高技能既是会计职业道德的基本要求,也是会计人员胜任本职工作的重要条件。下列各项中,属于会计技能的内容有( )。

    A. 会计理论水平   B. 会计实务能力

    C. 职业判断能力   D. 沟通交流能力

10. 下列各项中,属于会计职业道德"坚持准则"要求的有( )。

    A. 严格执行会计法律、法规

    B. 严格执行与会计相关的经济法律制度

    C. 严格执行国家统一的会计制度

    D. 严格执行单位内部的会计控制制度

  11. 下列有关会计职业道德"廉洁自律"的表述中,正确的有(　　)。

    A. 自律的核心就是自觉地抵制自己的不良欲望

    B. 廉洁自律是会计职业道德的内在要求

    C. 只有自身廉洁自律,才能抵消他人的不法行为

    D. 不能做到廉洁自律,也就很难做到客观公正和坚持准则

三、判断题

  1. 会计法律制度是促进会计职业道德规范形成和遵守的制度保障。　　　　　(　　)

  2. 会计职业道德与会计法律制度具有相同的调整对象,但是承担着不同的职责。(　　)

  3. 会计职业道德主要依靠会计从业人员的自觉性,具有很强的自律性。　　　(　　)

  4. 会计职业道德与会计法律制度的作用范围不同,侧重于调整会计人员内在的精神世界。

                                                  (　　)

  5. 会计职业道德既有国家法律的相应要求,又要求会计人员自觉遵守。　　　(　　)

  6. 会计法律制度是会计职业道德的最低要求。　　　　　　　　　　　　　(　　)

  7. 会计职业道德以会计人员享有的权利和义务为标准来判定其行为是否违背职业道德。

                                                  (　　)

  8. 会计人员继续教育是指会计人员在完成某一阶段的专业学习后,重新接受一定形式的、有组织的知识更新和培训活动。　　　　　　　　　　　　　　　　　　(　　)

  9. 会计人员的自我教育与修养是继续教育的一种重要形式。　　　　　　　(　　)

  10. 社会实践是会计职业道德自我教育与修养的根本途径。　　　　　　　(　　)

  11. 当单位利益与社会公众利益发生冲突时,会计人员应该首先维护社会公众利益。

                                                  (　　)

  12. 会计职业道德规范中的"坚持准则"就是指会计准则。　　　　　　　(　　)

  13. 会计职业道德规范中"坚持准则"中的"准则"不仅指会计准则,还包括会计法律法规、国家统一的会计制度及与会计工作相关的法律制度。　　　　　　　　　(　　)

  14. 会计行业组织在会计职业道德建设中可以依法行政。　　　　　　　　(　　)

  15. 诚实守信是做人的基本准则,也是职业道德的精髓。　　　　　　　　(　　)

参考文献

[1] 高翠莲.财经法规与会计职业道德[M].3版.北京:高等教育出版社,2020.

[2] 潘晓丽,李雪林,陈丽佳.财经法规与会计职业道德[M].上海:立信会计出版社,2021.

[3] 程淮中.财经法规与会计职业道德[M].4版.北京:高等教育出版社,2021.

[4] 梁伟样.税费计算与申报[M].4版.北京:高等教育出版社,2019.

[5] 樊永强.政府采购法律实务与案例精析[M].北京:法律出版社,2018.

[6] 李居英.会计职业道德建设的问题与对策[J].山西财经大学学报,2019,41(S1):45-46.

[7] 李宗彦,傅颀.会计职业道德教育国际准则:实施框架及中国实践[J].会计之友,2017
    (13):15-18.

[8] 阴国恩,苏娟,于木兰,等.会计专业人员职业道德行为倾向研究[J].心理与行为研究,
    2017,15(2):264-269.

[9] 金荣安.加强我国企业会计职业道德建设的思考[J].财经问题研究,2016(S1):62-65.